组织协同

运用平衡计分卡创造企业合力

[美] 罗伯特·卡普兰（Robert S. Kaplan）
大卫·诺顿（David P. Norton） 著

刘俊勇 刘睿语 罗紫菁 田书隽 译

ALIGNMENT

USING THE BALANCED
SCORECARD TO CREATE
CORPORATE SYNERGIES

中国人民大学出版社

·北京·

用执行思维构建企业管理工具

在企业的可持续发展中,战略和价值犹如一枚硬币的两面。战略明确一家公司的发展方向与路径,是企业进行价值创造的前提,体现公司计划如何持续地为股东创造价值;而价值创造是企业的内在实质和最终目标,战略唯有转化为价值才有意义。战略管理的根本作用在于解决企业的增长问题,有效的战略管理不仅需要制定企业为实现价值目标,在市场和客户、产品或服务、内部流程、员工能力、组织方式等方面的战略规划,还需要将战略转化为可以落地的行动,使战略得以执行,并在执行过程中加以监控,以及进行持续检验与调整,从而确保战略目标的最终实现。

任何公司都有自己的战略导向,但战略得以成功执行绝非易事,如何使战略得到很好的落地是困扰很多公司的实践难题。在确定总体战略方向之后,描述和评价是公司推进战略落地时遇到的较大挑战。对此,战略地图和平衡计分卡成了企业保证战略落地的一种有效的方法和工具,其突出意义在于运用追根溯源的执行思维,建立了一个全面的四角度框架,提供了一种通用的战略描述语言,使战略在企业内部得到很好的沟通,并以战略评价驱动战略执行,发挥将战略细化为行动的作用，将战略与执行连接起来。战略地图和平衡计分卡让企业在使命和愿景之下，用通俗清晰的语言来描述或图示该企业的战略目标，制定用于衡量战略目标的各种评价指标，并针对评价指标设定相应的目标值，以及达成目标值需要落实的行动计划，同时建立相关因素之间的逻辑联系。在四角度框架中，财务是股东要求的最终成果，是对战略目标的量化体现，它的实现直接来自客户产出。客户价值和股东价值是通过内部业务流程来创造的，其最终的来源是学习与成长对内部业务流程的支持。这就促使公司用更为连贯、完整和系统的方式审视自己的战略，并将预期成果指标和驱动预期成果的流程有机结合，使战略目标得以细化分解并落实到公司的经营管理活动中，从而实现战略与执行的连接。

华润集团的 6S 战略管理体系（简称 6S 体系）就引入了战略地图和平衡计分卡思想。6S 体系由业务战略体系、行动计划体系、管理报告体系、内部审计体系、业绩评价体系、经理人考核体系组成；战略地图和平衡计分卡理念主要应用于战略细化环节即业务战略体系和行动计划体系。这两个体系原先分别是业务编码体系和全面预算体系，其初衷是建立一套可以进行专业化战略定位的企业管理系统。该系统将华润集团多元化业务与资产划分为行业相对统一、层级有序的业务单元，并定位为利润中心，同时推进业务战略的构建、落实、监控和执行。然而，随着业务单元战略方向的清晰和业务的规模化发展，如何使战略得到有效、持续的执行显得更为重要，而原先的 6S 体系存在战略要求不够具体、难以进行准确描述和评价等战略细化问题。华润集团应用了战略地图和平衡计分卡的思想后，企业战略管理的起点从业务编码体系充实为业务战略体系，即企业基于使命和愿景，从财务、客户、内部业务流程、学习与成长四个角度出发，用描述或图示的形式确定若干个战略目标（objectives），再分解为相应的评价指标（measures），并确定战略期（如 3～5 年）要达到的目标值（targets）；

进而，全面预算体系也相应上升为行动计划体系，根据企业从财务、客户、内部业务流程、学习与成长四个角度确定的战略目标和评价指标，在战略目标值下明确一定时期所要达到的阶段性目标值（如年度目标值），再对应拟定达成目标值所需的行动计划（action plan），包括过程中的行动方案（initiatives）、里程碑和相关责任人，最后用经营预算与资本预算确定财务资源分配（这与公司价值管理相衔接），以保障行动计划的落实。在此过程中，业务战略通常按照年度检讨（3~5年），战略目标值根据滚动预测相应更新，以利于制定更为可行的年度行动计划，由此将战略细化到战术，确保战略与行动不脱节。

通过运用战略地图和平衡计分卡理念，6S体系在战略细化方面做到了可描述、可评价。在战略充分细化的基础上，管理报告、内部审计、业绩评价、经理人考核等运营控制环节和战略相衔接，从对业务的监控和执行上升为对业务战略的监控和执行，驱动战略执行力的提升。尽管仍然存在战略管理贯彻不到位的问题，但引入战略地图和平衡计分卡后的6S体系使华润集团的战略沟通更加聚焦，战略目标更加具体，6S体系也因此从进行专业化战略定位的管理体系真正上升为战略管理体系。

战略管理的另一面是价值管理，成功战略的内涵在于实现价值创造，价值要素影响战略目标的实现并贯彻战略的实施。在价值管理领域，5C价值管理体系（简称5C体系）也借鉴了战略地图框架所体现的刨根究底、循本溯源的执行思维。5C体系从现金流折现的公司价值出发，将回报、增长、风险（持续性）等基本价值因子逐层细化，明确公司价值管理的着力点，并提供了一整套的实用管理工具，使得公司价值这一原本较为抽象的概念落实为在经营管理中可以实实在在执行的管理措施。5C体系由资本结构（capital structure）、现金创造（cash generation）、现金管理（cash management）、资金筹集（capital raising）、资产配置（capital allocation）五个模块组成。这五个模块是构成公司价值的五个关键要素，其中，现金创造和现金管理与公司的回报与增长水平直接相关，产生公司的自由现金流；资本结构和资金筹集体现公司的财务能力，或者说是主要风险水平，决定折现率即加权平均资本成本；资产配置推动公司的持续发展，影响折现期。5C 体系的五个模块遵循公司价值创造的逻辑，涵盖从获得资本来源，到进行业务经营和日常管理，再到进一步成长，最终实现可持续发展的完整的价值创造及管理循环过程；而各个模块内部也按照管理实践的逻辑，逐一厘清围绕公司价值提升目标的管理理念和管理工具。例如，资本结构控制财务风险，现金创造聚焦公司内生现金流的产生情况，现金管理关注现金流的使用效率，资金筹集为公司发展维持和补充外部资金，资产配置涵盖存量和增量两方面的资源流动。5C 体系通过将价值驱动因素层层细化，实现以财务为切入点，将价值管理落地在企业的战略决策、业务经营、职能管理等各方面的日常经营管理活动中。5C 体系产生于华润集团多年的价值管理实践，它综合了华润集团从中国香港向内地转型发展中可供分享的经验教训，并经过集团广大经理人、财务人员的日常应用，是经过实践检验、行之有效的公司价值管理工具。

尽管有了明确的战略导向，建立了系统的价值管理体系，最终要使得战略落地、实现价值创造，根本上还是要依靠组织能力。如前所述，战略和价值是一枚硬币的两面，那么组织能力就是中间体，或者说是一个企业战略实施和价值创造的支撑。在实践中，造成公司能力差异的关键在于组织能力的差异。一个组织过往的执行力、当下的能力乃至发展的潜力，决定了其战略能否成功，以及最终能否实现预期价值。因此，可以说战略导向、价值引领、组织能力驱动，是公司追求基业长青、成为受人尊敬的企业不可或缺的三大支柱。

企业的可持续发展离不开管理工具的系统性运用。无论是战略地图和平衡计分卡，还是 5C 价值管理体系，都是以循本溯源的执行思维，建立了一整套围绕企业目标的系统化管理举措。在市场环境越来越成熟的背景下，企业规模越大、管理跨度和幅度越广，有效的管理工具越为重要，这些实用的管理工具未来在中国企业中必然会得到越来越多的应用。

刘俊勇博士长期关注华润集团的成长，尤其是研究华润集团 6S 战略管理体系和 5C 价值管理体系的实践。他翻译了战略地图和平衡计分卡等系列著作，对于相关管理工具在中国企业的应用有着深入的理解。相信这些理念的积极传播和推广，对于中国企业在推动战略执行、实现战略目标以及提升管理能力等方面会有许多有益的启发和帮助。

魏 斌
华润集团原首席财务官
5C 价值管理体系创始人

有效的战略执行是多元化企业集团
发挥协同效应的重要保障

在 20 世纪 60 年代美国战略管理学家伊戈尔·安索夫将协同的理念引入企业管理领域以后，协同理论就成为企业采取多元化战略的理论基础。安索夫在《公司战略》一书中，就如何基于协同理念的战略，将多元化业务有机联系起来，使企业更有效地利用现有资源和优势开拓新的发展空间进行了分析。80 年代，著名的战略问题专家迈克尔·波特指出，对公司各下属企业之间的关系进行管理是公司战略的本质内容，其实也是在讲协同。

90 年代以来，协同理论得到广泛关注和实践，国内许多企业在业务多元化方面做了探索。与其他综合性企业集团不同的是，中信集团的多元化与其历史使命和发展历程紧密相关。作为改革开放的窗口，中信集团自 1979 年成立就承担了为国家经济建设拾遗补缺的使命。成立之初，中信没有固定业务范围，在发展过程中自然涉足了很多行业。经过 40 余年的探索实践，中信走出一条自己的创新之路，先是形成生产、技术、金融、贸易和服务"五位一体"的业务格局，后又布局重要行业，成为金融与实业并举的国内大型综合性企业集团，业务涉及综合金融、先进智造、先进材料、新消费和新型城镇化五大板块。在经营发展过程中，中信认识到协同创造价值的重要性，并尝试通过整合资源和深化对外合作，将集团内多元化业务联系起来，发挥整体优势提升子公司市场竞争力，降低市场风险和交易成本。经过近年来的探索，中信在顶层设计、组织体系、制度流程、数字化平台等多方面建立了自身特色的协同战略管理和运行机制，形成综合金融、产融协同、产业链协同、"走出去"协同等多样化协同模式。

　　协同已经成为中信商业模式和发展战略的重要组成部分，也是中信未来发展的最大后劲。在实践中，和大多数综合性企业集团一样，中信也面临一个持续性的问题：如何将不同的子公司、业务单元和资源有机整合，确保集团整体战略的成功执行和协同效应的最大化？卡普兰博士和诺顿博士经10多年潜心研究开发的战略图和平衡计分卡无疑是确保战略执行的有益工具，而不仅仅是用于衡量组织绩效。本书是两位博士第四本具有前瞻性和创新性的管理著作，逻辑清晰、易于理解，通过大量案例和图表对平衡计分卡在财务、客户、流程等多个维度之间形成协同效应，以及在董事会、投资者、外部合作伙伴与职能部门、业务单元之间达成组织协同进行了剖析。我在此向中国企业推荐本书，相信卡普兰博士和诺顿博士的战略执行方法能够为读者带来很大的帮助。

　　其实协同是一个永恒的话题，协同永远在路上。

苏国新

中信集团业务协同部总经理

当赛艇遇上龙舟——用协同思维创造价值

2004 年 6 月，我和夫人孙薇博士翻译的《平衡计分卡：化战略为行动》出版。该书由哈佛商学院会计与管理系的全球知名管理会计专家罗伯特·卡普兰教授和咨询顾问大卫·诺顿先生所著，是管理学和管理会计领域具有里程碑意义的经典著作。2005 年，我们又翻译了平衡计分卡系列的第三部《战略地图：化无形资产为有形成果》。这两部译著是我在中国人民大学商学院会计系攻读博士学位期间最令我自豪的成果。博士毕业后，我加入中央财经大学会计学院工作至今。上述两本书的出版是我个人职业生涯发展的里程碑。在这两本书出版后，众多国内企业和组织邀请我为它们提供平衡计分卡相关的咨询和培训服务，这也为我从事教学和科研工作奠定了丰富的实践基础。2014 年，我又翻译了罗伯特·卡普兰教授的作业成本法经典著作《成本与效益》。2020 年，应中国人民大学出版社李文重编辑之邀，我翻译了罗伯特·卡普兰和大卫·诺顿两位大师的平衡计分卡系列的第四部《组织协同》，能够探索大型企业组织应用平衡计分卡创造价值之道，我感到特别荣幸。在此，我很高兴可以和读者分享中国大型企事业单位的组织协同实践与思考。

一、赛艇比赛与龙舟比赛的异同

《组织协同》一书的英文名字——alignment，副标题"应用平衡计分卡创造企业合力"中的"合力"一词——synergy，这两个单词很难找到贴切易懂的中文译法；该书的台湾版将其分别译为"校准"和"综效"，也很难直接借鉴。为了便于理解，该书开篇举了一个通俗易懂的例子。

卡普兰教授经常看到哈佛商学院旁边的查尔斯河上有八人单桨有舵手赛艇的比赛，这是一项对团队配合度要求极高的比赛。赛艇上除了要有八个体格强壮、训练有素的桨手外，还要有一名掌控方向、调控节奏、面对环境变化迅速做出决策的舵手。为了胜利这一共同目标，在舵手的指挥下，八名桨手整齐划一地大力划桨。卡普兰教授用这个例子来比喻大型企业中协同的重要性。舵手犹如总部，桨手犹如业务单元，业务单元再强大也需要总部来领导。另外，舵手指挥，桨手划桨，所以从身材上看，舵手轻盈，桨手强壮。一份统计资料表明，男子赛艇比赛的桨手的平均身高为192厘米，平均体重为88千克；而舵手的体重则限制在55千克以上，体重不足还需要配重。也就是说，对于大型企业来讲，总部规模不能太大，即企业应打造"小总部、大业务单元"的格局。

为了进一步说明舵手的作用，我们再简单看看赛艇的种类，按人数多少、操桨方式、有无舵手划分，包括以下八个种类：单人双桨（1X）、双人双桨（2X）、双人单桨无舵手（2－）、双人单桨有舵手（2＋）、四人双桨（4X）、四人单桨无舵手（4－）、四人单桨有舵手（4｜）、八人单桨有舵手（8＋）。那么，在比赛中哪一种赛艇划得更快呢？是不是众人拾柴火焰高呢？无舵手赛艇是否比有舵手赛艇更快？双桨是否比单桨更快？我查询了赛艇世锦赛男子组8个项目的最佳成绩，比赛赛道的长度都是2 000米，成绩由慢到快依次是：1X（06：33.350）、2＋（06：33.260），

2-（06：09.340）、2X（05：59.720）、4+（05：58.960）、4-（05：40.240）、4X（05：32.260）、8+（05：19.200）。成绩数据显示，八人艇比四人艇快，四人艇比双人艇快，双人艇比单人艇快，这就体现了人多力量大；在双人艇和四人艇中，双桨比单桨快，单桨比有舵手快，这可以简单理解为工具好会提高速度，桨手太少时舵手就是负担；而单人即使手握双桨，也比不过双人单桨有舵手，也就是俗话所说的"三个臭皮匠，赛过诸葛亮"。这些数据对企业组织极具启发性：业务单元强大的大型企业中，总部发挥了重要的作用；企业规模太小时，总部不要搞得太大；业务单元要善于应用更先进的工具方法；小企业即便拥有再先进的工具方法，也无法超越大企业。

令人高兴的是，在奥地利举行的2019年赛艇世锦赛上，中国赛艇队表现出色，获得3金1银共4枚奖牌。在中国，可能很多人并不太了解赛艇比赛，而是更了解端午节赛龙舟。与赛艇比赛相比，我国龙舟比赛的人数要更多。中国龙舟协会发布的中国龙舟竞赛规则中有22人、12人、5人这三种水上龙舟的比赛形式。以12人龙舟为例，12名选手包括10名桨手、1名舵手、1名鼓手。因为赛龙舟已与各地风俗文化融合，所以各地赛龙舟的规则不尽相同，有些大型龙舟上可能会有上百人，除了桨手众多外，还有舵手和鼓手等等许多其他重要岗位。

我通过视频比较出了八人单桨有舵手赛艇和12人龙舟在划法上存在的异同。相同点是，都有1名舵手，且都在船尾，面朝前进方向。不同点比较多：（1）赛艇上的舵手坐在船尾，是唯一能看到终点的选手，但视野会受阻，手中并无有形的舵。而龙舟上的舵手站在船尾，高瞻远瞩，手中要通过有形的舵调整方向。（2）赛艇上的桨固定在船上，桨比较长，桨手背朝前进方向，面朝舵手，通过舵手指挥划桨。而龙舟上的桨并未固定在船上，桨相对较短，由桨手紧握手中，桨手面朝前进方向，通过船头的鼓手调整划桨节奏，无法看到船尾的舵手。（3）龙舟上有鼓手，背朝前进方向，控制划桨节奏，鼓舞士气，而赛艇上没有鼓手这样的角色。(4)赛艇上的舵手要掌控方向和调整节奏，通过声音变化指挥桨手。而龙舟上是舵手掌控方向，鼓手调整节奏，鼓手靠鼓声和鼓频来指挥桨手。在龙舟的这个指挥系统中，舵手管方向不管节奏，鼓手管节奏不管方向；桨手能看到鼓手，但因船大人多要靠听鼓点划桨；舵手掌控方向，但桨手看不到他。那么，问题来了，如果让八人单桨有舵手赛艇和12人龙舟来场直道竞速比赛，谁会获胜呢？赛艇比赛赛道长度是2 000米，中国龙舟协会规定的竞速直道最长是500米。我查询了2019年各地龙舟赛的成绩单，以广东佛山站为例，获得公开男子组第一名的顺德乐从罗浮宫队用时1：44.005，该队按此速度划2 000米，至少需要6分56秒。而八人单桨有舵手赛艇世锦赛的最好成绩是5分19秒。

二、组织协同的八个关键点

从大型企业组织的管理来看，中国企业面临的外部环境和内部条件与西方企业既有相同之处也有不同之处，但是在创造价值上都需要组织协同。

通读本书可知，组织协同发生在八种情景下，分别是：

(1)公司总部更新公司战略，下属业务单元根据公司战略制定各自的战略。

(2)董事会和股东的协同：董事会负责对公司战略的评估、批准和监督。

(3)从公司总部到总部支持单元：将公司战略转化为公司政策，再交由总部支持单元管理跟踪。

(4)从公司总部到业务单元：将公司优先要务逐层分解到业务单元战略中。

(5)从业务单元到业务支持单元：将业务单元的战略优先要务融入业务支持单元的战略中。

（6）从业务单元到客户：向目标客户群体传达客户价值主张的优先事项，并反映在特定客户的反馈和衡量指标上。

（7）从业务单元到供应商和外部合作伙伴：将供应商、承包商和合作伙伴所共享的优先要务反映在业务单元战略中。

（8）公司总部支持单元与业务支持单元的协同：地方性业务支持单元的战略应该反映总部支持单元的优先要务。

这八种情景对应大型企业集团的三个主体：总部、业务单元和支持单元（或职能部门）。可见，组织协同不但要求上下一致（congruence），还要求横向协作（collaboration），这样才能创造合力，也就是产生"1+1＞2"的效应。描绘这种效应，我们可以想到的词汇有齐心协力、万众一心、同舟共济、众志成城等。

实践中，组织协同做得不好有三种表现：（1）总部弱，业务单元强；（2）业务单元弱，总部强；（3）职能部门弱。

本书提供的框架、工具方法和案例将为企业组织提供从思想到行动的指南。

三、华润集团：多元化企业应用平衡计分卡实现组织协同的典范

2004 年 7 月，华润集团培训中心总经理冯毅先生找到中国人民大学博士生宿舍，邀请我为华润集团管理层做一次培训，这是《平衡计分卡：化战略为行动》出版后第一个找到我的企业。通过培训，我了解了具有华润集团特色的平衡计分卡——6S 体系，同时也认识了一大批优秀的管理者。在我博士毕业时，华润集团也诚挚邀请我加入，以推动平衡计分卡和 6S 体系的深度融合发展。由于个人的种种原因我没有加入，但是多年来与华润集团一直开展各种形式的合作。其中，最为经典、具有开创性的项目当属华润紫竹药业平衡计分卡项目。

华润紫竹药业有限公司（简称紫竹药业）是国内生殖健康领域的领先企业，旗下的"毓婷"是知名品牌。经过多年发展，企业外部面

临国内外企业的激烈竞争和大股东的回报要求，企业内部管理上也出现了战略与运营脱节、预算管理偏短期财务管控、绩效管理使用的关键绩效指标（KPI）缺乏战略导向以及横向协作等问题。在此背景下，公司于 2007 年开始加强战略管理，战略制定后，决定选用平衡计分卡作为战略执行系统。受到时任董事长尹栩颖的邀请，并得到华润集团行动学习专家郝聚民及其团队的支持和配合，我和我的团队在 2008 年初开始为紫竹药业导入平衡计分卡，40 多位中高层管理者组成一支学习团队。通过 1 月中旬为期 3 天的企业级战略地图和平衡计分卡行动学习研讨会，团队成员围绕战略主题的实现开发出了 38 项衡量指标，并由各个部门进行了认领。3 月中旬，又举行了为期 2 天的部门级战略地图和平衡计分卡研讨会，实现了部门级指标与公司级指标的上下一致，以及部门之间指标的横向协同。从 4 月开始，学习团队通过季度经济运行分析会回顾平衡计分卡指标实现情况，并就差异制定运营改善计划。12 月，学习团队在回顾全年平衡计分卡执行情况的同时，对来年的战略和计分卡进行调整。

在项目总结时，紫竹药业总经理韩总将平衡计分卡总结为所有员工都能听懂的四个通俗易懂的"挣钱"问题：你想挣多少钱（财务）？你想挣谁的钱（客户）？你干什么才能挣钱（内部业务流程）？你有没有能力挣钱（学习与成长）？

在制定和执行平衡计分卡的过程中发现的问题，促进紫竹药业发生了一系列变革。比如，公司制定了全新的战略绩效管理办法，形成了由制定战略、规划战略、分解战略、规划运营、战略和运营回顾、检验和调整战略六个步骤构成的闭环式管理流程。公司组织架构从传统的直线职能制转变为研发、生产、销售、管理四大中心构成的矩阵制，同时完善了部门职责。采用价值树对指标层层分解，使考核更加公正公平，并做到了干部能上能下。公司明确了董事会办公室为平衡计分卡的管理机构并设立了专门岗位。紫竹药业平衡计分卡项目在实施过程中体现了"在行动中学习、在学习中行动"的指导思想，最终不但解决了组织发展问题，而且实现了个人成长。

如果说紫竹药业的平衡计分卡项目属于单一企业项目，那么我在2016年为华润河北医药公司所做的项目则属于平台公司项目。华润河北医药公司是一家以西药、中成药、医疗器械批发、物流配送为核心业务的有限公司，是华润河北医药商业集团的全资子公司，自2015年起肩负着华润医药商业集团河北省省级平台的重任。面对快速增长又竞争激烈的市场，在2015年的商业计划书中，华润河北医药公司确定了"以信息化增值服务的核心模式为基础，将华润河北医药公司打造成省内医药纯销第一品牌"的愿景。根据这一愿景，公司又提出了新战略，核心要点包括继续通过并购的方式打开空白地市市场，从高效配送、信息化增值服务、金融创新服务三个方面为客户提供卓越体验。由于7家地市公司均为华润河北医药集团的收购企业，各企业在平台成立之前并不是特别熟悉，且各地市公司负责人的成长背景、思维方式、个人所处的发展阶段也不尽相同，让这些管理者融入平台的管理，并在战略思想上尽快达到高度的统一，成了省级平台面临的首要问题。为了解决公司在内外部遇到的问题，华润河北医药公司的领导寻找了许多方法，但效果都不够明显。就在所有人一筹莫展之时，2015年7月初，总经理李建中在华润河北医药集团组织的第一期"润药领航"经理人培训班参加了我讲授的战略地图和平衡计分卡模块，发现这正是公司需要的一剂良药。此后，他亲自登门邀请我以培训师和催化师的角色全程指导项目。项目2015年9月正式启动。通过中高层管理者的行动学习，绘制了公司战略地图并开发了平衡计分卡，该项目涉及的四个层面包含五大战略主题、17项战略目标和21项业绩指标，这些战略主题、战略目标和业绩指标又进一步分解至7家地市公司及省级平台的10个业务部门和职能部门。至2016年2月，在各地市公司平衡计分卡体系设计完毕后，华润河北医药公司出台了《华润河北医药公司战略绩效管理办法》，明确了管理机构、责任人、管理工作的程序等一系列内容。4月，公司举行了平衡计分卡实施以来的第一次季度运营分析会，各项指标令公司上下欢欣鼓舞。5月，在为期一年的"润药领航"首期培训班结业仪式上，作为优秀学员代表，李建中总经理向与会代表分享过去一年的学习成果，"华润河北医药引入平衡计分卡后，实现了全省战略的高度统一，省公司与7个子公司在业务上表现出统一的步调，极大地提升了整体竞争力！"

哈佛商学院的罗伯特·西蒙斯教授提出了组织设计杠杆概念，认为组织设计能对公司绩效产生影响。华润集团的组织设计特点是"集团有限多元化、利润中心高度专业化"，或者说是真正的事业部体制。华润集团涉足五大业务领域，下设七大战略业务单元、19家一级利润中心，约2000家实体企业，其组织协同的重要法宝就是"统一的管理语言"，也就是华润集团官网中"管理之道"栏目介绍的两个自创的著名管理模型：6S战略管理体系和5C价值管理体系。

四、镇泰集团：用每个层级员工听得懂的语言自上而下层层分解战略

《平衡计分卡：化战略为行动》出版不久，广东经济出版社的编辑黄少刚告诉我，有一家广东企业一次采购了2000册。我听到该消息后的第一反应是：这是一家什么样的企业？该有多少员工呀？这家企业叫镇泰集团，是全球玩具制造业的龙头企业。因为该企业是OEM（俗称"贴牌"）制造商，所以企业的知名度很低。镇泰集团的老板黄铁成是香港人，20世纪80年代在内地创办该企业，至2005年已在广东建立了7家工厂，拥有4.5万名员工。经广东经济出版社联系，我于2005年8月第一次到位于广州番禺的镇泰集团下属的镇泰（中国）工业有限公司调研，该工厂拥有大约1万名员工。午餐期间，我在厂区看到的几乎是清一色的"打工妹"。

如何管理好下属企业？如何做到万众一心？对这样的问题，黄铁

成董事长征求了无数专家的建议，最终选定以平衡计分卡作为管理系统的核心。自 1999 年起，镇泰集团开始推行平衡计分卡，黄铁成也先后两次飞赴美国向卡普兰教授请教。通过平时的交流和日后持续的跟踪观察，我认为镇泰集团最值得借鉴的经验就是"用每个层级员工听得懂的语言沟通战略"。比如，镇泰集团的战略目标之一是"成为客户首选的合作伙伴"，这个战略目标分解到每个工厂的负责人就转化成了"客户一次开箱合格率要达到 99.99％（数值为虚拟）"，再分解至车间经理就转化为"统计制程控制达到 1.××"，到了最基层的质量检验员就转化为"每小时按规定检验 15 个产品"。多年来，我每个月都能收到《镇泰之声》报，从中了解到镇泰集团定期召开管理会议对战略目标层层分解，让宏大的战略目标变成了每位员工的日常行动。

五、北京吉野家：把平衡计分卡的精髓输入每个吉野家人的血液中

2009 年夏天，当我第一次与北京吉野家总经理洪明基见面时，他告诉我："吉野家的平衡计分卡已经实施了 3 年，但是我很不满意。"他还拿出让他不满意的某部门平衡计分卡让我看。在北京吉野家，每个部门每年都要编制下年的商业计划书。我打开某部门的商业计划书，看到目录架构由四部分组成：第一部分是目标和行动计划；第二部分是平衡计分卡指标；第三部分是组织发展规划，该部分要求部门经理就来年的用人和薪酬安排进行规划；第四部分是目标承诺。在我继续往下翻看之前，我就告诉洪总："你的平衡计分卡做错了。"该企业用了 3 年的框架体现的是"战略目标、行动计划、评价指标、目标值、预算（HR）"这一错误模式，这也是卡普兰教授重点批评的错误用法。在上述模式中，老板很难评价行动计划是否能够实现战略目标，尤其当各级管理者提出了众多的行动计划时，还会让老板就资源配置陷入困境。平衡计分卡中的战略执行思想是"无法描述就无法衡量，无法衡量就无法管理"。因此，企业的战略框架的正确模式是"战略目标、

评价指标、目标值、行动计划、预算"。基于此模式，北京吉野家重新设计了商业计划书。从 2010 年 1 月至今，在每个月第一周周一上午召开的经济运营分析会上，管理层都会回顾和分析上个月的平衡计分卡执行情况并就差异提出改善措施。2015 年 7 月，我带着我的研究生到北京吉野家调研。财务总监王静向我们详细地介绍了企业在财务、客户、内部业务流程、学习与成长四个层面取得的进步。当我在个人社交平台上介绍并感谢北京吉野家时，王静是这样评论的："感谢您将平衡计分卡的精髓成功输入每个吉野家人的血液。"

六、河南省肿瘤医院：OMC 管理新范式

2017 年 3 月，在河南省肿瘤医院党委书记、院长张建功及其管理团队的充分信任和支持下，我和我的团队首次将战略地图和平衡计分卡引入公立医院的组织规划中。整个项目持续了近一年的时间，通过行动学习的方式，一步步梳理明确了该院的战略总目标——建设成国家级区域肿瘤医疗中心，以及 11 项战略主题、17 项战略目标、32 项战略指标，并绘制出了院级战略地图和平衡计分卡。在项目实施过程中整合全院的智慧，逐渐形成了内容全覆盖、目标清晰、要素量化、全面协同且具有肿瘤医院特色的"OMC 管理思维"。这也是平衡计分卡理论中国化创新的典范。

OMC 管理思维包括三大要素和五大步骤。三大要素指目标（objective）、量化（measure）和协同（cooperation）。其中，"O"是指各个层面、各项工作都要有目标导向；同时，目标要明确，团队内部在横向纵向上都要形成共识。"M"是指不管是医院目标、职能部门目标、项目工作目标、远期目标、近期目标，还是支撑这些目标的行动方案和资源支持，都必须是可以量化的。"C"是指工作要协同，包括纵向协同，即部门工作和医院工作、岗位工作和部门工作都要纵向对标协同；也包括横向协同，即部门和部门之间、岗位和岗位之间都要做到

分工明确、流程清晰、信息共享。同时还要做到管理工具之间的协同、因果协同、方案和目标协同。五大步骤指在讨论项目时的五个工作步骤：第一步，要准确描述工作目标；第二步，为目标找到衡量指标；第三步，明确目标值；第四步，制定行动方案；第五步，为行动方案匹配资源，即编制预算。

张建功院长认为，在 OMC 管理思维的指导下，围绕医院的战略目标，一种"思想统一、方法统一、行动统一、语言统一"的管理新范式正在形成，并持续提升医院精细化管理水平，使医院获得持久的竞争力。2018 年，该院的人均有效收入（不含药品、耗材的业务收入）增长 20.32%，人均门诊人次增长 9.33%，人均出院人次增长 12.74%，人均住院床日数增长 6.4%，并且在人员支出占比提高 2 个百分点的前提下，该院的百元收入成本却下降了 0.18 元。

七、"123456"的平衡计分卡概念框架和平衡计分卡应用十步法

自 1992 年提出平衡计分卡理论至今，该理论已经历 20 多年的发展。卡普兰教授和诺顿先生已在哈佛商学院出版社出版了 5 本专著，形成了完善的平衡计分卡理论框架，我将其核心概念提炼总结为"123456"，具体如下：

（1）一个完整的战略执行体系。

（2）两句话：无法描述就无法衡量，无法衡量就无法管理。

（3）三个要素：描述、衡量和管理。

（4）四个层面：财务、客户、内部业务流程、学习与成长。

（5）五个关键词：目标、指标、目标值、行动方案、预算。

（6）六个步骤：制定战略、规划战略、分解战略、规划运营、监督与学习、检验与调整。

基于行动学习的推行方式，我将上述概念框架在企业组织落地的过程总结为"平衡计分卡应用十步法"，具体如下：

（1）确定战略主题；

（2）确定战略目标和战略指标；

（3）建立公司级战略地图和平衡计分卡；

（4）认领公司级指标；

（5）编写指标字典和行动方案；

（6）编写各部门的战略地图和平衡计分卡；

（7）与信息系统整合；

（8）与预算管理和绩效管理挂钩；

（9）多项工作协同；

（10）定期组织战略回顾。

八、平衡计分卡十五年体会

2008年参与的华润紫竹药业项目让我对行动学习有了全新的认识。受此项目启发和专家建议，我对所讲授的 MPAcc "高级管理会计理论与实务"和 MBA "成本管理与控制"课程以及为企业开展的"战略地图和平衡计分卡""战略成本管理""全面预算管理""财务绩效管理"等内训课程进行了行动学习式改造，在教学内容设计上体现问题导向，在课堂教学中以学员为中心增加实践环节，教学活动以学员团队合作的成果为终点。在2010年5月，我担任主管 MPAcc 工作的副院长后，又将行动学习与 MPAcc 的整个培养过程相结合，从课程、技能、实践、论文写作四条主线落实行动学习，尤其是"奥马行动"（Action Learning Management Accounting，ALMA），让学生通过组成小组解决企业现实问题来整合知识、提升能力。该项目的过程和成果作为全国 MPAcc 综合改革试点经验进行推广，并获得了2014年国家级教育教学成果二等奖。

通过一次次与企业的合作以及大量的公开课，我向众多的企业管理者传达了一个理念：平衡计分卡是研究"挣钱"问题的理论，企业中所有的活动最终都要指向财务层面的利润。以首席财务官（CFO）为首的财务管理团队要帮助每个业务部门和职能部门的经理人找到其活动与利润之间的关系。在与企业的合作中，我接触的不但有最高层的董事长和总经理，还有每个部门的负责人，与他们的交流与讨论让我对企业的管理活动有了更全面深刻的认识。这是我能够将管理会计课程讲好的重要基础。同时，管理者遇到的实践问题也是我指导研究生开展研究的选题来源。可以说，平衡计分卡是我在管理会计领域的差异化定位。

本书的翻译工作由刘俊勇全面负责，参与本书翻译工作的有中央财经大学2019级MPAcc学生刘睿语、罗紫菁和田书隽，他们还为本书制作了精美的PPT和导读视频。本书在翻译中也得到了中央财经大学会计学院研究生客座导师的大力支持，他们是：中航资本总会计师刘光运先生、申克中国原CFO谭向阳先生。最后，由刘俊勇进行译校。囿于知识和能力，本书的翻译难免有诸多不足，欢迎读者不吝赐教。

电子邮件：18610318789@126.com。

战略地图和平衡计分卡QQ交流群：473248650。入群请注明单位和姓名。

刘俊勇

《组织协同》是我和大卫·诺顿合作的第四部著作。我们在合作的第一篇文章《平衡计分卡：驱动业绩的评价指标体系》和第一部著作《平衡计分卡：化战略为行动》中，向大家介绍了一种衡量组织业绩的全新方法。[1] 该文章和著作为公司选择四个平衡计分卡维度的衡量方式提供了一些指导与案例，并且阐述了一些平衡计分卡理念的早期实践者的战略实施状况。在随后的文章《应用平衡计分卡作为战略管理系统》和第二部著作《战略中心型组织》中，我们进一步阐述了公司应如何应用平衡计分卡作为核心工具进行战略管理[2]；同时，也详细阐述了我们在第一部著作中介绍的战略管理系统，并定义了协同组织衡量方式和战略管理系统的五项原则：

（1）通过管理者的领导力来推进公司变革。

（2）将战略解码为操作术语。

（3）将组织与战略协同起来。

（4）通过激励使战略融入每一位员工的日常工作。

（5）使战略成为具有持续性的治理流程。

我和诺顿在第三部著作《战略地图：化无形资产为有形成果》以及文章《公司战略有麻烦？那就把战略绘制出来》中，详细阐述了上述第（2）项原则，即如何将战略转化为切实可行的目标和指标[3]；此外，还介绍了一个通用的框架结构，即通过平衡计分卡的四个维度将具有因果关系的具体目标联结在一起来展现公司的战略。该框架使流程、员工、技术与客户价值定位以及客户和股东的目标协同一致。

本书进一步拓展了上述第（3）项原则：将组织与战略协同起来。大多数公司具有多种业务单元和支持单元，它们在共同的公司"保护伞"下经营运作不同的单元以期获得规模经济效应；若要实现这些效益，公司总部需要一套管理工具以形成明晰的成文制度，使公司各下属业务单元创造的价值超出无公司总部指导和干涉时单个业务单元创造的价值的总和。毕竟，一个公司总部消耗的价值可能超出它所创造的价值。公司总部会带来某些显性成本，比如公司高层管理团队的薪资以及支持费用；同样也会带来某些隐性成本，比如由于决策制定的延误以及业务和支持单元烦琐的管理报告体系而发生的费用等。显而易见，如果公司想要通过价值创造弥补总部的成本费用，就必须使分散的单元协调一致，从而创造出新的价值，我们将这种价值称为公司衍生价值。

这本书着重介绍公司的战略地图和平衡计分卡应如何明确公司的优先事项，并将这些优先事项与业务和支持单元、董事会、关键客户和供应商以及联盟合作伙伴进行有效的沟通。公司总部通过检查这些业务和支持单元制定的战略地图和平衡计分卡来监督公司的优先事项是否在每一个单元都得到了有效的实施。通过这种方式，公司的战略地图和平衡计分卡向公司管理层提供了一套公司治理框架——通过组织协同，帮助公司挖掘前期未实现的价值。

除重视各单元的协同外，公司还需要将员工、管理流程同公司战略整合到一起（第（4）项原则和第（5）项原则所述的战略中心型组织）。为了完整表达组织协同的全貌，我们将在本书的最后一章简要说明这两种协同。

致谢

本书是一部和公司层级战略有关的衍生著作，这一点我们会在本书的第 2 章大致说明。我们在此要向以下这些在各项研究中不断创新的战略学者致谢，感谢他们使我们得以见识公司层级战略的威力，他们是：Alfred Chandler，Michael Porter，Cynthia Montgomery，David Collis，Joseph Bower，Michael Goold，Andrew Campbell，Marcus Alexander，Gary Hamel，C. K. Prahalad，Constantinos Markides。我们希望本书能够准确地反映他们的贡献，也希望我们清晰地阐述了应该如何设计一套衡量和管理系统来沟通和管理公司衍生价值，从而在战略领域做出我们的贡献。

此外，我们也从本书中所引用的 30 多家公司学到了许多经验。这些公司对组织形式的创新不断激发我们的思路，拓展我们的视野。在此，我们特别感谢下列组织和个人的鼎力支持和倾力奉献：

● Aktiva	Andreja Kodrin
● Bank of Tokyo-Mitsubishi	Takehiko Nagumo，Nobuyuki Hirano
● Canon，USA	Charles Biczak
● Citizen Schools	Eric Schwarz
● DuPont	Craig Naylor
● First Commonwealth Financial Corporation	Angela Ritenour，Jerry Thomchick
● Handleman Company	Stephen Strome，Mark Albrecht，Rozanne Kokko，Gina Drewek
● Hilton	Dieter Huckestein，Dennis Koci
● IBM	Ted Hoff，Lynda Lambert
● Ingersoll-Rand	Herb Henkel，Don Rice
● KeyCorp	Henry Meyer，Michele Seyranian

- Lockheed Martin   Pamela Santiago
- Marriott   Roy Barnes
- MDS Corporation   John Rogers，Bob Harris
- Media General   Stewart Bryan，Bill McDonnell
- New Profit Inc.   Vanessa Kirsch
- RCMP   Giuliano Zacardelli，Keith Clark
- Unibanco   Marcelo Orticelli
- U. S. Army   Strategic Readiness System Team

我们同样诚挚感激平衡计分卡协会杰出的专家。他们才华横溢，和客户一起不断地推动优秀的管理实践，他们的实践是我们知识的源泉。我们要感谢下列专家对本书的贡献：擅长财务组织协同的 Arun Dhingra、对 IT 组织协同做出贡献的 Robert Gold、带领人力资本团队协同的 Cassandra Frangos、董事会治理领域的先驱者 Mike Nager、对最佳实践管理深入研究的 Randy Russell，以及主持平衡计分卡名人堂计划的 Rob Howie。

此外，我们还要感谢 Steve Fortini，他为本书绘制了大量精美的图表。最后要感谢我们的助理 Rose LaPinan 和 David Porter；哈佛大学商学院出版社的全体员工，包括负责这四部平衡计分卡著作的编辑 Hollis Heimbouch 以及本书的制作编辑 Jen Waring。

注释

1. R. S. Kaplan and D. P. Norton, "The Balanced Scorecard: Measures That Drive Performance," *Harvard Business Review* (January–February 1992): 71–79; R. S. Kaplan and D. P. Norton, *The Balanced Scorecard: Translating Strategy into Action* (Boston: Harvard Business School Press, 1996).
2. R. S. Kaplan and D. P. Norton, "Using the Balanced Scorecard as a Strategic Management System," *Harvard Business Review* (January–February 1996): 75–85; R. S. Kaplan and D. P. Norton, *The Strategy-Focused Organization: How Balanced Scorecard Companies Thrive in the New Competitive Environment* (Boston: Harvard Business School Press, 2001).
3. R. S. Kaplan and D. P. Norton, "Having Trouble with Your Strategy? Then Map It," *Harvard Business Review* (September–October 2000): 167–176; R. S. Kaplan and D. P. Norton, *Strategy Maps: Converting Intangible Assets into Tangible Outcomes* (Boston: Harvard Business School Press, 2004).

目　录

第1章 协同：经济价值的来源

每年春季和秋季的周末，在那条将波士顿市中心和剑桥市隔开的查尔斯河上，我们经常可以看到八人赛艇竞速比赛。尽管每一艘赛艇上的运动员都体格强壮、士气高昂，比赛胜利的关键却是运动员们在划桨时的同步性。

让我们想象一下，一艘赛艇上有八个体能优异、训练有素的桨手，他们对于如何制胜各有各的想法：每分钟划多少次桨才是最合适的呢？在考虑当前的风向、风速、水流、航向的同时，兼顾桥下多样且曲折的水道，选择哪条路线前行才最有机会获胜呢？可以预见，对于八名优秀的桨手来说，如果按照他们各自的想法去划动船桨，结果必然十分惨痛。

若是每个人都按照不同的速度朝不同的方向划桨，只会使赛艇原地打转，甚至倾覆。获胜的队伍一定是靠着美妙的同步性动作制胜：在舵手的带领下，每一个人在大力划桨的同时也要和其他人的动作保持协调一致。舵手的责任就是调整和操控赛艇的行进节奏及路线。

许多公司就像一艘协调性不佳的赛艇一样。虽然有出色的业务单元和训练有素、经验丰富、积极主动的领导者，但是每一个业务单元之间最多只能做到互不干扰，并未做到协调一致；这样的情况下，公司的整体绩效等于各业务单元绩效的总和减去公司总部的成本。然而，大多数情况是，各业务单元埋头苦干，却在共同客户或其他共同资源方面产生冲突；又或者是因为各业务单元行动协调不当，而错失了让组织整体获取更高绩效的机会。如果业务单元彼此之间能够更好地合作，那么公司整体的绩效将远不止是各业务单元的绩效总和与总部成本的差额。

赛艇上的舵手就如同一家公司的总部。消极的舵手只会浪费赛艇上宝贵的空间，增加赛艇的负重，拖累团队的整体表现。相反，优秀的舵手不仅要了解每位桨手的优劣之处，还要了解外部环境并分析整场比赛，从而为团队制定明确的行动路线，并确保桨手们同心协力，发挥最佳表现。优秀的舵手就像具有卓越领导能力的公司总部，让每位桨手都能拥有更好的表现。

协同的重要意义

每年，全球平衡计分卡协会都会精挑细选几家组织进入"平衡计分卡战略执行名人堂"[1]（以下简称名人堂）。这些组织具有一个共同点：它们都利用基于平衡计分卡的绩效管理系统，成功执行了组织战略。

举例来说，戴姆勒-克莱斯勒集团旗下的美国克莱斯勒汽车公司曾被预测会在 2001 年损失 51 亿美元。然而，公司新任总裁却运用平衡计分卡重构战略，包括降低成本和通过新产品研发实现未来业务增长。尽管美国汽车市场持续低迷，克莱斯勒汽车公司却通过推出全新车型和提高生产效率等一系列措施，在 2004 年赚取了高达 19 亿美元的利润。美国媒介综合集团是一家区域性的大众传媒公司（报纸、电视和互联网）。它通过使用平衡计分卡整合旗下的不同资产，使它们步调一致，实现新战略的融合，最终在 4 年间使股票价格上涨 85%，远超其竞争对手。韩国多元化运营公司依恋（E-Land）的业务范围横跨服装零售业、酒店业、家具业和建筑业，该公司在 1998—2003 年间营业收入翻倍，达到 11 亿美元，同时利润也从 800 万美元攀升到 1.5 亿美元。

我们研究了这些进入名人堂的公司的管理实践，并将之与我们线上调研的另外两组公司的管理实践进行对比后得出结论：**高收益用户**表示使用平衡计分卡会带来卓越的成效，但是**低收益用户**则声称它们的平衡计分卡项目仅带来了有限的收益。我们依据先前定义的协同组织衡量方式和战略原理系统的五项原则，对上述三组公司的管理实践进行分类分析。[2]

● 战略推进：利用管理者的领导力推进变革。

● 战略解码：制定战略地图、平衡计分卡、目标值和行动方案。

● 组织协同：协同公司、业务单元、支持单元、外部合作伙伴、董事会的步调以匹配公司战略。

● 员工激励：提供员工再教育和双向沟通的机会、指导员工制定目标、建立激励机制、开展员工培训。

● 公司治理：将战略整合到公司计划、预算、报告和管理层回顾流程中。

图1-1比较了三组公司在战略管理执行上的卓越程度，结果呈现出显著的名次高低。名人堂公司在每一项战略管理流程上的表现都远超出其他两组公司。同样，高收益用户的每一项战略管理流程也都优于低收益用户。战略管理执行上高水平的业绩表现与公司的高收益息息相关。

其实，这些进入名人堂的公司与另外两组公司产生差异的原因就在于企业是否实现了组织协同效应。享受着全新绩效管理系统带来最大收益的公司，比较善于协同公司、业务单元和支持单元之间的战略执行，就像在桨手们整齐划一的行动下取得优异成绩的赛艇团队一样。因此，知道如何在公司内部建立协同机制是一件非常重要的事情，它能为任何类型的公司带来十分可观的报酬。我们对这一主题感兴趣也相当自然，因为对高层管理者的调研显示，平衡计分卡是企业实现组织协同的最有效的工具。[3]

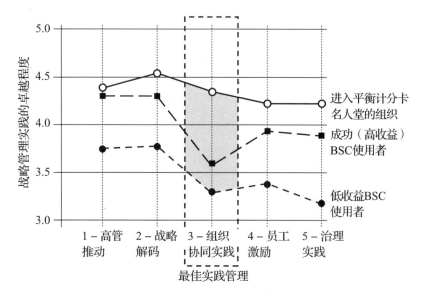

图 1-1　管理卓越程度与受益程度的关系

说明：参与的组织对其自身管理实践的卓越程度通过 5 分制进行了评价。（1 ＝ "我们这方面很差"；2 ＝ "我们做得不够好"；3 ＝ "我们做得还可以"；4 ＝ "我们做得不错"；5 ＝ "我们是最佳实践"）

企业衍生价值

在企业层面协同各单元并创造价值，往往不如在业务单元层面创造价值引人注意。大部分战略理论都聚焦于业务单元，以强调它们独特的产品、服务、客户、市场、技术以及竞争力。业务单元战略描述了业务单元创造的产品和服务如何为潜在客户提供一种独特的、区别于其他竞争对手的综合利益，即客户价值主张（customer value proposition）。如果价值主张有足够的吸引力，那么客户将会产生一系列的购买行为，从而为业务单元创造价值。在《战略地图：化无形资产为有形成果》一书中，我们讨论过业务单元四种典型的价值主张。[4]

● 总成本最低：为客户提供持续、及时、低成本的产品和服务。

- 产品领先：为客户提供能够突破业绩边界的产品和服务。
- 客户解决方案：为客户提供定制化的产品和服务，结合技术知识，为客户解决问题。
- 系统平台：为客户提供逐渐成为产品和服务的行业标准的平台。

业务单元首先要开发战略地图和平衡计分卡，以帮助他们与高层管理者团队的战略达成共识；其次要与员工沟通战略，从而帮助公司战略落地执行；最后要依据战略分配资源，并监控和指导战略的成果。这些活动确保了业务单元能从它的客户关系中创造价值。

当今，多数大型公司都是由不同的业务单元和共享服务单元组成的。如果公司想要为旗下的业务单元和共享服务单元增加价值，那么必须整合这些运营和服务单元以实现组织协同。这是归属于公司或集团层面的战略，确定了如何为公司总部增加价值。[5] 当公司将旗下分散的业务单元和支持单元的不同作业活动协同在一起时，它就创造了额外的价值，我们将其称为企业衍生价值（enterprise-derived value）。

价值创造＝客户衍生价值＋企业衍生价值

价值创造战略＝客户价值主张＋企业价值主张

举例来说，公司可能会建立一条新的销售渠道，从而促进内部各业务单元间产品和服务的交叉销售。业务单元可以通过共享一些昂贵和重要的资源实现规模经济，比如制造工厂、通用的信息系统或者研发团队。只有公司整体层面主动扮演积极的角色，确定和协调各种机会，整合分散的业务单元间的行为，协同效应才可能有所显现。然而，万一公司总部没能创造出这种协同效应，反而折损了运营单元和服务单元所创造的价值总量，投资者就会理所当然地质疑把这么多业务单元捆绑在一起运营的目的。如果将这种缺乏协同的公司解体，股东反而能获得更高的收益。因为股东在各个独立的运营单元中仍旧保留着一定比例的股份，可以避免原来公司总部的运营成本和官僚主义带来的成本。

公司战略描述了公司如何避免这样的问题，那就是创造出高于各业务单元独立运营总和的价值。我们将这种因试图创造企业衍生价值而制定的具体的跨业务目标（cross-business objectives）称为企业价值主张（enterprise value proposition）。

其实，一些公共部门和非营利组织也面临着类似的问题。例如，美国国防部必须整合旗下强大的各军事单元（如陆军、海军、空军、陆战队和国防后勤局），这些组织规模庞大、资金雄厚，多年来已各自衍生出一套运作模式与传统。又如，加拿大皇家骑警必须整合旗下不同地区和不同职能的部门，包括打击国际犯罪的国际警察部门、促进居民健康安全的偏远部门以及协助各省市正规警察的合同式警察部门。再如，美国糖尿病协会和红十字会必须在共同的品牌和理念下，整合分散在各地的机构，形成可运作的跨国网络。以上各组织都需要一种如平衡计分卡和战略地图般的工具方法，才能清晰明确地传达和加强其公司角色的定位。

企业价值主张

业务单元平衡计分卡的四个维度描述了业务单元是如何通过卓越的内部业务流程来驱动客户关系的提升，从而创造股东价值的。这些内部业务流程会因为人员、系统和文化的协同而获得持续完善。这四个维度分别是：

- 财务维度：我们的股东对财务绩效的期望是什么？
- 客户维度：为了达成我们的财务目标，我们应该怎样为客户创造价值？
- 内部业务流程维度：我们要在哪些流程上表现卓越，以满足客户和股东的期许？
- 学习与成长维度：为了改进关键流程，我们应该怎样整合自己的无形资产（人力、系统和文化）？

平衡计分卡的四个维度各自通过因果关系形成了一条关系链。例如，员工培训能够提升员工技能（学习与成长维度），从而改进客户服务（内部业务流程维度），进而提高客户满意度与忠诚度（客户维度），最终实现收入和利润的增长（财务维度）。

业务单元的平衡计分卡的四个维度可以顺畅地延伸，发展出公司总体的平衡计分卡（见图 1-2）。公司总部本身既没有客户，也不用运营制造产品和服务的流程。客户和运营流程往往都存在于业务单元的范畴内。公司总部需要负责的是整合不同业务单元之间的价值创造活动，使得它们能够为客户创造更多的价值或者降低总运营成本，从而让协同行动创造的成果远超每一个业务单元独立运作所能达到的程度。因此，公司平衡计分卡的四个维度应该解答以下问题。

财务维度：我们应该怎样利用自身的战略业务单元（strategic business unit，SBU）组合来提升业务单元的股东价值？

公司在财务维度的协同围绕着以下几个问题：在什么方面投资？从什么方面获益？如何平衡风险？如何创造投资者品牌？等等。控股公司和高度多元化公司的总部（比如伯克希尔·哈撒韦公司（Berkshire Hathaway）、FMC 集团和德事隆集团（Textron））主要是依靠卓越的资本分配能力去创造价值。对于这些多元化公司来说，公司价值来源于内部资本市场的运作。这种运作模式比各分公司作为独立公司和上市公司的模式更具成效。

其他公司，除了通过卓越的资源分配和治理流程来创造财务协同效应外，还要积极地在平衡计分卡的其他三个维度创造协同效应。

客户维度：我们应该怎样共享客户接口以提升整体客户价值？

一位满意的客户就是一份宝贵的资产。由良好的客户关系而产生的优良商誉，能够转化成客户重复购买的潜能，同样也能将客户关系延

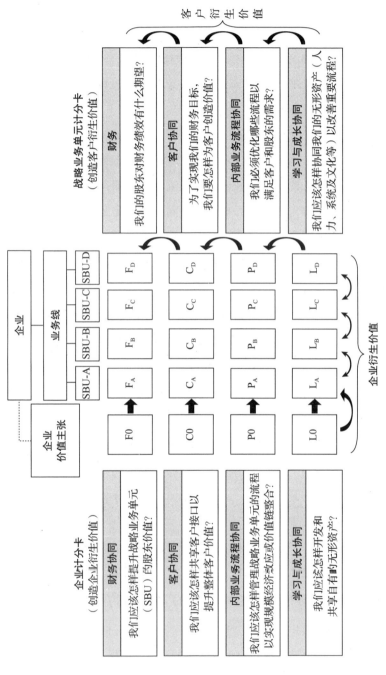

图 1 - 2 构建企业平衡计分卡

伸到公司的其他产品和服务上，尤其是那些同一品牌下的产品和服务。具有同质零售门店的企业——零售银行、商店以及特许经营的分店，如希尔顿酒店和温迪公司（Wendy's），通过在不同门店中推行标准化运营，让客户无论在何处都能有稳定且一致的体验。这种体验能够强化和巩固公司的整体形象。

在更多多元化公司中，单个业务单元可以独立开发客户关系并逐步拓展，但后续发展可能会受限于过窄的产品和服务范围。这时，公司内部的其他业务单元可以通过为同一批客户提供互补性的产品和服务来巩固并提升客户关系。比如，一家医疗器械生产公司只在其产品范围内拥有满意度、忠诚度都很高的客户，然而若该公司通过一线服务业务单元提供售后维修保养服务，就一定能够创造更多的收入来源，这种附加的收入甚至可能会带来更高且更稳定的利润。通过扩展市场信息，再造销售流程，公司能够把不同业务单元的产品推销给相同的客户，换言之，就是通过交叉销售的方式提高单一客户平均营收。

美国西北互助人寿保险公司（Northwestern Mutual）是一家金融服务机构，它曾经的战略是让每个保险专员凭借自身能力推销优质的人寿保险。现在，公司的新战略是在原有战略的基础上进行的拓展，增加了一系列投资产品和咨询服务，以满足客户对财务保障、资本积累、产权维护和资产分配的多种需求。西北互助人寿保险公司为此建立了一个专家网络团队，在销售团队服务客户和交叉销售产品时提供客户所需的建议和支持。过去，这家公司总部的定位只是拓展客户服务范围，以提升产品价值；如今，它可以为客户提供专属的咨询团队、整合更多元化的产品，并提出更完善的问题解决方案，从而为客户创造更多的价值。公司在原本自主运营的业务单元之间创建了跨单元的团队合作。

内部业务流程维度：我们应该怎样管理战略业务单元的流程，以实现规模经济效应或价值链整合？

大型组织拥有通过规模经济效应提升它们的竞争优势和股东价值的机会。类似沃尔玛（私营企业）和美国国防后勤局（政府机构）这类大型组织的采购和分销流程运作的规模，往往相当于小型国家的国民生产总值。事实上，每个多业务单元的公司都能够通过整合不同业务单元间的相同流程来创造规模经济效应。

例如，零售业巨头 The Limited 的总部中有一个部门专门负责签署并管理公司旗下所有门店的房产合同事宜；另一个部门则专门负责旗下所有业务单元的供应商谈判事宜。汽车制造商，比如戴姆勒-克莱斯勒，它的总部负责组织协调全球范围的新产品设计和研发事宜。在前几本著作中，我们描述了 Brown & Root 公司的海洋工程部是如何通过整合先前独立的工程、设计、制造、安装和后勤等业务单元，来为客户提供最完备的解决方案，从而创造价值的。

学习与成长维度：我们应该怎样开发和共享自有的无形资产？

或许对一个公司来说，总部可以为公司带来最大收益的机会源于对重大无形资产的开发和共享：人力、技术、文化以及领导力。专业性的服务公司，比如 SAS 软件研究所（软件行业）、埃森哲咨询公司（咨询行业）和先灵葆雅公司（医药行业）都会有意识地管理公司内部创意构想的最新动向。花旗集团（Citicorp）和固特异轮胎橡胶公司（Goodyear）是创造全球文化的先锋，它们在全球范围内实施管理层轮岗制以支持公司的全球扩张战略。而英国石油（British Petroleum，BP）这类公司则通过集中公司内部的 IT 组织向下属业务单元共享经验丰富的 IT 专家团队及专业知识。无形资产已经成为公司战略中一股新兴力量，它们能够为公司带来机遇，同时接受公司总部在某种程度上的管理，为公司创造出协同效应以及可持续的竞争优势。

图 1-3 根据企业平衡计分卡的四个维度，总结了企业协同效应的
不同来源。我们将在第 3 和第 4 章以成功的私立、公立机构以及非营利
组织为例，进一步阐述这一框架。

企业计分卡	企业衍生价值的来源（战略主题）
财务协同 我们应该怎样提升战略业务单元的股东价值？	• 内部资本管理：通过有效的内部资本市场和劳动力市场管理创造协同 • 企业品牌：将多元化业务整合在同一品牌下，促进共同价值或主题
客户协同 我们应该怎样共享客户接口以提升整体客户价值？	• 交叉销售：通过在多个业务单元交叉销售不同的产品和服务创造价值 • 共同价值主张：在不同零售店面建立统一的标准，以创造一致的购买体验
内部业务流程协同 我们应该怎样管理战略业务单元的流程以实现规模经济效应或价值链整合？	• 共享服务：通过共享系统、设施和职能人员来创造规模经济效应 • 价值链整合：通过整个行业价值链内相连的流程创造价值
学习与成长协同 我们应该怎样开发和共享自有的无形资产？	• 无形资产：在人力资源、信息以及组织资本的发展上共享竞争力

图 1-3　企业协同的来源

协同的顺序

图 1-4 展示了创造企业衍生价值所需的典型流程和步骤。整个
流程开始于公司总部明确企业价值主张，即它如何在运营单元、支
持单元和外部合作伙伴间创造协同效应。公司战略地图和平衡计分
卡阐述并明确了公司优先要务，并清楚地传达给所有下属业务和支
持单元。

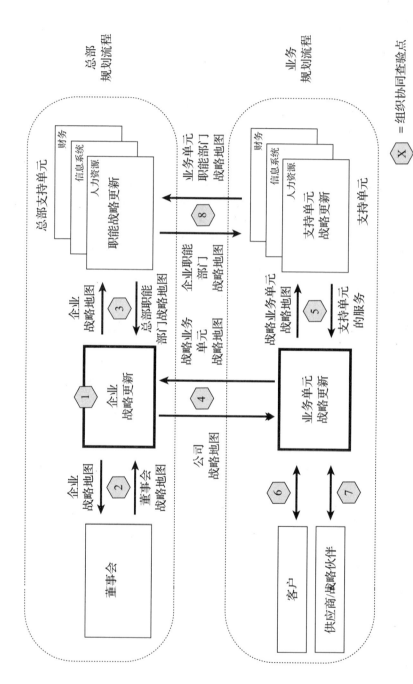

图1-4 在规划流程中建立组织协同

公司总部和运营单元的协同

在公司总部制定出战略和价值主张后，每一个业务和支持单元根据公司平衡计分卡制定与其匹配的长期计划和平衡计分卡。这一流程帮助业务单元权衡各项具有挑战性的任务。当然，这些业务单元在当地市场必须是一流的竞争者。通常它们首先会选择目标客户和满足客户需求的价值主张，然后发展自己的人才、系统和文化以改善内部运营流程、客户管理流程和创新流程，从而将自身价值传达给客户及其母公司。此外，业务单元也必须为达成公司层面的协同效应做出贡献，包括落实公司战略主题、服务公司客户、整合并协调其他业务单元，以获得额外的价值创造来源。业务单元的战略地图和平衡计分卡必须同时反映各自的优势和对公司整体的贡献。我们将在第 3 和第 4 章详细讨论协同效应这一话题。

内部支持和服务单元的协同

共享服务单元，如人力资源部、信息技术部、财务部和规划部等部门，开发它们的长期计划和平衡计分卡以支持业务单元战略和公司的优先要务。举例来说，企业价值主张可能需要人力资源部门开发贯穿整个公司的全新人才招募、培训、留用、共享关键员工等计划，以创造协同效应。

如果公司战略强调必须降低恐怖袭击所带来的风险，那么信息技术部门就会带头制定一套适用于所有单元的灾难防御计划。为了更有效地完成任务，内部服务单元必须理解公司战略，让自身的作业活动与该战略匹配。

但是传统上，公司往往将这些服务单元视为酌量性费用中心（discretionary expense centers）。每年编制预算时，公司会决定在每个服务单元投入的预算费用，然后在接下来的一年中严格监控各服务单

13

元的实际费用是否超出预算费用。将这些服务单元视作酌量性费用中心并不能让它们协同一致以更好地服务它们的"客户",即公司的内部业务单元和公司总部。制定这些服务单元的战略地图和平衡计分卡,可以让它们的客户、流程、学习与成长目标与业务单元的目标协同一致,从而为公司创造增量价值。这项流程可以把服务和支持部门从公司的费用中心转变为战略伙伴。我们将在第 5 章详细说明如何制定连接服务单元战略和公司整体及其业务单元战略的战略地图和平衡计分卡。

公司早已通过不同途径去协同业务单元和共享服务单元。有些公司先从总部层面明确战略,然后再把战略分解到所有运营和服务单元。这种具有逻辑性和顺序性的流程在那些高度结构化、等级严明的组织中得到应用,比如美国陆军和一家巴西国家石油、天然气、能源公司——巴西国家石油公司(Petrobras)。此外,也有许多其他公司从单个业务单元甚至服务单元开始构建平衡计分卡项目。这些公司不希望把平衡计分卡视作总部指挥授权下的产物。它们特意自下而上地推动平衡计分卡项目,在下属运营单元都接纳新的管理系统后才来界定公司的价值主张。我们将在第 6 章讨论这些不同的实施路径。

外部组织的协同

除了内部业务和服务单元的协同之外,公司还可以通过制定计划和平衡计分卡,定义公司与董事会和外部合作伙伴(如客户、供应商和合营伙伴等)之间的关系,以此探索公司外部的协同效应。首席执行官(CEO)和首席财务官(CFO)可以利用平衡计分卡来提高公司治理水平,改善与股东的沟通。公司还可以将公司和业务单元的战略地图和平衡计分卡作为董事会信息参考来源,以实现董事会与公司战略间的协同。有些公司会更进一步,它们会和董事会共同制定董事会的战略地图和平衡计分卡。这种战略地图和平衡计分卡向投资者、股东、监管机构和社会大众阐述了董事会目标，定义董事会需要在哪些关键流程表现优异才能达到投资者的期望，并确保董事会及其审议过程具备所需的技能、信息与文化。

一旦董事会认可了公司平衡计分卡所描述和衡量的战略，CEO 和 CFO 就能够利用公司平衡计分卡和股东进行沟通交流，并发布信息公告。不少公司都会在年报中向股东阐述自身的战略地图，并利用平衡计分卡的衡量方法作为与分析师进行讨论和电话会议的框架。有效的治理、披露和沟通都可以增加投资者对公司管理者的信任，从而降低投资者的风险，进而降低公司的资本成本。我们将在第 7 章讨论这些应用。

此外，与外部合作伙伴，如关键客户、供应商或合资企业（joint venture partner）等，共同建立平衡计分卡，能够为公司提供另一个通过协同效应创造价值的机会。这个过程不仅能够让两家公司的高层管理者对实现合作目标达成共识，还能够建立双方跨越组织边界的理解和信任，降低交易成本，减少双方错误协同的可能。同时，平衡计分卡本身就像一份明确的合约，是对组织间绩效表现的衡量。如果不使用平衡计分卡，外部合同往往就局限在对价格、成本等财务指标的考量。平衡计分卡提供了一种更具普遍性的契约机制，使这种合作关系能够更清晰、全面地体现出关系、服务、及时性、创新、品质、灵活性、成本、价格等方面的指标。我们将在第 8 章重点讨论上述内容。

将协同作为一种流程来管理

上述每项作业活动都是创造协同与价值的机会。大部分组织都试图创造协同效应，但进程总是断断续续，协调性也不强，这是因为它们没有把协同视作一种管理流程。如果公司中没有人负责整体的组织协同，那么往往会失去通过协同为组织创造价值的机会。

想要实现协同效应，仅仅一个概念或战略是远远不够的。企业价值主张定义了公司通过协同创造价值的战略，但是它并没有阐释具体的实践方法。组织的协同战略必须有一套协同流程来支持和配合。组织的协同流程，就像是预算编制流程一样，应该是年度治理周期中的一部分。无论何时，只要公司层面或业务单元层面的计划发生变动，高层管理者就需要重新整合整个组织以适应新的战略方向。

组织协同流程不可避免地会呈现周期性、自上而下的走向。理想的组织协同应该由总部高层定义，再交由下属业务单元执行。就像CFO协调预算编制流程一般，公司同样需要一名高层管理者来协调公司的协同流程——这正是战略管理办公室（office of strategy management，OSM）的职责所在。[6] 年度计划流程提供了可以执行的协同流程框架。以下是在典型的多元化公司内，公司总部、业务单元和支持单元在年度计划流程中需要达到的八个组织协同查验点（checkpoints）（请参考图 1-4）。

（1）企业价值主张：公司总部制定战略指南，下属单位根据指南制定各自的战略。

（2）董事会和股东的协同：董事会负责对公司战略的评估、批准和监督。

（3）从公司总部到总部支持单元：将公司战略转化为公司政策，再交由总部支持单元管理跟踪。

（4）从公司总部到业务单元：将公司优先要务逐层分解到业务单元战略中。

（5）从业务单元到支持单元：将业务单元的战略优先要务合并到职能支持单元的战略中。

（6）从业务单元到客户：向目标客户群体传达客户价值主张的优先事项，并反映在特定客户的反馈和衡量指标上。

（7）从业务单元到供应商和外部合作伙伴：将供应商、承包商和合作伙伴所共享的优先要务反映在业务单元战略中。

（8）公司总部的支持：地方性业务支持单元的战略应该反映总部支持单元的优先要务。

只要以上述八个查验点作为依据，公司就能够衡量并管理组织协同的程度，从而实现整个公司的协同效应。精通上述流程的组织能够创造出难以撼动的竞争优势。我们将在第 9 章详细讨论这种可持续协同的流程。这需要对现有的管理流程进行修正，以将管理层的目光聚焦于识别和获取公司层面的协同效应。

公司也必须实现员工、管理流程和公司战略的协同，尽管这并不完全是本书所讲的组织协同的重点部分，但需要指出的是，如果员工不了解公司战略，也缺乏动力去为所属单元实现战略，那么即使协同并整合了所有公司单元的战略也往往收效甚微。公司必须拥有一整套积极主动的政策去沟通、教育、鼓励并协同员工去配合整体战略。此外，公司还必须依据战略协同正在进行的管理流程——资源分配、目标设定、行动方案管理、报告和回顾。我们将在第 10 章详细讨论这些附加的组织协同流程。

案例研究：Sport-Man Inc.

我们将用下面这家化名公司 Sport-Man Inc.（SMI）的案例来阐述组织协同方面的问题。SMI 创建于 1925 年，专门生产和销售男士室外工作靴。早期它之所以获得成功，归功于公司生产设计的一款系带式防水靴受到了当时建筑业、畜牧业和其他户外产业工人的广泛认可。SMI 通过在大型商场和鞋类专卖店建立销售渠道，为公司位于马萨诸塞州的总部成功打下国内销售的基础。

第二次世界大战期间，SMI 与美国陆军签订一份合同，为超过 200 万名士兵提供陆战靴。公司的成功一直延续到战后经济复苏时期。在

Sport-Man 这一品牌的基础上，这家公司又新增了登山靴这项新产品，使其在休闲用品市场拥有更好的发展机会。在 20 世纪 60 年代，SMI 通过公司的自有零售商店，推出了男士休闲鞋系列的产品线；70 年代，SMI 预见到男士服装的多元化发展，开拓了新的业务线（line of business，LOB），着眼于户外工作、活动两用的男士服装。这一男士服装系列很快成为"猎装"的代名词。SMI 从郊区的购物商场发迹，通过资本积累，在短时间内发展成为旗下拥有超过 100 家零售店的大厂商，门店遍布美国东北地区；80 年代，SMI 将产品推向全美国市场，成为拥有 400 多家零售店的全国性公司。

但是在 90 年代中期，SMI 的业绩增长逐渐放缓。尽管 Sport-Man 曾经是国内知名品牌，但是它的男士户外靴和服装的市场已经趋向饱和。一项全面的战略评估指出，Sport-Man 品牌可以向其他服装系列延伸。除此之外，SMI 遍布全美国各大商场的零售足迹所构成的销售网络，为它增开新店以及拓展销售新的产品线提供了一个绝佳的机会。新零售店可以选择与现有专卖店毗邻的位置，以方便对现有客户实现交叉销售。最终，SMI 通过战后 40 多年的发展所积累的在欧洲和亚洲的产品采购优势，极大地推动了新服装产品线的快速成长并获得了巨大的成本效益。

因此，该公司通过在 Sport-Man 这一品牌下拓展产品种类，实施了 30 多年来第一次多元化发展战略。具体战略描述如下：

● 在现有的男鞋和男士户外服装生产线的基础上，新增两条新产品生产线：

（1）男士休闲服装生产线；

（2）体育用品生产线：运动服、运动鞋和运动器械。

● 与目前进驻 400 多家商场的 SMI 零售店共享店面，实现分销的协同效应。

● 与新业务共享客户清单和信用卡信息。

- 共享公司在产品采购上的竞争力。

- 与新业务共享现有的成功的管理经验。

从财务角度来说，SMI 建立了双重目标：在未来 5 年内，维持户外鞋和户外服装等核心产品的市场占有率；同时，新的产品线也要达到和核心产品相同的市场占有率。SMI 会用现有成熟业务的现金流作为新业务增长的必要投资。

SMI 的高层管理者意识到，这套战略需要各业务线间全面地组织协同和团队合作。他们希望客户将每一个品牌都视作一条独立的事业线，但同时又希望这些事业单元共同合作，相互之间实现现金的再分配并共享客户名单、信用卡、不动产、供应商、技术、关键员工以及知识。除了不动产以外，原来各业务单元在管理上一向独立自主，因此目前新战略下的团队合作势必要做出极大调整。

SMI 管理层使用了平衡计分卡工具，帮助公司在以下方面实现必要的组织协同：

- 对每一个业务单元明确定义公司战略，尤其需要说明怎么合作才能创造协同效应。

- 实现公司战略与业务单元的组织协同。

- 实现业务单元与支持单元的组织协同。

- 创建一套治理流程以确保永久维持组织协同。

图 1-5 展示了流程的第一步：制定企业平衡计分卡，阐释如何形成协同效应。

SMI 的财务协同主要是依靠将现有成熟业务的现金流注入新业务的发展过程来实现的。公司的衡量指标——单店销售增长强调，现有门店必须达到行业增长的平均水平，同时新店必须达到目标收入增长。此外，企业平衡计分卡也必须衡量现金流的产生和投资额的总量。

协同	企业价值主张	企业计分卡
财务协同 我们应该怎样提升战略业务单元的股东价值?	**内部投资的增长** • 加大对成长期业务的投资 • 从成熟业务获取现金 **客户转移** • 将成熟的客户基础转移到新增业务单元	• 销售增长（单店） • 战略投资水平 • 自由现金流 • 来自共同客户的收入百分比 • 客户平均销售额（年增长率）
客户协同 我们应该怎样共享客户接口以提升整体客户价值?	**品牌建设** • 围绕主要产品线，建立有利可图的子品牌	• 主导产品的市场占有率（如跑步鞋）
内部业务流程协同 我们应该怎样管理战略业务单元的流程以实现规模经济效应或价值链整合?	**终端商店群** • 建立购物中心的商店群，促进跨品牌交易 **采购规模效应** • 建立长期合作伙伴以确保高品质且可靠的资源	• 每平方英尺销售额 • 商店客户流量 • 退货率 • 订单履行率
学习与成长协同 我们应该怎样开发和共享自有的无形资产?	**建立公共平台** • 共享战略岗位及技能 • 创造组织协同 • 共享关键系统和知识	• 人力资本准备度 • 关键员工轮岗率 • 协同指数 • 共同系统与计划 • 最佳实践的分享

图1-5 SMI的企业平衡计分卡

　　客户协同效应来源于现有客户资源与新业务的共享。客户维度的衡量指标——来自共同客户的收入百分比直接监测这个目标；另一个指标——客户平均销售额年增长率则强调产品线间交叉销售的重要性。

　　对于内部业务流程协同效应，SMI 期望来自三个方面：（1）利用主导品类的优势吸引客户上门（以该品类的市场占有率作为衡量指标）；（2）共享购物中心的不动产资源，建立 SMI 商店群和品牌聚集效应（以每平方英尺销售额和商店客户流量作为衡量指标）；（3）采购规模效应（以退货率和订单履行率作为衡量指标）。

　　最后，学习与成长维度的协同效应应当通过将经验丰富的核心员工轮岗到新业务单元的关键岗位（关键员工轮岗率）、共享系统（共同系统与计划）、共享专业知识（最佳实践的经验分享）以及全面形成组织协同（协同指数）这几个方面来实现。

　　这份企业平衡计分卡捕捉到了整体战略中的精华（组织协同查验点 1）。它为 SMI 提供了一个自上而下、从总部到业务单元和服务单元的指导方针，而且这些指导方针必须反映到下属单元和部门的战略计划中。

　　图 1-6 展示了业务单元如何将企业平衡计分卡转化为适合自身的计分卡（组织协同查验点 4）。主要的区别体现在现有成熟业务单元和新增业务单元之间。

　　从财务维度看，成熟业务单元需要维持销售收入（同店销售额）、改善生产力（存货周转率和费用增长率），以达到产生正向现金流的预期要求。公司客户维度的战略目标要求业务单元之间共享客户资源。所有业务单元都要用同一目标来衡量：来自共享客户的收入和客户平均销售额。成熟业务单元需要聚焦于客户忠诚度；而新增业务单元则需要重点关注客户满意度，它是获得客户忠诚度的先决条件。

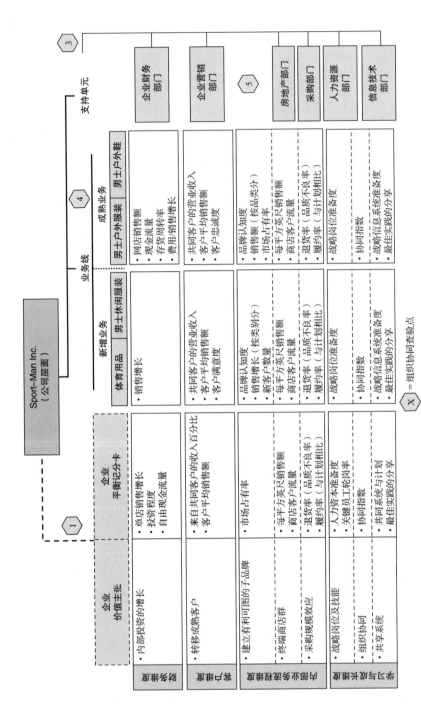

图1-6 SMI公司层面与战略业务单元的组织协同

在内部业务流程维度，所有业务单元都需要监控它们在市场上的品牌认知度；同时，也需要关注它们在目标客户群体中的销售额和市场占有率。新增业务单元则需更多关注以新增信用卡账户数量来衡量的新增客户数量。所有业务单元以相同的指标监控采购环节：退货率（代表品质不良率）和订单履约率。

学习与成长维度的目标和衡量指标在所有业务单元都是相同的，它们反映在对人员（战略岗位准备度）、技术（战略信息系统准备度）和知识（最佳实践的分享）的共享上。协同指数衡量的是公司层面目标与业务单元目标之间的协同程度。举例来说，约有 87％的公司层面计分卡衡量指标会直接下放到业务单元层面，但是有两个指标是公司层面所独有的：（1）投资程度，即衡量总部对新增业务单元注入投资的程度；（2）关键员工轮岗率，即衡量总部促进关键员工在公司内流动的程度。业务单元平衡计分卡的战略岗位准备度可以反映这类员工的流动是否成功。在各业务单元的平衡计分卡中，约有 80％的衡量指标是相通的。这不仅反映出业务单元之间的相似性，还反映出在业务单元中存在大量的资源共享。

总部职能部门需要协助业务单元执行公司的优先要务（组织协同查验点 3）。也就是说，关键员工轮岗率这一目标需要总部人力资源部门建立一套流程来筛选、培养和配置关键员工。

图 1-7 展示了公司采购部门的平衡计分卡（组织协同查验点 8）。采购部门负责筛选并管理供应商，由供应商专门生产 SMI 日常销售所需的鞋类、服装和运动器械。同时，所有产品的设计和生产都需要符合 SMI 所要求的规格。优秀的供应商通常具备以下特质：卓越的产品质量、创新的风格、可靠的交货期、快速的新产品研发周期以及完美的订单履约率。选择并管理高质量且稳定可靠的供应商是 SMI 整体运营战略的关键，尤其重要的是，可靠的供应商必须了解公司业务单元的需求是不断变化的，并且一定要在采购合同中注明这一点。

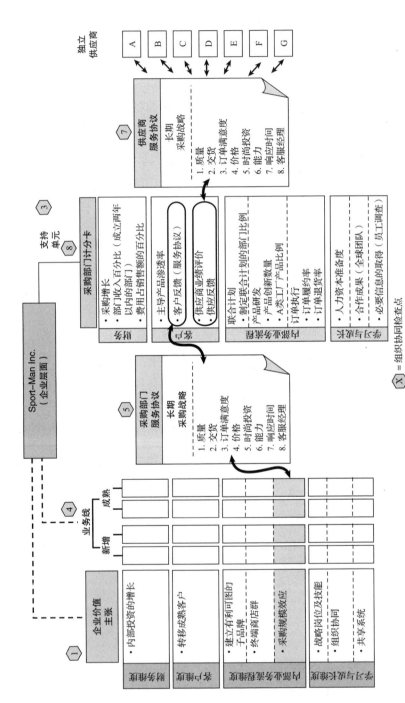

图 1－7　SMI公司支持单元的组织协同

采购部门作为桥梁，专门负责协同业务单元与供应商之间的需求。每个业务单元都会配置一名来自采购部门的关系经理，他扮演着战略合作伙伴的角色，负责管理业务单元的产品采购工作。每年，作为年度计划和预算编制流程的一部分，采购部门与每个业务单元都会谈判协商并达成一份服务协议（组织协同查验点 5）。这份服务协议会从讨论业务单元的长期计划、战略地图和平衡计分卡开始。

根据这个计划，关系经理和业务单元主管会针对采购商品的八项参数（如质量、交货、价格等）共同制定对应的衡量指标与目标值，如图 1-7 所示，并以此形成下一年度的服务协议。每个季度，业务单元都会根据服务协议中的八项参数提供书面的客户反馈，并对采购部门的业绩进行评价。这些反馈将作为采购部门平衡计分卡客户维度的评分依据，并成为关系经理和业务单元主管季度会议中讨论绩效的主要议题之一。采购部门采用同样的方法，运用平衡计分卡和服务协议，使众多的供应商与自己的业绩和业务单元的协同紧密联系起来（组织协同查验点 7）。

为了确保组织协同可以作为一项持续的流程进行管理，SMI 将这些分解和整合的方法加以固化，并永久保留在它的管理年历中。SMI 的组织协同与治理流程如图 1-8 所示。

SMI 的年度战略计划流程开始于每年 3 月，届时会更新公司未来 3 年预测和战略规划的议题。6 月，公司管理团队会集中讨论，将这些战略设想转化为最新的公司价值主张、战略地图和平衡计分卡。7 月，各个业务单元会更新自身战略并分解公司计分卡，据此更新业务单元的战略地图和平衡计分卡。紧接着，各个服务单元开始更新它们的战略。9 月，董事会开始回顾公司、业务单元和服务单元的战略规划以及平衡计分卡。同时，SMI 也将与其外部合作伙伴和主要的生产供应商一起更新服务协议和平衡计分卡。

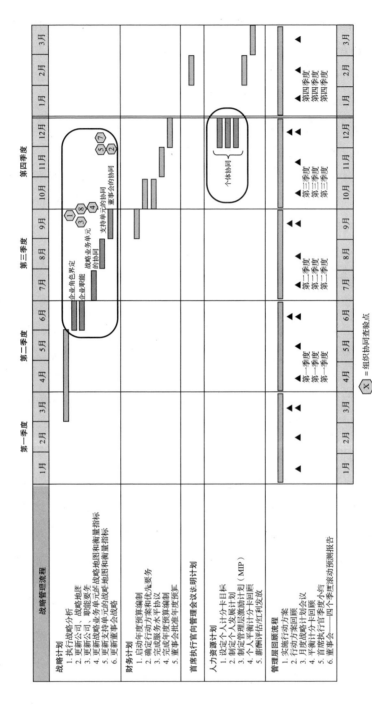

图1－8 SMI的组织协同和治理流程

预算编制流程开始于 9 月，并将一直延续到年底。在此期间，财务部门和战略管理办公室会共同评估、筛选行动方案，并制定资金分配计划。同时，服务单元与业务单元也会最终确定双方的服务协议。12月，公司向董事会上报预算方案并经由董事会审批通过。

最后，公司的每一名员工都需要编制个人平衡计分卡。每年 12 月，这些计分卡上所计划的下一年度目标和指标都会与公司达成一致。这些个人平衡计分卡必须与员工所属的业务或服务单元的平衡计分卡紧密相连，从而确保公司自上而下的全面协同。

图 1-9 总结了 SMI 的战略协同，利用协同图说明了组织协同的 8个查验点。从中可以看出，SMI 在 7 个查验点上都体现出了很强的协同水平，只有客户接口（组织协同查验点 6）对组织协同机制缺乏明确的定义。这种现象在拥有庞大活跃或潜在客户群体的零售行业很常见，因为零售类公司只能利用客户满意度这类统计调查或焦点群体（focus

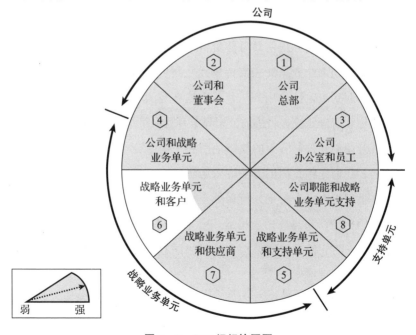

图 1-9　SMI 组织协同图

groups）这类讨论方式去监控客户接口。那些客户群体相对较小的 B2B 公司之间，例如化工业、电子业、工程服务业，更倾向于正式的交易机制，如签订服务水平协议，以创造客户层面的协同效应。

SMI 清楚界定了公司的角色，并运用平衡计分卡和服务协议将公司战略与业务单元和服务单元的战略协同起来。它运用公司、业务单元和服务单元计分卡与董事会沟通公司战略并取得董事会的认可。在下一年度，董事会还会通过更新季度平衡计分卡去监控公司战略是否成功实施。同时，SMI 成功地将个人绩效计划与业务单元和服务单元的战略协同起来。通过上述流程，SMI 创建了紧密的协同网络，整合组织上下和所有战略合作伙伴的力量，共同实现其远大的整体战略目标。

小　结

公司必须持续寻找使其总体价值大于各分部价值之和的方法。如果公司要在内部业务单元和支持单元之间创造协同效应，那么组织协同工具将起到决定性作用。一套基于战略地图和平衡计分卡的全新的衡量指标和管理系统，将协助公司界定并获取组织协同所创造的收益。

在开始创建公司层面的战略地图和平衡计分卡以阐述公司价值主张之前，我们先将我们的方法嵌入历史的观点中。下一章将讲述过去一个多世纪以来，公司是如何竭尽全力去寻找最理想的战略管理框架的。我们相信，除非公司懂得运用"第三种杠杆"——衡量指标和管理系统——将它们的组织架构与战略协同起来，否则将无法建立一个完美的战略管理框架。

注　释

1. Information on the Balanced Scorecard Hall of Fame can be found at http://www.bscol.com/bscol/hof.
2. These are the five principles documented in R. S. Kaplan and D. P. Norton, *The Strategy-Focused Organization: How Balanced Scorecard Companies Thrive in the New Competitive Environment* (Boston: Harvard Business School Press, 2000).
3. D. Rigby, *Management Tools* (Boston: Bain & Company, 2001).
4. R. S. Kaplan and D. P. Norton, *Strategy Maps: Converting Intangible Assets into Tangible Outcomes* (Boston: Harvard Business School Press, 2004).
5. The following are among the important references on corporate strategy:

   A. D. Chandler Jr., *Strategy and Structure: Chapters in the History of the Industrial Enterprise* (Cambridge, MA: MIT Press, 1962); *Scale and Scope: The Dynamics of Industrial Capitalism* (Cambridge, MA: Harvard University Press, 1990); and "The Functions of the HQ Unit in the Multibusiness Firm," *Strategic Management Journal* (1991): 31–50.

   M. E. Porter, "From Competitive Advantage to Corporate Strategy," *Harvard Business Review* (April–May 1987): 43–59.

   B. Wernerfelt, "A Resource-based View of the Firm," *Strategic Management Journal* (1984): 171–180.

   M. Goold, A. Campbell, and M. Alexander, *Corporate-Level Strategy: Creating Value in the Multibusiness Company* (New York: John Wiley & Sons, 1994); A. Campbell, M. Goold, and M. Alexander, "Corporate Strategy: The Quest for Parenting Advantage," *Harvard Business Review* (March–April 1995): 120–132.

   D. J. Collis and C. A. Montgomery, "Competing on Resources: Strategy in the 1990s," *Harvard Business Review* (July–August 1995): 118–128; "Creating Corporate Advantage," *Harvard Business Review* (May–June 1998): 70–83; and *Corporate Strategy: Resources and the Scope of the Firm* (Chicago: Irwin, 1997).

   C. Markides, "Corporate Strategy: The Role of the Centre," in *Handbook of Strategy and Management,* 1st edition, eds. A. Pettigrew, H. Thomas, and R. Whittington (London: Sage Publications, 2001).

   J. Barney, "Firm Resources and Sustained Competitive Advantage," *Journal of Management* (1991): 99–120.

   J. Bower, "Building the Velcro Organization," *Ivey Business Journal* (November–December 2003): 1–10.

   K. M. Eisenhardt and S. L. Brown, "Patching: Restitching Business Portfolios in Dynamic Markets," *Harvard Business Review* (May–June 1999): 72–82.
6. R. S. Kaplan and D. P. Norton, "The Office of Strategy Management," *Harvard Business Review* (October 2005): 72–80.

第2章 公司战略与组织架构：
基于历史的角度

　　第一次工业革命初期出现了像亚当·斯密的大头针工厂这样颇为典型的组织形态。这家工厂是一家集中作业的小型公司，产品制造范围十分有限，且仅销售给当地客户。这家工厂的组织结构十分单一：一位自行创业的老板，或许还有一个工头和几名雇用的工人。老板负责订购原材料、雇用员工、支付薪酬、监督生产作业，甚至连市场营销、销售、收付货款等各项事务也都得兼顾。

　　第二次工业革命开始于19世纪中叶，这一时期结构更为复杂的资本密集型产业开始兴起，诸如金属冶炼、化学、石油、机械以及交通运输设备等。这些行业中的龙头公司都享受到了由巨大的规模经济效应带来的福利，因为它们在生产和分销设施上都注入了可观的资本。为了应对更大规模的投资和更广泛的客户群体，这些公司需要建立一种比亚当·斯密的大头针工厂更精密复杂的组织，才能协调它们的采购、制造、营销、分销和产品研发等活动，从而获得规模经济效应。当然，它们也需要更多的管理人员去管理这些部门，并协调产品生产和运营流程。图2-1展示的就是19世纪末期典型的工业企业职能集中型组织（centralized functional organization）架构。[1]

　　在职能集中型组织中，最大的两个职能部门——生产部门和销售部门负责主要的价值增值活动。而第三大职能部门——财务部门承担以

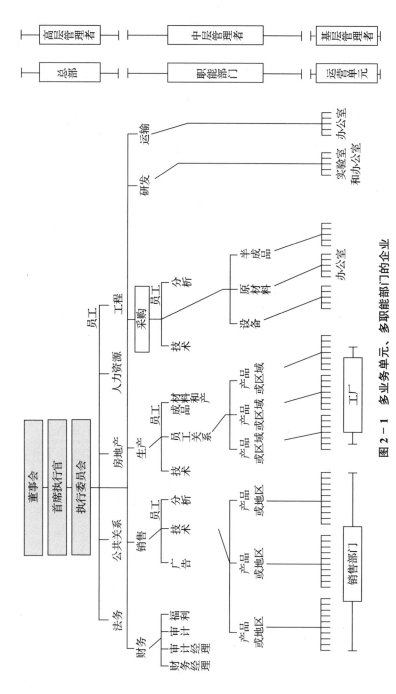

图 2 - 1　多业务单元、多职能部门的企业

资料来源：Alfred D.Chandler,Scale and Scope: The Dynamics of Industrial Capitalism (Cambridge, MA: Harvard University Press, 1990).

下两项重要职能：（1）协调不同运营部门之间的资金流转；（2）为高层管理者提供资料，以确保他们能够监控各运营单位的业绩表现，并合理分配资源。此外，公司也需要建立从事专业性事务的部门，如采购、研发、物流、工程、法务、房地产、人力资源和公共关系等部门。各职能部门的负责人需要与总裁和董事会主席一起组成高层决策团队。高层管理团队定期召开会议，协调公司各职能部门之间的生产经营活动。

19世纪末期的职能集中型组织架构为公司带来了绝佳的优势。各职能部门中的每位员工都是该领域经验丰富的专业人士，他们和本部门的同事以最有成效的方式合作完成生产、采购、产品研发、法务和营销等领域的各项任务。这种多人从事相似工作的方式，为公司开展内部培训、进行专业指导以及晋升人才提供了绝佳的机会。

在20世纪初，这些成功的工业公司继续发展壮大。有些公司通过横向一体化并购竞争对手；也有些公司，比如福特汽车公司，采用纵向一体化的战略以更好地协调生产物资在工厂间的流转。大部分公司都采用地理扩张的策略，依靠它们在本地市场获得的组织性规模经济优势去争取外地市场的客户群体。还有许多公司充分开发现有生产和分销设施的潜能，同时发挥庞大的组织和管理能力，以开发多元化的新产品线，进军细分市场。

到了20世纪初期，许多类似亚当·斯密大头针工厂这样结构单一、作业集中的地方性制造公司，在100年间逐渐演变为产品多元化、职能多元化、跨地区的大型组织。它们所面临的管理挑战是如何持续不断为广大的客户群提供具有吸引力、创新性且物美价廉的产品，同时又不被组织内部高度复杂的运营环境拖垮。

随着职能集中型组织开始扩张和进行多元化经营，新的问题也随之而来。比如，部门之间的协调和沟通往往耗时费力，效率低下。如果营销人员和销售人员（直面客户的员工）、工程人员（负责设计新产品和服务的员工）以及运营人员（负责制造产品、提供服务的员工）这三方之间缺乏信息共享，很容易导致公司耗费巨大的设计费用，又产生高昂的制造成本，最终却交付不符合客户期望和需求的产品。此外，职能集中型组织通常还会在面临客户偏好变动以及市场机遇或威胁时后知后觉、反应过慢。

阿尔弗雷德·钱德勒对这些职能集中型组织所面临的问题做出了如下总结：

> 如果公司的基础运营活动保持稳定，即原料供应来源、制造技术、市场、产品特性和产品线保持相对稳定，那么即使缺乏时间、信息，甚至是缺乏对公司创业观点的心理承诺，也不会造成严重的阻碍。但是一旦公司开始扩张，进入新的业务领域、新的地理区域或新的产品线，对日常管理决策的需求就会大幅增加，总部的高层管理者势必会因工作负荷过重，导致行政管理效率降低。这些不断提升的压力反而促使公司产生建立或采用总部与下属独立运营部门并行的多事业部制组织架构的需求。[2]

类似杜邦、通用汽车、通用电气和松下电器这样的公司，在 20 世纪二三十年代引进了一种新的组织形态——多事业部制。多事业部制公司由多个事业部组成，每个事业部负责各自的产品线和地理区域。每个事业部都配备齐全的职业技能员工，共同开发、建立产品线，并制造产品交付给特定市场区域的客户；同时，每个事业部都设置一名总经理，各职能部门主管会共同协助总经理管理事业部（见图 2-2）。

因此，每一个产品或区域事业部就等同于原公司的复制品，具备完整的职能集中型组织，作为中层管理者的事业部总经理需要向公司高层管理者直接汇报。因此在公司总部坐镇的高层管理者不必再为业务运营疲于奔命。现在他们的定位是评估各运营事业部的绩效表现，并

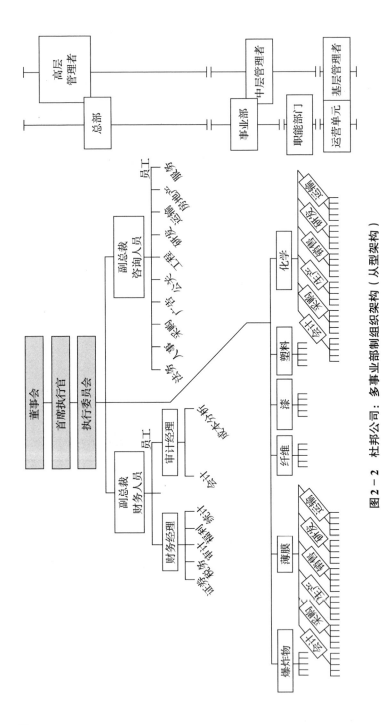

图 2 - 2 杜邦公司：多事业部制组织架构（从型架构）

资料来源：Alfred D.Chandler, Scale and Scope: The Dynamics of Industrial Capitalism (Cambridge, MA:Harvard University Press, 1990).

为事业部制定战略规划，以及资金、设施、人员等资源的配置工作。当然，总部也需要专业人员来支持总部高层管理者，并对事业部专业管理人员的工作给予指导和协调。

尽管多事业部制组织让各产品和区域事业部对所处市场的机会和威胁能够更加及时地做出响应，但它自身也存在管理上的问题。较小的产品事业部失去了许多效能上的优势——规模经济效应和学习曲线效应等——而这些效能都与职能集中型组织相关，因为职能集中型组织的资源能够由各个产品线、细分市场和地理区域所共享。同时，客户也出现了困惑，他们时常抱怨许多原来他们认为来自同一家公司的销售人员分别上门推销各自产品线上的某个产品。此外，由于事业部制组织会把专业技术人才分散到下属事业部内多项职能混杂的小型职能团队中，而不是将他们集中在具备同质性的团队中共同学习、解决问题，公司将面临失去职能管理优势的风险。

到了 20 世纪 60 年代，一种新的组织形态诞生——混合联营企业（conglomerate）。这种组织既不采用扩张核心业务、核心技术和核心能力的方式来发展，也不通过收购各种相关业务或产业的方式来发展，而是借助收购和兼并非相关业务来实现公司的成长。ITT 工业集团、立顿工业公司（Litton Industries）、德事隆集团以及海湾西部石油公司（Gulf＋Western）等都是由许多独立运营的公司聚集而成，各公司之间也不存在明显的协同效应。

混合联营企业之所以蓬勃发展，最明显的动因之一是为了降低多元化业务组合投资所面临的业务周期风险。当然，其理论依据更多考虑的是降低高层管理者运营的风险，因为股东可以通过持有不同公司的股份来实现收益的多元化，他们并不希望因兼并和收购而付出高额的成本，也不希望公司总部产生过高的固定费用支出。而另一个看似更为合理且以经济学为基础的理论依据是，这些混合联营企业中的高层管理者都是优秀的经理人，他们能够利用自己过人的学识和专业技能来管理下属的公司组合以创造更高的价值，而这种价值会高于没有总部加持下各公司独立运作所能产生的价值。

许多发展中国家也逐渐出现了类似的组织形态——企业集团（business groups）。例如，印度的塔塔集团（Tata）、土耳其的 Koc 集团、泰国的暹罗水泥集团（Siam Cement）以及韩国的三星集团（Samsung）和现代集团（Hyundai Chaebols）等，它们都是由大规模跨行业公司组成的企业集团，而且大多在国内运营。企业集团之所以能在各国演化发展，是因为政府施行了明确的进口替代政策，建立贸易和资金壁垒，限制外国竞争者进入本国市场。这些集团通常是实力雄厚的家族企业，它们利用国内基础设施建设领域不健全的体制作为发展机遇，在当地繁荣发展并获得成功。体制不健全的具体表现有：运作不良的资本市场和劳动力市场、产品质量相关的消费者信息和资源有限，以及动荡的政治环境和常见的司法监管腐败现象。[3]

然而，孕育这些企业集团的国家如今正逐渐加入全球经济发展的行列。随着全球市场的开放，原先受到国家政策保护的公司现在需要直面强有力的国际竞争对手。这些明显具有国家特色的集团的管理者现在必须重新评估在单一企业组织框架下同时运营上百个相互之间毫无关联的公司，能为集团带来什么收益？他们必须知道总部的高层管理团队要通过什么方法去增加各地方运营公司所创造的价值，而不是减少这份价值。

除了混合联营企业和新兴市场企业集团的兴起之外，当前以信息化和专业知识为基础的全球经济体也开始为集团总部实现协同效应创造新的机遇。有些公司通过在各个业务单元间运行有效的管理系统，让管理人员遵循相似的战略目标，从而不断达成卓越的业绩成果。举例来说，思科公司（Cisco）这种具有特有技能的公司会对兼并的技术型公司加以整合。还有一些公司通过在整个企业集团中完全遵循产品领先战略，来实现对创新性产品开发的高效管理。另一种极端是：公司总部擅长管理成熟的商品型公司，从而持续降低成本、改善流程、加强供应链管理以及劳动关系合作。

　　还有一些企业通过在旗下不同业务领域间应用其知名品牌的品牌效应来取得巨大成功。例如，迪士尼电影创造出许多卡通动物角色，如米老鼠、狮子王等，并将它们应用在主题公园、电视节目和零售商店中。又如，理查德·布莱森（Richard Branson）在创办维珍航空公司（Virgin Airlines）后，又将"维珍"品牌所具有的趣味性、高品质、服务一流以及生活方式独特等品牌印象沿用到火车、度假村、金融、饮料、音乐、移动电话、汽车、红酒、出版以及婚纱等多元化的业务领域中。

　　此外，金融服务和电信业务类的公司会充分开发现有的客户关系，以一站式购物的方式为客户提供不同种类的服务。而类似微软、eBay这样的公司则是将行业标准平台应用到广泛的服务范畴中，从而成为各自领域的主导者。制药公司和生物科技公司也都将它们在某类疾病领域的基础研究及成果应用到新药物和新疗法中，从而确保自身在行业中的主导地位。

　　在上述所有案例中，归属于公司统一结构下的所有独立业务单元所创造的价值总和要远超其单独运营时所能创造的价值。因此，对于任何大型企业集团来说，关键的组织问题是集团总部如何为旗下的职能、生产、渠道和区域等业务单元增加价值。集团总部如果想增加价值，就必须让监管、协调、资源分配环节所带来的收益超出总部运营所产生的成本。但是，如果总部拖延决策时间，对当地市场新兴的机遇或威胁响应迟缓，或者对当地市场状况、竞争对手和技术水平缺乏了解而做出错误的资源分配和运营导向决策，那么就会严重损害企业的价值。

　　如果企业总部不能够为企业增加价值，那么企业控制的市场就会对企业进行重组。20 世纪 80 年代的融资收购（leveraged buyout，

LBO）和管理层收购（management buyout，MBO）这两种商业活动就是释放企业内部业务单元所蕴含价值的体现。拜资本市场创新所赐，这些收购活动消除或大幅削减了企业总部的角色定位，尤其是那些多元化企业被认为是在损害股东价值而非创造股东价值。

组织架构与战略的协同

许多以战略为主题的学术著作和管理文献都把问题聚焦于业务层面的战略：业务单元如何为自身定位？又如何充分利用现有资源扩大竞争优势?[4] 如果所有公司都像亚当·斯密的大头针工厂一样，那么，只关注业务层面的战略也许就足够了。但是，目前大部分公司都是职能集中型组织和分散化业务单元的混合体，所以公司总部不得不尝试各种方法来协调运营活动，创造协同效应。

许多公司试图用矩阵式组织架构来解决内部协调不畅的难题。[5] 在矩阵式组织中，职能部门经理既需要向总部职能部门的高层管理者报告，也需要向产品或业务线的管理者报告。表 2-1 展示的正是一个典型的矩阵式组织架构。

表 2-1　矩阵式组织架构

职能	业务			
	业务单元1	业务单元2	…	业务单元n
研发	业务单元1的研发经理	业务单元2的研发经理	…	业务单元n的研发经理
采购	业务单元1的采购经理	业务单元2的采购经理	…	业务单元n的采购经理
生产	业务单元1的生产经理	业务单元2的生产经理	…	业务单元n的生产经理
营销	业务单元1的营销经理	业务单元2的营销经理	…	业务单元n的营销经理
销售	业务单元1的销售经理	业务单元2的销售经理	…	业务单元n的销售经理

表 2-2 展示的矩阵式组织架构旨在协同全球产品线及所在国总经理与各国运营公司之间的关系。

表 2-2　全球化跨产品、跨国家的矩阵式组织架构

	国家1	国家2	⋯	国家n
产品线1	业务单元$_{11}$	业务单元$_{12}$	⋯	业务单元$_{1n}$
产品线2	业务单元$_{21}$	业务单元$_{12}$	⋯	业务单元$_{2n}$
产品线3	业务单元$_{31}$	业务单元$_{32}$	⋯	业务单元$_{3n}$
⋮	⋮	⋮	⋮	⋮

ABB 公司，一家跨国电器制造商，创造出了风靡 20 世纪 90 年代的产品线-地理区域矩阵，该矩阵式组织架构将分布在全球不同国家或地区的数百家业务单元组织起来。在这种新组织架构下，每一个地方性业务单元需要同时向所在国家的管理者和全球业务线管理者报告。显然，这种矩阵式组织架构使得公司可以因协调集中化、职能专业化以及生产的规模经济而获取收益，同时仍旧保证了各地方性业务单元在市场营销和销售活动上具有充分的自主权和创业精神。

尽管矩阵式组织架构充满吸引力，但实践证明，这种组织形态难以管理，因为负责横向管理或纵向管理的高层管理者之间会因为利益冲突而呈现出紧张的态势。一名困在矩阵交叉点上的管理人员往往不知道该如何在横纵多方管理者的偏好之间寻求平衡，从而给企业带来新的困难、冲突以及延误。由于矩阵式组织架构中最终责任和权力的源头模糊不清，一种更新奇的、所谓后工业化时代的组织形态应运而生。举例来说，它包括跨越传统组织边界的虚拟组织和网络组织，以及所谓的"尼龙搭扣"组织（"魔术贴"组织）（Velcro organization），后者在响应外部变化提供的机会时，能及时拆分并重组成新的组织架构。[6]

尽管各种组织架构不断推陈出新，但对于如何在专业化和一体化（integration）的冲突中寻求平衡，以找到从根本上解决问题的组织架

构仍然难以达到。这并不令人意外。在麦肯锡顾问公司针对组织协同所创建的著名的 7S 模型中，战略和架构只是 7S 模型的其中之二。[7] 要想实现组织协同，还必须动员第三个"S"——系统（system）。麦肯锡对系统做出如下定义：用来管理组织的正式流程和步骤，包括管理控制系统，绩效评价与激励系统，计划、预算编制和资源分配系统，信息系统以及分销系统。

麦肯锡在 1980 年开展了 7S 模型的研究工作，这项研究先于战略地图和平衡计分卡理念的开发，也先于创造战略中心型组织的五大原则——动员、转化、协同、激励和治理。[8] 现在我们能够看到，平衡计分卡的创新确保了公司设计自己的运营系统以配合战略协同组织架构，同时也为另外四个 S：人员配置（staffing）、技能（skills）、风格（style）、共享价值（shared values）做出贡献。[9] 从我们与数百家公司合作的经验来看，公司不应追求最完美的战略架构；相反，它们应该选择一种在运作上不会产生严重冲突的合理的组织架构，再建立一套定制的、能够逐层分解的战略地图和平衡计分卡系统，使公司总部、其下属的集中化职能部门、独立运作的产品线及各地区性业务单元的组织架构能够匹配公司的战略需求。

平衡计分卡：协同企业战略和组织架构的系统

钱德勒的著作和迈克尔·波特的后续研究均已证明战略应先于组织架构和系统。因此，在阐述战略地图和平衡计分卡如何协同组织架构和公司级战略（corporate-level strategy）之前，我们必须讨论清楚什么是公司战略（corporate strategy）。[10] 古尔德、坎贝尔和亚历山大都认为公司战略——也就是同一个公司实体下运营多个业务单元的理论依据——必须源于公司的母公司优势（parenting advantage）。公司必须展现出我们所说的企业价值主张：公司总部要如何利用旗下运营的各种业务，创造出比同业竞争者或旗下各业务单元独立运作更高的价值。[11]
平衡计分卡的四个维度为企业价值主张的分类提供了一种合理的办法，
对公司实现协同效应做出了巨大贡献。

财务维度的协同效应

- 有效地收购和合并其他公司；
- 在多元化企业间维持良好的监控和治理流程；
- 将品牌优势充分应用到多元化业务领域（例如迪士尼和维珍航空）；
- 在与政府、工会、资本提供者和供应商等外部机构的谈判中获得规模经济或专业技能。

客户维度的协同效应

- 在不同地区的零售或批发网络内传达一致的企业价值主张；
- 通过结合不同业务单元的产品或服务，充分利用共同客户资源，从而提供独特的优势：低成本、便捷性或个性化解决方案等。

内部业务流程维度的协同效应

- 充分利用横跨多个业务单元的产品或流程的技术优势，形成公司的核心竞争力。[12] 可以考虑在微电子制造、光电子、软件开发、新产品开发、即时生产和分销系统等不同产业领域获得竞争优势。同时，核心竞争力还应该包括掌握在全球范围内特定区域高效运营的经验知识。
- 同各国共享制造、研究、分销或市场等资源，实现规模经济效应。

学习与成长维度的协同效应

- 在各个业务单元之间开展一流人力资源的招聘、培训、领导力开发实践，以提升公司人力资本的优势。
- 充分利用各产品和服务分部所共享的共同技术，例如行业领先的平台或渠道，以使客户能够享受到更广泛的服务。

● 通过知识管理，在各个业务单元之间传递卓越的流程优化经验，以分享最佳实践。

柯林斯（Collis）和蒙哥马利（Montgomery）对这种有效的公司战略做出如下总结[13]：

> 杰出的公司战略不能只是将公司中独立的部分随意地拼接在一起，而应当谨慎地将相互依赖的部分搭建成一套系统……在伟大的公司战略中，所有要素（资源、业务以及组织）之间都要相互协同。这种协同的驱动力来源于公司自身的资源，如特殊的资产、技术以及能力。[14]

战略地图和平衡计分卡正是一套用来阐释企业价值主张、协同公司资源、创造更高价值的理想机制。公司总部的管理团队使用公司的战略地图和平衡计分卡来明确的公司的管理理念：公司应让众多的业务单元在层级化架构下有效运作，创造更多附加价值，而不是任由它们拥有自主的治理结构以及财务资源，以独立实体的方式经营运作。

注 释

1. This brief summary of a complex history is drawn from Chapter 2, "Scale, Scope, and Organizational Capabilities," in A. D. Chandler Jr., *Scale and Scope: The Dynamics of Industrial Capitalism* (Cambridge, MA: Harvard University Press, 1990), 14–49.
2. A. D. Chandler Jr., *Strategy and Structure: Chapters in the History of the Industrial Enterprise* (Cambridge, MA: MIT Press, 1962), 297.
3. T. Khanna and K. Palepu, "Why Focused Strategies May Be Wrong for Emerging Markets," *Harvard Business Review* (July–August 1997): 41–51.
4. We explored the role of Strategy Maps and Balanced Scorecards in describing and implementing business unit strategy in the book *Strategy Maps: Converting Intangible Assets into Tangible Outcomes* (Boston: Harvard Business School Press, 2004).
5. S. Davis and P. Lawrence, "Problems of Matrix Organizations," *Harvard Business Review* (May–June 1978); H. Kolodny, "Managing in a Matrix," *Business Horizons* (March–April 1981).

6. L. Hirschhorn and T. Gilmore, "The New Boundaries of the 'Boundaryless' Company," *Harvard Business Review* (May–June 1992); M. Raynor and J. Bower, "Lead from the Center: How to Manage Divisions Dynamically," *Harvard Business Review* (May 2001); J. Bower, "Building the Velcro Organization: Creating Value Through Integration and Maintaining Organization-Wide Efficiency," *Ivey Business Journal* (November–December 2003): 1–10.

7. R. H. Waterman, T. J. Peters, and J. R. Phillips, "Structure Is Not Organization," *Business Horizons* (1980).

8. R. S. Kaplan and D. P. Norton, *The Strategy-Focused Organization* (Boston: Harvard Business School Press, 2000).

9. R. S. Kaplan, "The Balanced Scorecard: Enhancing the McKinsey 7-S Model," *Balanced Scorecard Report* (March 2005).

10. D. Collis and C. Montgomery, *Corporate Strategy: Resources and the Scope of the Firm* (Chicago: Irwin, 1997), refer to essentially the same concept as the "corporate advantage." We will use the more vivid image of the corporate as parent to its various offspring.

11. M. Goold, A. Campbell, and M. Alexander, *Corporate-Level Strategy: Creating Value in the Multibusiness Company* (New York: John Wiley & Sons, 1994); A. Campbell, M. Goold, and M. Alexander, "Corporate Strategy: The Quest for Parenting Advantage," *Harvard Business Review* (March–April 1995): 120–132.

12. *Core competencies* has been defined by Markides as the "pool of experience, knowledge and systems within the corporation that can be deployed to reduce the cost or time to create or extend a strategic asset"; strategic assets are the "imperfectly imitable, imperfectly substitutable, and imperfectly tradable assets that promote cost advantage or differentiation." See C. Markides, "Corporate Strategy: The Role of the Centre," in *Handbook of Strategy and Management,* 1st edition, eds. A. Pettigrew, H. Thomas, and R. Whittington (London: Sage Publications, 2001).

13. D. J. Collis and C. A. Montgomery, "Competing on Resources: Strategy in the 1990s," *Harvard Business Review* (July–August 1995): 118–128; and "Creating Corporate Advantage," *Harvard Business Review* (May–June 1998): 70–83.

14. Collis and Montgomery, "Creating Corporate Advantage," 72.

第3章 财务与客户战略的协同

公司可以通过许多方式创造组织协同效应。有些公司会通过有效的合并、收购政策和娴熟的内部资本市场管理去发挥财务协同效应；有些公司在所有业务单元和零售网点充分运用共同品牌或客户关系来形成协同效应；还有些公司通过在多个业务单元共享相同的流程和服务，或者通过有效整合产业价值链中的各个环节，达成规模经济效应。最后值得一提的是，当公司在各个单元之间开发并共享人力、信息以及组织资本时，同样能实现协同效应。公司总部必须首先明确自身期望实现怎样的协同效应，然后再建立一套管理系统以传达并实现这些协同效应。

在本章中，我们将介绍一些利用财务与客户协同效应创造价值的公司案例。在第4章，我们将继续分析并提出有哪些利用内部关键业务流程和整合整个公司学习与成长能力的机会。在这两章中，我们将展示私营企业、公共机构以及非营利组织是如何通过关注协同效应的源头来创造企业衍生价值的。

财务协同效应：控股公司模式

所有企业都有机会利用集权化的资源分配和财务管理实现协同效应，但在本节，我们只通过控股公司这样一个最简单的例子加以说明。控股公司由业务单元或分公司等独立运营的实体组成，这些业务单元之间仅仅通过财务竞争力和实践实现协同效应。一般来说，控股公司的运营单元分布在不同的地区，从事不同的行业，面向不同的客户群体，使用不同的技术，而且制定各自的战略。

公共机构亦是如此。政府部门通常由各自独立的机构组成，这些机构的业务范围很少重叠，而且也不需要紧密协调。以美国交通部为例，它由 13 个基本自治的机构组成，包括联邦航空管理局、联邦公路管理局、联邦运输协会、联邦汽车运输安全管理局、联邦铁路管理局、联邦海事管理局和国家公路交通安全管理局等。每一个机构都有自己的管辖领域（如航空公司、铁路、公共运输、货运、船运和汽车等）、使命和战略。

第 2 章中提到了 20 世纪 60 年代的企业（如利顿工业公司、国际电话电报公司、德事隆集团和海湾西部石油公司等）是如何利用激进的收购战略，将多个在能力、技术和客户基础上并无过多共通之处的企业集合在同一个组织架构中的。这种混合联营企业模式所信奉的理论依据有以下两个：第一，集团可以获得进入新行业的机会，而且新行业比现有业务的成长空间更大、竞争压力更小；第二，这种激进的收购战略可以降低整体风险，因为下属公司组合在商业周期上毫无关联。

不管这两个理论依据再怎么充分，在经济规律和实践经验面前都很难站得住脚。尽管某些业务的成长机会的确高于其他业务，但由于这些高成长公司的现有股东已经认识到了这种成长机会且当前的股价已经有所反映，收购方必须支付一笔极为高昂的溢价去购买这些高成长公司。许多研究指出，在公司兼并或收购活动中，被并购方往往获得了所有收益；而并购方则像是承受了胜利者的诅咒，它们在收购过程中为了公司的成长付出了超高的溢价，换来的却是低于市场水平的回报。

同时，这种企业模式在降低风险方面的收益也微乎其微。大多数投资者所投资的公司数量早已足够使他们通过自身的多元化来降低投资风险，根本不需要公司管理者再为实现这种多元化而付出过高的代价。而且，不管怎样，大多数混合联营企业所采用的风险降低战略甚至已经在本国市场遭遇了失败。在 20 世纪 70 年代的经济萧条时期，混合联营企业下属的公司几乎无一幸免，这导致它们更难以偿还 60 年代因并购潮而背负的庞大债务。

在 20 世纪 70 年代，这些混合联营企业终于意识到通过并购实现收入增长和风险降低并不现实。这种低迷的情况一直延续到 70 年代末并贯穿整个 80 年代，随之而来的是一股接管、剥离公司和更替管理层的浪潮。然而，仍然有许多公司的管理者抵抗不了多元化运营带来的业务成长与风险降低的诱惑（先不提投资银行在公司兼并和收购活动中收取的高额费用）。对于公司总部的高层管理团队来说，他们面临的最大挑战是如何克服历史经验，避免重蹈覆辙。他们必须证明自己可以挑选出一些非相关的业务并加以管理，从而创造出高于各业务单元独立运营所产生的价值。

这个领域的典范多半是纯粹的投资公司或私募股权公司，如伯克希尔 • 哈撒韦公司（Berkshire Hathaway）和 KKR 集团（Kohlberg Kravis Roberts）。这些投资公司或控股公司下属的每个业务公司在管理和融资上都是独立的。每家公司都有自己的董事会，来自母公司的代表通常也是董事之一。这些业务公司之间没有交叉控股，而且一家公司产生的现金流并不能用于另一家公司。

这种公司的收益来源于两个方面的财务协同效应。一方面是来源于投资人的投资敏锐度，比如伯克希尔 • 哈撒韦公司的沃伦 • 巴菲特（Warren Buffett）和 KKR 集团的高级合伙人，他们以敏锐的投资天赋识别出那些价值被低估或存在转机的公司来创造公司的价值，再通过充分可靠的可行性研究支持自己最初的投资判断。实际上，这种能力需要充分可靠的信息或高超的分析技术做后盾，才能确保公司始终能够"买低卖高"。另一方面来源于有效运作的治理系统，该系统可以监控并指导下属公司及其高层管理者的长期绩效。控股公司经常协助下属公司进行关键人员的招聘和工作分配，并引进专业的管理方法。

FMC 公司是最早采用平衡计分卡的公司之一，旗下子公司超过 20家，横跨机械、化学、矿产、国防工程等领域。总部的高层管理团队既有丰富的企业运营经验，也有独有的信息渠道，从而可以先一步掌握这些企业及市场的机会、威胁、能力和弱点。他们利用丰富的经验和独有的信息所制定的资源分配决策远比外部市场能做出的决策更加明智。例如，FMC 公司旗下有一家子公司专门生产机场行李装卸、机场旅客交通工具、登机道和活动舷梯等设备。在整个航空产业的经济回落时期，整个行业的投资也都很低迷。但 FMC 公司的这家子公司却逆向操作，通过做出的重大战略投资决策，以极高的折扣收购了最大的竞争对手，FMC 公司的管理层认为这项收购活动具有长期价值。事实证明，这项决策十分英明，因为随后航空业逐渐回暖，机场开始扩建，投资也纷纷回笼。

因此，高度多元化的企业的企业价值主张包括对多元业务出色的资本分配和风险管理能力。集团层面平衡计分卡的财务目标应该包括经济附加值、净资本回报率等通用的高阶指标。这些财务指标为衡量集团内每一家公司的财务贡献提供了统一的标准。当然，即使在一个高度多元化的集团里，总部管理层也是积极的投资组合经理人，他们会视投资组合的不同，强调不同的财务衡量指标，以有效地分配资源。对于处于产品生命周期早期阶段的公司，他们会很重视销售额和市场占有率的增长；而对于产品生命周期处在相对成熟阶段的公司，他们会转而强调公司产生的自由现金流量。

以下 Aktiva 和 New Profit 的案例将展示追求财务协同效应的企业是如何配置自己的平衡计分卡，使集团在非相关业务组合的管理体系中发挥核心作用的。

案例研究：Aktiva

Aktiva 是一家私人投资的控股集团，1989 年创建于斯洛文尼亚共和国，如今总部位于阿姆斯特丹，并且在日内瓦、卢布尔雅那、伦敦、米兰和特拉维夫都设有办事机构。2004 年第一季度，集团资产达到 6 亿欧元，旗下 30 家企业分布于 14 个国家，集团直接或间接控股的总资产超过 120 亿欧元。

Aktiva 采用积极的治理方法，为旗下企业引进先进的管理理论、实践和规范。Aktiva 的第一步战略是采用价值管理（value-based management）和经济附加值（economic value added）相关指标作为旗下企业的财务原则和重点目标。到了 2000 年，Aktiva 找到了一种更积极、有效的管理旗下企业的方式，即要求每个企业开发各自的平衡计分卡以阐述并落实各自的战略。Aktiva 首先开发了适用于总部的平衡计分卡，说明如何通过有效管理及治理旗下的企业实现价值最大化（见图 3-1），然后再协助旗下的每一家企业开发并落实各自的平衡计分卡。

Aktiva 在总部成立了一个"积极治理团队"。团队管理人员会前往各地的分公司提供日常协助，指导当地的团队开发战略地图和平衡计分卡，以落实公司战略。治理团队的每一名成员都加入分公司的激励计划中，在激励机制的驱动下全力协助分公司获得成功。至于分公司高层和中层管理者的激励计划，则会和个人平衡计分卡与公司平衡计分卡挂钩。

Aktiva 的管理层每个季度（更多时候是月度）会和分公司管理团队回顾平衡计分卡业绩，并提出解决问题、提升绩效的建议。治理团队同样会出席这些会议，这有利于归纳某一家公司的知识和经验并迅速向其他公司推广。

	目标	指标
财务	价值创造最大化	净资产增长
		内部报酬率
	旗下企业销售价值最大化	下属企业溢价净值
	快速识别极具成长性的投资机会	新投资的数量与价值
客户	提供专业技巧和指导	与新合作伙伴达成交易的数量与价值
		新投资对 Aktiva 专业技巧增值的认知度
		新概念的落实数量
		每次落实的平均耗时
	提供稳定的环境	现金危机
		信用评级
	建立旗下企业间联络网	与金融机构往来次数、品质和时间长度
		新目标客户的数量和质量
		每个公司将合同客户转化为长期伙伴的数量
		每个公司平均共有客户数量
内部流程	主动管控	所有层面重新聚焦制定 BSC 的数量
	世界级水准的关键职能集中化	积极治理团队识别出新业务机会的数量
		积极治理团队预防损失的数量
		税收占利润的百分比（最佳税收结构）
	开发并实施创新的解决方案	交易的最优配置
		金融产品的成本降低
		解决方案评估数量
		首次交易实施的数量
		新落实方案的满意度
学习与成长	打造多元文化氛围	实力实现方案的数量
		跨国团队的数量
		和 Aktiva 业务活动相关的国家数量
	吸引并留住最佳人才	人才库的最高质量
		员工的满意度及留用率
		成功识别"明星"员工
		成功管理绩效不佳员工
	持续培养和最佳实践分享	被识别的具有培训和发展需求的员工
		外部培训所产生的新观点的数量
		每名员工对内部培训提出的建议数量

图 3 - 1　Aktiva 的积极治理战略地图

Aktiva 的积极治理团队利用价值管理和平衡计分卡取得了极大成功。Aktiva 旗下最大投资的净资产回报率从 1998 年的 -2% 一路飙升到 2003 年的 $+12\%$。其中 Pinus TKI 这家位于斯洛文尼亚的农用化学公司，销售额在 1996—2003 年翻了两倍，经济增加值也从 1996 年的 -150 万欧元上涨到 2003 年的 $+150$ 万欧元。

作为一家非实体运营的投资公司，Aktiva 会在适当的时机出售旗下某家实体企业，当然这需要该企业的售价可以充分反映集团推动企业产生的潜在价值。有趣的是，被 Aktiva 出售的企业虽然已经不受 Aktiva 的积极治理要求的制约，却仍旧继续使用平衡计分卡，因为它们坚信这套管理和治理工具具有很高的价值。Aktiva 的 CEO 达克·霍瓦特（Darko Horvat）亲口证实了平衡计分卡为这家私人投资集团所带来的价值：

> 在我们实施平衡计分卡之前，Aktiva 已经成长得十分迅速，但始终存在一种因过分关注财务维度关键绩效指标（key performance indicators，KPI）而产生的风险。我们意识到这种财务成果不可能持续很多年。通过实施平衡计分卡，我们将焦点从经济附加值转向其他三个维度，这些维度才是最终决定企业财务成功和未来发展的真正因素。对于我们来说，平衡计分卡是无可替代的，也是我们以战略为导向开展业务的支柱。我们将它看作企业的基础要素，也是我们成功的秘诀之一。[1]

案例研究：New Profit Inc.

非营利性的投资集团同样能够因为应用平衡计分卡而受益。New Profit Inc.（NPI）是一家慈善组织，从致力于慈善事业的个人、基金会及公司吸引大宗捐款，用于捐助记录良好、未来有很大成长空间的非营利机构。[2]

NPI 向这些非营利机构提供长期的资金援助，以确保它们具备继续成长的能力。就像私营投资公司一样，NPI 会要求这些机构实现双方商定的量化绩效指标。只要它们能够不断达成目标，NPI 就会持续提供资金援助。

与私营投资公司、私募股权公司和风险投资公司不同的是，NPI 无法以财务指标来评价非营利组织的投资回报业绩。这些机构的成功体现在对社会的影响力，而不是资金筹集和预算平衡能力上。于是 NPI 的创始合伙人转而求助平衡计分卡——一个与旗下投资机构建立绩效合同，并用以评估其绩效表现的最佳工具。

NPI 首先开发了集团层面的平衡计分卡（见图 3-2）。然后 NPI 与董事会、潜在及现有的投资者共同制定平衡计分卡，对自身绩效结果负责，就像它要求下属投资机构必须为自己的绩效负责一样。NPI 集团层面的平衡计分卡同样也作为旗下投资机构开发平衡计分卡的模板。这种方式可以确保下属机构的平衡计分卡采用统一的框架，以便与 NPI 董事会成员及投资者沟通，同时也允许这些机构根据各自的使命和投资者要求，在平衡计分卡的不同维度上制定自己的个性化目标。

一旦 NPI 建立了集团层面的计分卡，集团总部的员工就开始帮助下属机构设计并落实符合其自身具体目标的平衡计分卡。目前，NPI 通过评价这些机构平衡计分卡指标和目标的实施情况来监控各机构的业绩。NPI 的合伙人将与投资人（即捐款者）分享每个下属机构平衡计分卡报告，这样投资人就可以了解各投资机构的社会影响力和绩效表现。

NPI 的企业价值主张包括一套卓越的尽职调查流程，用于识别有利于社会影响力与自身成长的投资机会。此外，NPI 也维持着积极主动的监督治理流程，要求这些社会企业家对可衡量的结果负起责任。NPI 会提供管理咨询，指导或建议这些企业家如何建立更加高效能、高效率的组织。因为没有资本市场为非营利组织提供成长所需的资金，所以 NPI 通过赋能使高绩效社会企业获得长期融资以确保自身发展和产能建设，从而创造持续的社会价值。

表 3 - 1　2005 年 NPI 的平衡计分卡

维度	目标	指标
	1. 创建世界一流的公益基金，选择优秀的社会企业家并协助其成长	(1) 下属投资机构正在实现针对其使命的卓越业绩 1) 达成与增长：投资增长，组织存续受到影响的总年度增长率 2) 增长：各机构收入年度增长合计 3) 质量：投资机构符合质量标准的比例（5%以内） 4) 持续性：投资机构在"毕业清单"得分的平均变动 (2) 高成长潜力机构的增量 对达到尽职调查标准的新机构的投资量
社会影响力	2. 利用成果、经验和人际关系为有高度成长潜力的社会企业家建立良好的环境	(3) 认可 NPI 的领导地位，影响主要经营者的行为，为有成长潜力的社会企业家改善环境 1) 成功召集社会企业的关键领导者，并制定行动导向的执行方案 2) 制定详细的战略，促进关键行动方案的实施及衡量成功的指标的达成 此外，为每个行动方案制定里程碑。成功的衡量指标包括： ①NPI 被纳入重大事件或讨论中 ②以"New Profit"模式为标杆的慈善机构的数量和规模的增加 ③实现规模化的社会企业家数量长期增长

续表

维度	目标	指标
投资人	3. NPI 投资者高度满意	（4）投资者满意度调查结果
	4. 受捐助的社会企业家认可与 NPI 合作的价值	（5）整体满意度调查结果
	5. 北美监控团队合伙人对 TMG 投资于 NPI 的资源高度满意	（6）北美监控合伙人对 NPI 满意度调查结果
财务	6. 收入增长幅度	（7）募捐活动获得的总资金 1）来自大额捐赠者的捐款增长比例 2）董事会筹资增长比例 （8）终止一家新的合资企业
	7. 建立更具系统性、预见性的流程，而非仅依赖于创办人	（9）高级合伙人平均投资时间增加所带来的募集金额的增长 （10）未来一年内符合资格的潜在捐赠者数量（来自现有投资者的个人推荐且过去三个月内曾提出过具体投资金额）
	8. 利用额外的资源与资金对下属机构进行直接投资	（11）杠杆比率（NPI 为下属机构带来的资源的总价值/来自 NPI 的直接投资金额）

续表

维度	目标	指标
内部运营	9. 强化关键运营决策的内部财务管控	(12) 投资覆盖率达到100%的新投资数量 (13) 实现预算费用支出目标 (14) 对投资者投资承诺的及时更新率
	10. 重建有效、持续、高质量的下属机构管理流程	(15) 100%的下属机构具有完整的活动计划，并且每季度会开展进度和成果评估投资时，具有清晰投资报告和活动计划的新机构数量
组织能力	11. 创建积极、高效、有生产力的组织	(16) 100%员工订立正式目标 (17) NPI员工留任率的增加
	12. 提升NPI和监控团队的关系效能	(18) 所有关键决策者同意"下一代"NPI-监控关系的具体议案

注：NPI的使命是咧立慈善事业新模式的典范，提供战略和财务资源，协助有远见的社会企业家及其组织创造持续改革的影响力。

集团下属的每一家机构在认同 NPI 理念的基础上，基于自身的使命、投资人、价值主张开发了自己的平衡计分卡。NPI 只是提供了大致的模板——示范了社会影响力、客户、财务、人力和资源等维度——下属机构则自行完成它们的平衡计分卡。

财务维度的协同效应：公司品牌和主题

集团总部也可以通过主动利用各独立实体的资源、能力或信息来创造价值。举例来说，一些高度多元化的集团，如通用电气公司（General Electric，GE）、艾默生电气公司（Emerson）和 FMC 公司，都是由近乎独立的部门或分属不同行业的公司组成的。这种高度多元化的集团的企业价值主张主要依赖于总部管理者运作内部资本市场的能力优于外部的资本市场机制（正如前面讨论过的控股公司模式）。此外，集团内的各个单元可以在某种程度上共享共同主题和信息，这是独立面对市场运作的企业所无法实现的。

这种高度多元化的集团往往遵循自下而上的治理方法。先由母公司批准各分公司的公司层级平衡计分卡，再根据它们的特定价值制定战略进行监控；母公司也可以强制设定一个框架，如哪些财务指标必须列示在平衡计分卡上；同时，母公司也可以为不同维度提出大致的主题："成为客户最有价值的供应商""在所有运营质量上达到六西格玛质量水平""环境和安全方面的行业领导者""引进优秀人才""利用技术改善流程"等。各运营公司在这些纲领下建立自己的平衡计分卡，既能够吻合总部的纲领，又能够贯彻自身的战略。

还有一些集团虽然不是严格意义上的混合联营企业，但也都被归在这类组织里。在这些集团中，尽管所有运营单元可能处于同一个大行业，如金融服务业、零部件制造业等，但它们仍然处于行业中不同的部门且施行不同的战略。举例来说，假设一家集团由一系列生命科学公司组成，其中有的公司是创新产品的领导者；有的公司专门生产日用品，主张低成本、高品质、按期交货的竞争战略；还有的公司则专门为目标客户提供全套的产品和服务。这些公司同样必须识别它们的企业价值主张，即如何在同一个相对松散的组织框架下创造更多的价值。

成功的多元化集团大多能够充分利用内部的各运营公司，从而使自身具备特有的竞争力。举例来说，艾默生电气公司处于一个比较成熟的行业，主要经营工程产品，它的成功之处在于其运用电子和机械技术的高效制造流程。FMC公司处于一个成熟的资本密集型行业，技术流程的发展较为缓慢。GE旗下一系列的业务，包括火车头、飞机引擎、金融服务、医疗保健、能源、水处理和广播电视等，均有较长的开发过程和合同周期。这种同质性为母公司提供了增加各运营单元价值的机会。

有些高度多元化的集团发现品牌化战略有利于凝聚投资者和客户的目光。品牌代表的价值远超各运营公司的战略。GE在其发展历史中一直注重品牌建设，并策划了一系列主题："GE带来美好生活"（We Bring Good Things to Life），"进步是我们最重要的产品"（Progress Is Our Most Important Product）以及"电气让生活更美好"（Life Better Electrically）。如今，为了再次强调创新，GE推出了新的主题——梦想启动未来（Imagination at Work）。每一个GE旗下的运营公司都在传达着如何用想象力为客户带来新的产品、服务与解决方案的理念。

一个多世纪以来，艾默生电气公司一直被视作为客户提供低成本工程产品的企业。但随着新名称（名称由Emerson Electric改为Emerson）的启用，艾默生电气公司像GE一样重新定位自己的品牌，开始强调创新和技术。它所传达的信息是，所有冠以"艾默生"名号的运营公司都将履行集团的品牌承诺：

在艾默生，我们集合所有技术与工程，为客户提供最有

利的解决方案。我们致力于为客户提供具有前瞻性的解决方
案，协助客户在变动的全球市场中立足。我们不折不扣地为
客户提供无愧于艾默生品牌的、高质量的解决方案。

　　对全球商界来说，艾默生这一品牌代表着全球技术、行
业翘楚和客户导向。对投资者来说，艾默生这个名字象征着
可靠的管理模式、成功的成长战略以及强劲的财务绩效。对
员工来说，在艾默生的工作经历意味着成长、成功和与众不
同的机会。[3]

高度多元化集团的平衡计分卡同样会有客户和内部业务流程维度
的目标。总部层面的平衡计分卡的客户维度包括期望的客户成果，如
品牌形象、客户获取、客户满意度、客户保留率、市场占有率和盈利
能力。这些目标通常不包含描述客户价值主张的目标或指标，因为每
家运营公司都有针对自身目标客户的个性化价值主张。

对于内部业务流程维度，多元化集团经常阐述总部层面的关键流
程主题，如六西格玛质量管理体系、电子商务能力，以及卓越的环境、
安全性和就业实践。举例来说，许多集团信奉质量管理，并以质量作
为集团的关键流程主题，如六西格玛质量管理体系。总部鼓励下属运
营公司争取国家或国际的质量奖项，以此证明在质量管理上的领先地
位。有些集团设立内部的质量奖项，鼓励旗下运营公司在质量上竞争。

此外，为避免某一家公司出现失误或某起事故给整个集团带来不
良影响，母公司会要求各运营公司必须严格遵守法规和社会规范。任
何一家运营公司出现产品质量隐患、行贿事件、恶劣的环保声誉、频
繁的职工安全健康问题，都会有损整个集团的形象，进而影响集团的
财务资源乃至生存能力。相反，如果集团在就业、环境、健康、安全
和社区服务等方面有卓越的表现，那么集团将为旗下所有的公司吸引
到客户、投资者和员工。

严守法规和社会规范将有助于集团旗下所有运营公司因集团品牌

的声誉而受益。举例来说，如印度的塔塔集团和泰国的暹罗水泥集团都要求旗下的运营公司必须完全遵照合约内容行事，从而在业界建立良好的声誉，即使有些运营公司所在的某个发展中国家可能由于司法不公及行贿现象而不受严格的合同约束。[4] Amanco公司地处中南美洲，基于三个基本业绩指标——经济、环境和社会，制定了战略地图和平衡计分卡，在其所有运营领域内将自身定位为领先企业。[5] 一些多元化集团期望利用在运营、法规和社会规范方面的卓越表现获益，它们可以在设计战略地图和平衡计分卡的内部业务流程维度时，在总部层面的主题上反映这些目标。

下面我们用英格索兰集团（Ingersoll-Rand，IR）的案例来说明多元化集团战略地图和平衡计分卡的开发过程。IR通过阐明集团品牌，将旗下业务单元的焦点集中在共同主体上，从而实现股东价值的提升。

<h2 style="text-align:center">案例研究：英格索兰集团</h2>

英格索兰集团成立于130多年前，是建筑和采矿设备的专业制造商。目前，它是一家年营业收入超过100亿美元的多元化制造企业，旗下有许多成功的品牌，如Thermo King（冷藏设备）、Bobcat（建筑）、Club Car（高尔夫球车和多功能运载车）和Schlage（保全服务）。

IR一向以产品为核心，旗下各个品牌都有自己的客户和销售渠道。IR下属的运营公司绩效卓越，1995—2001年，IR的每股收益增长率连续6年突破20%。

1999年，赫伯·亨克尔（Herb Henkel）成为IR的总裁兼CEO。他之前希望延续过去已经成功的卓越的产品导向的价值主张，但是现在他希望释放跨业务整合的能量，从而带来新的收入来源和增长。跨业务整合可以让IR更好地利用它的销售渠道、产品、客户基础以及员工的知识和经验。然而，亨克尔意识到这种跨业务整合是对IR现有企业文化的颠覆，因此进行一次自上而下的重大变革势在必行。

这项变革从建立一个基于集团战略的全新组织架构开始（见图 3 - 2）。亨克尔将以前各自独立的产品业务部门合并为四个全球化成长的事业部：气候管控、产业对策、基础设施以及保全服务。这些事业部可以凝聚更多的市场焦点、共享销售渠道、互相提供产品交叉销售的机会。各事业部旗下的公司为客户提供有针对性的解决方案，而不是单纯地销售产品，以创造新的客户价值。事业部间的团队合作正是协同效应的主要来源。

集团总部通过整合交叉业务、与投资者一起提升 IR 的品牌价值来创造企业衍生价值。因此集团总部肩负五大使命：

（1）从客户、员工和投资者的利益出发，建立全新的企业形象；

（2）利用 IR 的资源发挥杠杆作用并创造协同效应；

（3）提升各部门的业绩；

（4）提供战略领导；

（5）符合法律要求。

亨克尔将 IR 的共享服务机构合并在一个新单元——全球商业服务中心（Global Business Services，GBS）中，这个机构代表了新组织架构中的第三种元素。过去，共享服务单元总是在企业议题上采取微观管理的方式。如今，GBS 承担了建立标准流程及推广最佳实践的责任，以形成并增强交叉业务的协同效应。

组织架构的创建是 IR 战略执行过程中非常重要的第一步，这相当于解开了 IR 管理者身上的束缚，即使 IR 已连续六年业绩卓越，但仍然需要变革。这种架构等于确立了一种新的管理方法，清晰划分责任。两个目标的设计目的都是让管理层从过去的舒适区中跳出来。管理基础框架建立之后，IR 开始开发企业战略地图，将高层级的总部战略转化为可操作的目标。企业战略地图应用企业主题作为事业部规划的指导方针。

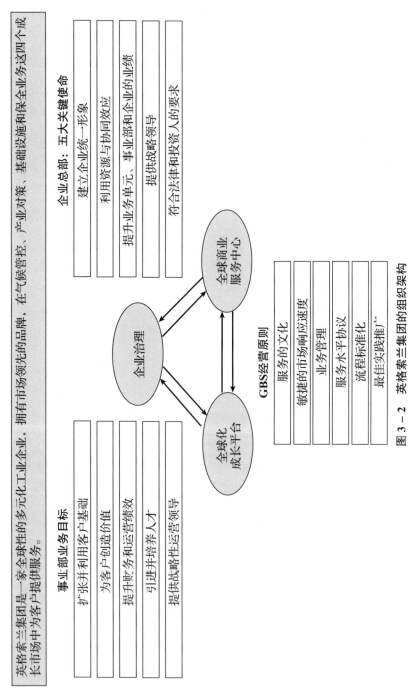

英格索兰集团是一家全球性的多元化工业企业，拥有市场领先的品牌，在气候管控、产业对策、基础设施和保全业务这四个成长市场中为客户提供服务。

企业总部：五大关键使命

- 建立企业统一形象
- 利用资源与协同效应
- 提升业务单元、事业部和企业的业绩
- 提供战略领导
- 符合法律和投资人的要求

事业部业务目标

- 扩张并利用客户基础
- 为客户创造价值
- 提升财务和运营绩效
- 引进并培养人才
- 提供战略性运营领导

GBS经营原则

- 服务的文化
- 敏捷的市场响应速度
- 业务管理
- 服务水平协议
- 流程标准化
- 最佳实践推广

图 3 - 2　英格索兰集团的组织架构

60

IR 战略地图的模板描绘出一个共同的价值观，这个新价值观成为每个业务单元战略的基础。如图 3－3 所示，IR 战略地图的财务目标非常直观：增加收入、降低成本、提高资产利用率。从客户和市场的角度看，战略地图中客户维度很好地把握了新战略的重点。提供用户解决方案这一目标将企业焦点从单纯的产品战略转移到以个人关系为基础的战略上，最大限度地发挥员工的专业知识。

平衡计分卡的内部业务流程维度由三个基础流程主题构成——卓越经营、以客户亲密度驱动需求、以创新驱动成长。每个事业部可以根据自身情况采用并适当调整相应的目标，例如，"卓越经营"要求每个事业部开发持续改善健康、安全、环境、制造和技术等方面的战略；"以客户亲密度驱动需求"要求每个事业部和关键客户共同开发定制化的营销计划；"以创新驱动成长"要求每个事业部开发具有创新性、差异化的应用解决方案。过去，各事业部和业务单元根据自身特点所采用的具体方法迥然不同，但现在所有事业部和业务单元都采用统一的框架面向市场。

这套战略中人员维度的界定是集团变革议题中最重要的维度——双重身份。过去，所有员工都只为单一业务单元工作；尽管这种战略提供了明显的好处，但也意味着某些有形资产和无形资产被锁定了，不能在集团范围内随意调用，因此无法发挥额外的用途，创造更高的收益。双重身份相当于向全体员工传达了一种信息，他们可以不再受限于所处的业务单元，主动寻找为 IR 其他业务单元创造交叉业务价值的方式。最终，这个主题将促使各个事业部共享工厂，并将其他事业部的产品销售给自己的客户。IR 设立了价值数亿美元的交叉业务销售目标，因为这些交叉业务完全是新增的，是在现有业务基础上的增量。

集团层面的计分卡会分解到每个事业部和业务单元，然后它们会依据集团模板，开发各自的战略地图。集团战略由一系列一体化行动方案所支持（见表 3－2 最右一栏）。这些行动方案是落实集团层面新战略的必要行动。

組织协同

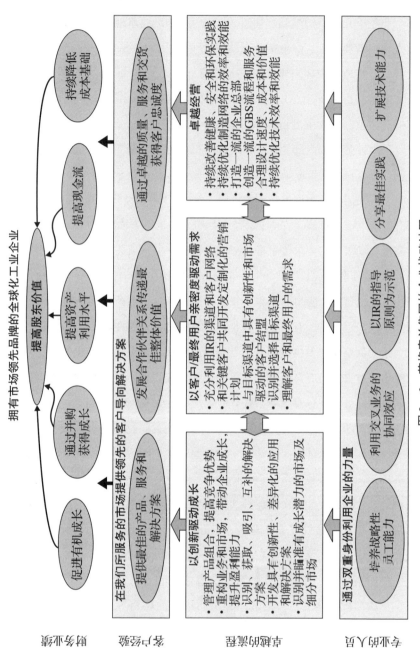

图 3 - 3 英格索兰集团的企业战略地图

62

表 3－2　英格索兰集团的平衡计分卡（部分）

企业协同效应		企业价值主张	公司计分卡	公司行动方案
财务	●	● 提升股东价值	● 股东总报酬率 ● 总收入增长率 ● 内生收入增长率 ● 营业收入增长率 ● 现金流量	● 以财务作为成长引擎 ● 收购与兼并 ● 企业税负
客户	◐	● 提供领先的客户导向解决方案	● 客户调查 ● 目标客户绩效表现 ● 完美订单比例	● 零售解决方案
内部业务流程	◐	● 以创新驱动成长	● 新解决方案所贡献的收入 ● 产品/战略业务单元组合的绩效表现	● IR 的分销
		● 以客户/最终用户亲密度驱动需求	● 交叉销售所贡献的收入	● 供应商解决方案
		● 卓越经营	● 来源于标准技术平台的收入比例 ● IR 质量指数 ● 缺勤天数 ● 危险废弃物	● 企业级技术
学习与成长	◐	● 通过双重身份，充分利用企业的力量	● 员工调查 ● 领导力开发计划 ● 绩效管理计划参与度	● 战略管理系统 ● IR 大学/领导力学院 ● 沟通

注：企业角色：●代表共同/联合的流程和指标；◐代表共同的主题。

作为 IR 变革和协同战略的最后一个维度，亨克尔组建了一个全新的企业领导团队（Enterprise Leadership Team，ELT），这个团队由来自各事业部、全球商业服务中心以及集团总部的主要管理者组成。每一名管理者对自己所在的业务或支持单元的运营负责，但同时也承担共同的使命，负责 IR 即整个集团的业绩表现。

企业领导团队的职责如下：

- 我们共同领导（集团财务业绩优异）；
- 我们协助界定双重身份，并消除达成双重身份的障碍；
- 我们共同领导战略行动方案；
- 我们有天赋，我们多元化；
- 我们是导师中的导师。

企业领导团队的成立、全新的组织架构、企业战略地图、企业平衡计分卡以及一体化行动方案，为 IR 提供了一套运营框架，让 IR 自身创造的价值大于所有分部价值之和。

自 2001 年以来，报告显示企业的稀释每股盈余增长了 3 倍；现金流量极大提升，累计现金流相比 1991—1994 年同期增长了 10 倍；利润率也从 2001 年的 6.3%（不包括重组费用）上涨到 2004 年的 11.9%。

与此同时，通过关注服务和售后业务（企业成长战略的关键部分），企业的经常性收入（recurring revenue）增长了一倍，资产负债表状况显著改善，负债与资本的比率从 2001 年的 46.3%下降到 2004 年的 24.2%。

来自共享客户的协同效应

许多分权化企业旗下的业务单元会向相同的客户销售产品或服务。举例来说，德思-欧美达公司（Datex Ohmeda，DO）原来是 Instrumentarium 集团的一个子公司（现为 GE 医疗的一部分），过去是由多个产品单元组成的。这些单元专为急救系统研发创新产品，包括麻醉机、呼吸机和药物配送系统等。这些截然不同的产品线大多是收购来的，再交由不同的团队销售，每一条产品线都只关注自己在硬件系统方面的技术优势。

DO的管理层发现了充分利用旗下多元业务单元的机会，他们将产品导向战略转换为客户关系导向战略，强调为医疗产品客户提供全面性解决方案。通过整合不同产品的销售队伍，成立客户关系团队，DO扩大了为客户提供产品和服务的范围，大幅提升了客户平均营业收入。

通常，旗下运营公司面向共同客户的集团都有机会利用多元化产品和服务为客户创造独特的解决方案，提升客户满意度和忠诚度，这是那些产品少而专的集团无法相比的。

这类集团的平衡计分卡客户维度强调为客户提供更完美的解决方案所带来的结果和价值主张。举例来说，客户维度的成果目标可能是提升客户份额，衡量方法是整个集团的产品销售量占客户同类产品总支出的比例。其他客户维度目标还包括：增加目标客户对不同产品和服务的使用量、提高新客户的全生命周期收益率、提升客户整体解决方案的质量。内部客户管理流程目标包括获得更多高潜力价值客户，使他们能够从整合解决方案中收益；向现有客户交叉销售，使其购买集团内其他产品或服务；延续并增加目标客户的生意。

一些公共机构也采取了公司战略，使各个业务单元之间共享客户资源。北卡罗来纳州的夏洛特市、澳大利亚的布里斯班市都认识到市政下属的运营部门拥有共同的客户，即该市的居民和企业。夏洛特市和布里斯班市市政当局都开发了市政层面的平衡计分卡来表明它们的战略目标是成为所在地区最适宜居住、工作与休闲娱乐的城市。这两座城市的运营单元，即市政部门，如警察局、消防局、卫生局、水电设施单位、城市规划局、住宅局、公园管理处以及娱乐部门等也都分别制定各自的平衡计分卡来传递城市的价值主张，那就是使夏洛特市和布里斯班市与那些较不重视共同客户（即市民）的城市相比，提供更好的市民服务。每个市政部门的服务都要和其他部门的服务整合在一起，以便为当地居民和企业提供与众不同的优质体验。

以下针对美国媒介综合集团所做的案例研究，将阐述集团战略地图和平衡计分卡如何在多个业务单元之间实现共享客户带来的收益。

案例研究：美国媒介综合集团

美国媒介综合集团是一家位于美国东南部的媒体集团，2003 年营业收入高达 8.37 亿美元，整个集团拥有近 8 000 名员工。截至 2003 年，集团旗下拥有 25 家日报，总发行量超过 100 万份；100 多家周报；26 家网络电视台，覆盖美国东南部 30% 以上的电视用户，相当于全美用户的 8%；此外还拥有 50 多家与旗下报纸、电视台相关的网站。

美国媒介综合集团成立于 150 多年前，直到 20 世纪 90 年代，一直以非系统性的模式发展业务，在全美国范围内不断收购各种出版社和媒体。但是随着竞争压力以及有线电视和互联网的爆炸式增长，美国媒介综合集团的股价开始低迷不振。1990 年，J. 斯图尔特·布莱恩担任集团董事长兼 CEO，开始大刀阔斧地转型，剥离老业务，并购新业务，重新聚焦其在美国东南部的历史根基。美国媒介综合集团出售了除东南部以外的所有资产，到 1995 年，仅剩下 3 家报纸、3 家电视台、1 家有线电视公司和 1 家报纸印刷厂。接下来的 5 年，美国综合媒介集团接连收购了位于美国东南部的 22 家报纸和 23 家电视台，并卖掉了所有的有线电视公司和报纸印刷厂。

现在，美国媒介综合集团可以充分利用地域集中化优势着手执行新的协同战略。布莱恩希望利用集团旗下报纸、电视和交互媒体三大事业部的个体力量和集中力量来达成协同效应。他的目标是协调既定市场中不同媒体的步调，各媒体在高度统一的目标指导下发挥各自优势，提供高质量的新闻资讯。

美国媒介综合集团聚集出版、广播和交互媒体三者的独特优势，在核心区域市场为客户持续提供无缝式的系列化内容平台。这一举动使这三项资产成为当地居民获得新闻资讯的首选来源。美国媒介综合集团对这三项相关资产的关注，向广告商提供了高质量的观众群体，使他们能够直接提供一体化的多媒体广告产品。

新的融合战略对于美国媒介综合集团来说并不寻常。因为在以前，报纸和广播媒体常常为了相同的客户群和广告商而竞争不休，交互媒体运营商则对电视台和报纸嗤之以鼻，称之为"旧经济的遗留物"。布莱恩知道，这种创造新收益来源的融合战略需要依靠平衡计分卡，才能在各个业务线之间建立起牢固的团队合作、沟通和合作关系。

美国媒介综合集团首先制定了使命陈述："在战略性区域市场持续确立优势地位，成为美国东南部高质量的新闻、娱乐和信息的领先供应商。"随后，美国媒介综合集团开发了描述集团融合战略的战略地图（见图 3-4）。在此，我们从最基础的学习与成长维度开始识别并分析该集团在每个维度的目标，了解这份战略地图是如何呈现融合战略的。

学习与成长维度

学习与成长维度的整体目标是要确定一个融合焦点以指导每个员工的日常工作。其中，"关注职业生涯和技能培养"这一目标是要销售人员接受多媒体和多市场业务开发的培训，这样他们可以更有效地向广告商推销新的多媒体产品组合。"推进变革文化和员工授权"这一目标则是要加强员工教育，帮助他们理解作为美国媒介综合集团整体团队的一部分的好处，而不认为自己只是某个单独的事业部（如报纸、电视台、网站）的员工。

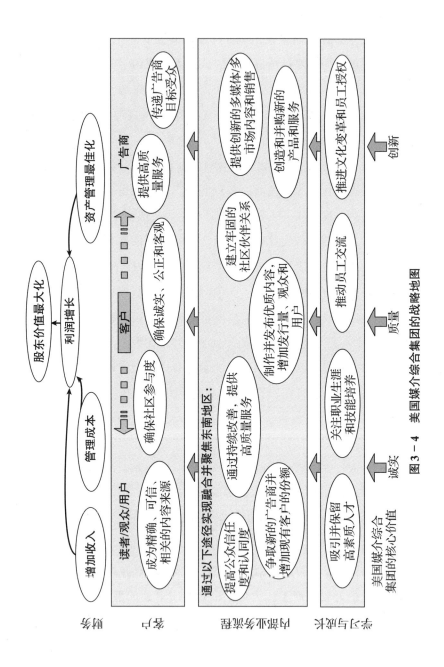

图 3 - 4 美国媒介综合集团的战略地图

内部业务流程维度

　　"制作并发布优质内容"这一目标意味着三个事业部的新闻编辑部应当通力合作，联手挖掘新闻，让三大部门有更多的新闻可以分享，更加及时地提供高质量的产品与内容。"提供创新的多媒体/多市场内容和销售"则是一个直接的融合目标，衡量这一目标是否成功，基于三个事业部合作获取的融合销售的目标客户（广告商）数量、新的非传统广告商数量和新项目的销售数量。美国媒介综合集团期望这两项内部业务流程目标可以影响到"建立牢固的社区伙伴关系"这一目标。这三个事业部合作而非竞争所产生的协同效应，在预期上可以更有效地提高美国媒介综合集团品牌的地区知名度。

客户维度

　　"提供高质量服务"这一客户目标来源于最新的线上广告商调查结果。这项调查旨在了解美国媒介综合集团整合多媒体内容的新价值主张是否真的为当地广告商增加了媒介渠道，使他们的信息传递给公众，为他们的业务领域吸引更多的消费者流量。"确保社区参与度"这一目标则追踪客户是否将美国媒介综合集团视为一个给力的社会公民。这项指标直接衡量集团融合战略所带来的规模效益是否会因为同一地区的多种业务而带来更大的社会影响力。

财务维度

　　集团融合战略的最终成功将由改良后的财务业绩来衡量。"增加收入"这一目标由两个指标衡量。第一个指标衡量三个事业部在现有传统业务基础上新增的融合收入。这个指标直接衡量了现有广告商购买新的多媒体/多市场组合所带来的收入，以及在融合产品中争取到的新广告商带来的收入。第二个指标衡量传统广告收入的增长。这相当于激励三大事业部不仅要继续聚焦自己的核心业务，也要为新的融合业务做贡献。"管理成本"目标则代表了规模经济。管理层希望通过三大业务部门之间整合新闻生产、流程再造以及共享最佳实践来达成这个目标。

分解战略

一旦美国媒介综合集团开发好集团层面的战略地图和平衡计分卡，三大事业部旗下的各业务单元便会分别开发各自的平衡计分卡。这些平衡计分卡反映了集团层面平衡计分卡的融合重点的优先顺序与各部门本地业务情况之间的平衡。

美国媒介综合集团战略实施的独特之处在于每个地区按顺序开发战略地图和平衡计分卡。首先，每个地区的跨业务团队整合当地三个事业部的战略地图和平衡计分卡。然后，团队开发区域性的融合战略地图和平衡计分卡，以反映产生协同效应的机会。最后，团队再与三个事业部分享这份平衡计分卡，要求它们更新各自的平衡计分卡以反映它们所在地区的融合性目标（见图 3-5）。

成果

2002 年对出版业来说是格外艰辛的一年，但美国媒介综合集团从持续运营的业务中赚取的收入增长了 4％，每股收益几乎增长了 3 倍，多媒体广告组合占交互媒体部门营业收入的 43.5％。2003 年，集团营业收入只是小幅增长，但来自持续运营业务的净收入却增长了 10％以上。从总收入增长来看，出版事业部总收入的增长处于全国同业当中的第二位，交互媒体部门的收入则增加了 60％。

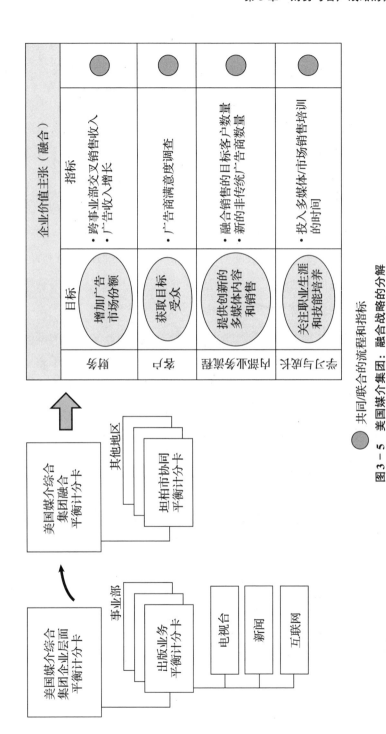

● 共同/联合集团指标

图 3 - 5　美国媒介集团：融合战略的分解

统一客户价值主张创造协同效应

许多集团都期望旗下分权化的业务单元提出并始终提供统一的客户价值主张，从而创造价值。这样就可以保证客户不管和哪个业务单元交易，都能得到相同的产品、服务、价值和购物体验。

知名的快餐店、饭店、酒店、加油站、服装店、便利店和零售银行，都堪称是同质性单元在同一集团架构下运营的最佳案例。运营这类零售业的集团公司一般会随时随地向客户宣传它们的战略和品牌。集团的价值主张是通过在每一个门店向每一位客户提供一致的购物体验和质量标准，赢得客户的满意和忠诚。

集团平衡计分卡的财务维度会识别财务指标以评估集团的战略成功与否。这些指标通常具有行业特点，比如单店销售增长（零售业）、单个客房收入（酒店业）等。客户维度则通常是以客户体验获得客户满意和忠诚。内部业务流程维度要求每个单元都遵循统一的集团标准，履行客户价值主张，这些标准包括速度、质量和友好服务等。学习与成长维度强调员工的留职率和未来发展，因为客户体验通常来自与一线员工的接触。

这类企业的分解流程最为简单。总部管理者先决定各单元需实行的战略和价值主张，然后将战略转化为平衡计分卡的关键指标，最后传达并应用到各个零售门店。

为了阐述平衡计分卡在组织协同中扮演的角色，我们用以下两个案例加以说明：其一是私营企业希尔顿酒店集团（以下简称希尔顿）；其二是非营利机构市民学校。

案例研究：希尔顿酒店

到 2005 年为止，希尔顿旗下拥有 2 300 多家酒店，其中包括全资酒店、直接管理酒店以及加盟酒店，总计客房数超过 360 000 间。在 1997 年经历了业绩低迷期后，希尔顿首先在全资酒店和直接管理酒店推行了平衡计分卡。在集团层面，高管层开发了五个战略价值驱动因素（即五个维度），并从这些价值驱动力出发，为各个战略业务单元（即各酒店）设计了 KPI 指标（见表 3 - 3）。这使得各酒店配合总部战略进行协同调整，同时又根据它们上一年度的实际运营状况，加上一个改进因素，制定出各自特有的 KPI 指标。

表 3 - 3 案例研究：希尔顿酒店

价值驱动因素	企业价值主张	企业平衡计分卡
财务：运营有效性，收入最大化	提供衡量成功的统一标准	● 营业毛利（GOP） ● 营业毛利率 ● 客房平均收入 ● 客房平均收入指数：与竞争对手相比
客户忠诚度	每一次客户接触都要创造出满意、忠诚的客户	● 客户忠诚度指数 ● 满意度 ● 回头客的可能 ● 推荐的可能
运营	始终如一地达成客户价值主张	● 品牌一致性指数 ● 品牌标准 ● 品质条件 ● 整体服务 ● 整洁度
学习与成长	留用并培养团队成员	● 团队成员忠诚度 ● 培训指数 ● 多元化

统一的平衡计分卡模板为连锁体系内每家酒店提供了清晰一致的信息。集团的品牌承诺是在任何一家希尔顿酒店，客户都能够享受到水平一致的品质和服务，而各家酒店的平衡计分卡得分都要以集团内部的标杆为衡量标准，与其他所有的希尔顿酒店做比较。通过将集团战略方向与酒店衡量指标联系在一起，各家酒店的管理者便能向团队成员沟通这些指标。酒店团队把对指标的认知和理解融入新员工的入职培训和培训课程中，并持续更新九项 KPI 指标的分数，以便团队成员追踪现有绩效和趋势。最后，酒店的平衡计分卡绩效将和奖金计划挂钩，反映在管理层的报酬上。此外，为确保平衡计分卡和酒店各团队成员之间的协同，所有团队成员的九项 KPI 指标只要都达到绿色范围，即可分享 100 万美金的"绿灯奖"。

1997—2002 年，希尔顿实现了比其他酒店高 3 个百分点的利润率。这样的财务业绩得益于平均客房收入指数、客户满意度、老客户忠诚度（企业历史最高得分）等指标的改善。

2004 年，在分立赌场酒店以及兼并 Promus 连锁酒店（该酒店旗下包括 Doubletree，Embassy Suites，Homewood，Hampton Inn）之后，希尔顿的平衡计分卡终于嵌入综合绩效管理的各个方面，包括计划、预算目标设定、衡量指标（BSC）、持续流程改进、运营支持、奖励和表彰（见图 3 - 6）。

希尔顿全新的绩效管理系统以网络为基础，具有数据分析功能，管理者可以挖掘问题的根源以及数据背后的相关信息，以协助他们做出持续改进的努力。现在希尔顿利用其广泛的横截面式资料库，在流程、目标以及领先指标和滞后指标之间开发出数据联结。这些指标有助于识别变量之间的关系，发现问题背后的成因，衡量解决方案是否达到了预期效果。最后，绩效管理系统使得平衡计分卡按照组织层级层层分解，从集团到地区，再到各酒店、各部门，最终到个人层面，在整个组织中实现最优化的协同和责任制。

2005年运营平衡计分卡

总分：75.00

所有全资和直接管理的酒店

| 学习与成长 | 运营 | 客户忠诚度 | 收入最大化 | 运营有效性 |

学习与成长

人力资本

吸引并保留顶尖人才

人力资源
实际：54.80
年度目标：66.67
红色警戒区：33.33
权重：8.0%

培养战略技能

培训
实际：100.00
年度目标：66.67
红色警戒区：33.33
权重：8.0%

培养多元化员工

多元化
实际：100.00
年度目标：66.67
红色警戒区：33.33
权重：8.0%

运营

价值创造

以部门运作创造价值

工程部
实际：75.90
年度目标：66.67
红色警戒区：33.33
权重：2.4%

食品饮料
实际：62.60
年度目标：65.67
红色警戒区：33.30
权重：2.4%

前台
实际：93.40
年度目标：55.67
红色警戒区：33.33
权重：2.4%

客房服务
实际：84.00
年度目标：55.67
红色警戒区：33.33
权重：2.4%

客户忠诚度

忠诚度

开发并建立忠诚的客户

客户忠诚度
实际：71.36%
年度目标：70.11%
红色警戒区：65.61%
权重：13.8%

形象一致性

传递品牌承诺

品牌一致性
实际：39.00
年度目标：66.67
红色警戒区：33.30
权重：8.5%

收入最大化

成长

提高团体订房和餐饮的市场占有率

销售额
实际：55.40
年度目标：66.67
红色警戒区：33.33
权重：6.7%

提高平均客房营业收入

收入管理
实际：39.00
年度目标：66.67
红色警戒区：33.30
权重：6.7%

运营有效性

盈余

超过预期盈余

EBITDA (000)
实际：$710,986.00
年度目标：$673,642.33
红色警戒区：$639,050.15
权重：24.0%

生产力

改善成本结构

财务运作
实际：83.00
年度目标：66.67
红色警戒区：33.33
权重：6.7%

图 3 - 6　希尔顿的企业平衡计分卡

案例研究：市民学校

市民学校（Citizen School，CS）是 NPI 旗下的投资组合机构之一，是非营利机构中建立统一价值主张的典范。市民学校在美国各地为 9～14 岁的孩子提供课后辅导和暑期课程。通过与当地专家建立师生关系，学生可以学到现实生活的实际技能，建立自信，并融入当地的社区。

市民学校的平衡计分卡（见表 3-4）承接了 NPI 平衡计分卡五个维度的框架。它包括学生的理论知识、社会发展等方面的衡量指标，为员工的培训和发展提供指导和反馈。

表 3-4 市民学校的平衡计分卡（2001 年度）

维度	目标	指标和目标值
社会影响力	1. 提供高质量的课程，通过技能的培养（写作、数据分析以及口语表达能力）、获得、领导力以及社区活动等方式教育孩子，增强社区的向心力	(1) 在 5 分制下，"对学生的影响"得分达到 4 分以上（包括来自利益相关者的 10 个关键问题） (2) 75％以上注重写作的在校生（目前占 9/11）的写作能力在本学年提升一级。全校 75％以上学生的口语表达能力得到提升（数据来源于评价标准和教师评估） 挑战性目标值：超过 80％
财务	2. 获得 750 万美元的现金，或承诺 4 年期共 2 500 万美元的活动支持	(3) 年底前完成 750 万美元的目标。 挑战性目标值 1：超过 800 万美元。 挑战性目标值 2：2000—2001 年间，非基金会的基金增长（至少 10％的相对增长）应超过费用
	3. 控制在 2001 年的预算额度	(4) 5％以上的资金盈余，并控制在 480 万美元的预算额度之内
客户	4. 学生：扩大学生需求和入学人数	(5) 入学人数从 2000 年的 1 248 人增长到 1 530 人（±5％以内）。 挑战性目标值：需求量明显成长，2/3 的学校有待录取名单，名单中 10％以上的学生注册 2001 年的秋季班

续表

维度	目标	指标和目标值
客户	5. 教师：提供一流的志愿者经验，并增加志愿者数量	(6) 教师调查显示，85％以上的教师愿意重返课堂并教授未来学生；同时，也愿意推荐朋友来此教学；而且对这种义工教学经验的正面影响力有 4.0 或以上的评分
	6. 培训合作伙伴：为第一年的 CSU 伙伴提供一流和有效的培训	(7) 两家以上合作伙伴的执行董事和参与人员对培训的品质和效果评分达到 4.0 或以上
运营	7. 开发更精密的评估工具来衡量社会影响	(8) 完成以下事项：聘请外部评估机构进行 3 年评价，修正投资人调查，在所有重要成果领域开发强大的测评工具
	8. 筹备 CS 模式的全国推广	(9) 出版：文档和 CS 最佳实践的内部刊物 1.0 版本 (10) 政策：与当地官员举行 4 次会议，与州政府/联邦官员举行 4 次会议，在 5 家媒体进行正面报道
	9. 深化学校的合作伙伴关系	(11) 12 名学校董事和 12 名校长（或学校联络人）中，各有 8 名董事和校长为以下合作评分 4.0 或以上：1) 学术协同；2) 入学需求；3) 社区参与
	10. 持续落实行动方案	(12) 在第一季度成功完成 75％以上的行动方案目标
学习与成长	11. 维持全职员工的留职率，提升人员的多元化	(13) 2001 年 1 月起，聘用的全职员工留用率超过 75％ 挑战性目标值：85％的留用率 (14) 制定招聘战略，增加有色人种的雇用和留用
	12. 将技术服务作为一项可靠的沟通和运营工具	(15) 在第二季度末，每个工作站均有以下功能软件：数据库、电子邮件、互联网、微软 Office 软件；每名全职员工都会使用电子邮件和语音邮件

续表

维度	目标	指标和目标值
学习 与成长	13. 进一步发展全职员工的培训计划	（16）2001 年聘用的所有全职员工均参加以下培训：CS 战略规划、CS 平衡计分卡、数据库、办公技术以及领导确定的其他两个课题 挑战性目标值：参加培训的 CS 员工满意度得分达到 4.0 分或以上
	14. 发展和落实高质量的人力资源流程和办法，以加强沟通	（17）所有员工在年底前都能得到岗位说明、绩效回顾和持续的福利培训。CS 会设计一份全新的员工考核清单和离职面谈流程

市民学校的核心战略是以波士顿及周边地区的成功经验为基础，将这种模式推广到美国各地的分公司和加盟店。2004 年，市民学校的运营单位遍及马萨诸塞州的六大城市，加利福尼亚州的圣何塞市、雷德伍德市，得克萨斯州的休斯敦市，亚利桑那州的图森市以及新泽西州的新不伦瑞克市。随着规模的扩大，市民学校利用它的平衡计分卡框架向旗下各学校沟通统一战略。

一般而言，新学校的员工并不熟悉平衡计分卡及相关术语，但是他们都理解什么是社会影响力和客户。市民学校运用平衡计分卡的关键指标来传达对每个学校的业绩期望，并对成果进行跟踪。如今已经有十几所学校运用相同的平衡计分卡指标，市民学校开始为所有校区的绩效数据进行标杆分析，识别最佳实践经验并进行分享。建立统一的指标和管理系统是市民学校在短时间内将学校规模扩大到全美国范围的关键因素，与此同时，这种持续的经验和价值主张仍在新创办的学校传播。

小　结

即使是高度多元化的集团也可以通过有效地运作内部资本市场创

造价值，这样的模式比单个公司独立向外部寻求资本来源更加行之有效。这类集团可以通过高水平的财务指标来描述并监控目标以创造价值。

多元化集团如果能明确集团层面的主体，统一每个运营单元的品牌形象并利用与这些目标相关的能力，如良好的治理、产品质量、客户导向的解决方案、社区责任、杰出的环保等，同样也能够创造价值。当不同业务单元整合它们各自的产品与服务，为客户提供便捷和全面的解决方案时，就能够创造客户导向的价值。此外，不同地区相同性质的业务单元如果能够为客户提供一致的高质量购物体验或服务流程，同样也会产生客户导向的价值。在这些集团中，公司总部会宣传贯彻统一的品牌和经验，并利用平衡计分卡去激励和监管各地业务单元的服务履行情况。

注　释

1. Private correspondence to Balanced Scorecard Collaborative.
2. R. S. Kaplan and D. P. Norton, *The Strategy-Focused Organization* (Boston: Harvard Business School Press, 2000).
3. http://www.gotoemerson.com/about_emerson/index.html
4. T. Khanna and K. Palepu, "Why Focused Strategies May Be Wrong for Emerging Markets," *Harvard Business Review* (July–August 1997).
5. R. S. Kaplan and D. P. Norton, *Strategy Maps: Converting Intangible Assets into Tangible Outcomes* (Boston: Harvard Business School Press, 2004), 192–195.

第4章 协同内部业务流程和学习与成长战略：整合的战略主题

第3章阐述了公司通过整合各个业务单元在财务和客户维度的能力，形成企业价值主张的协同效应。本章中，我们将探索组织如何通过协同内部业务流程以及无形资产来达到公司层面的协同。我们讨论了四种企业价值主张：共享流程和服务的协同、价值链的协同、无形资产的协同以及利用公司战略主题的协同。

共享流程和服务的协同

创造公司价值最普遍的方法是在各个业务单元之间共享通用的流程和服务。共享流程和服务的价值提升有两种方式：第一种是公司通过流程集中化获得规模经济；第二种是公司从资源集中化中受益，具有运行关键流程或者服务的专业知识和技能。

在业务流程中获得规模经济一向是大型组织的目标和竞争优势。从跨入现代商业开始，规模就可以创造机会。一个多世纪以前，标准石油公司（Standard Oil）依靠大型精炼和配销系统创造了主导优势。如今，类似花旗银行和美国银行这样的大型银行，通过合并银行的后端支持部门和其他金融机构创造了规模经济。经营男女装、童装的时装零售商 The Limited 公司，整合旗下各部门的采购流程，创造出了可观的利润；该公司同时也通过集中零售连锁店的房地产管理流程创造了同样的收益。在这些案例中，如果流程并没有集中化，各个事业部就会在纺织和房地产公开市场上展开内部竞争，无法形成规模经济，也就无法从海外制造商或房地产开发商获得最佳交易。

信息技术（IT）管理也可以为规模经济创造机会。花旗银行（金融服务类）、Allstate（保险类）、英国石油公司（能源类）等公司每年在 IT 系统上投入十多亿美元，如果这些公司的采购和大型流程中心实现规模化运作，就可以创造机会降低成本、增强专业技术能力、提升生产力。需要有效 IT 手段才能达成的技术能力共享，将促进组织提升数据中心的安全性、对运营平台采用灵活性标准、保持新技术的及时性。

在业务流程中获得的知识经济也为大型组织带来了同样的潜力。尽管流程中实质上的管理可能是分散的，但是通用的哲学、体系和能力的共享可以创造可观的收益。比如，质量运动（quality movement）包括全面质量管理（TQM）、美国鲍德里奇国家质量体系、欧洲质量管理基金会（EFQM）以及最近的六西格玛质量体系等。作业成本管理来源于组织的成本模型，可以促进流程改进以及管理深度。客户管理体现在客户价值管理、客户关系管理以及客户生命周期管理，其设计目的是促使管理者和员工注重运营的改善，为客户带来更好的体验。

这些流程管理的方法已经帮助很多组织在制造和服务流程的质量、成本、周期方面达成了巨大的成就。许多采用平衡计分卡执行战略的组织必然会将平衡计分卡和管理方法相结合，这些管理方法通常包括一种或多种管理原则。但是有些组织对这些管理方法角色之间的关系存在疑虑，不知道应该如何整合它们，尤其是当某种管理方法已经在运用的时候。

在公司项目的领导中，平衡计分卡可以与一种或者更多种管理方法有效结合，创造远超过各管理方法单独使用产生的效果优势。平衡计分卡可以将组织通用的规则渗透到各管理方法之中，为项目提供战略性的内容，使其能够提升到整体管理层面。平衡计分卡的因果关系有利于公司突出强调对组织战略成功有重要影响的流程改进和行动方案。

案例研究：东京三菱银行美洲总部

东京三菱银行（Bank of Tokyo-Mitsubishi，BTM）是世界最大的银行之一。其设在纽约的美洲总部（headquarters for the Americas，HQA）管理着它在整个北美和南美的批发业务。在 2001 年，HQA 引进了平衡计分卡管理办法，目的是帮助各层级理清、沟通战略，加强受托责任关系，改善合作品质，减少风险。我们在先前的一本书中描述了 HQA 的战略地图。[1] 该战略地图如图 4-1 所示，展示了 HQA 战

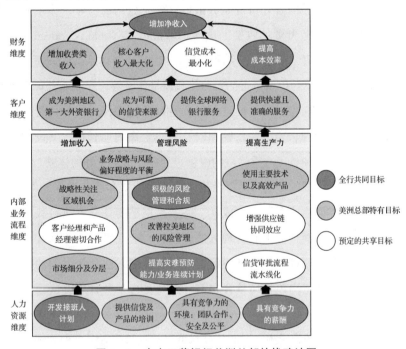

图 4-1　东京三菱银行美洲总部的战略地图

资料来源：R. S. Kaplan and D. P. Norton，Strategy Maps：Converting Intangible Assets into Tangible Outcomes（Boston：Harvard Business School Press，2004），Figure 1-4.

略的三个主要主题：增加收入、管理风险、提高生产力。管理风险主题提供了一个典型的案例，说明公司如何通过管理通用的业务流程来创造公司价值。

在美洲地区，BTM 专注于银行批发业务，共有 12 家分行、11 家子公司、2 个信贷办公室以及 4 个代表处。在这个基层组织之上有 4 个独立的业务管理单元（全球银行业务、投资银行业务、司库和公司中心），每一个都直接向东京总部的所属部门报告。这个复杂的组织结构对有效沟通，尤其是有效风险管理，发起了很大的挑战。比如，业务促销、信贷审批就存在紧张关系。集中化领导与本地自治、外派员工与本地员工也都是委托代理关系的其他挑战。

战略地图框架需要 BTM 由上至下为所有层级的组织清晰描述战略。这样就使得 BTM 更容易识别战略执行的风险。COSO 风险管理（COSO-based risk）和内控自我评估（control self-assessment，CSA）是由反欺诈财务报告委员会（Treadway Commission）下设的内部控制问题委员会（Committee of Sponsoring Organizations，COSO）提出的方法，BTM 全行范围内应用，以提前预防战略执行可能遇到的风险。这一流程在战略地图中以"积极的风险管理和合规"表示，是全行的共同目标。如图 4 - 2 所示，CSA 是在组织的最基层落实。这种自我评估的假设前提是，业务部门应该比从事风险审计的外部机构更了解自己的风险。而 CSA 的实施结果由下而上被集中到公司层级的两个平衡计分卡指标里：

● 业务线识别找问题的比例（期望值是 50％）。这个指标强调在所有其他单位（包括内部和外部审计者以及监管者）找到的问题中，由 COSO 自我评估识别的风险问题所占的比例。这个指标会立刻产生效果，使得业务部门识别它们以前一度忽略或是未做出反应的风险。

● 一定时期内解决问题的比例（期望值是 100％）。对指标进行月度回顾，使得风险问题能更快速地解决。

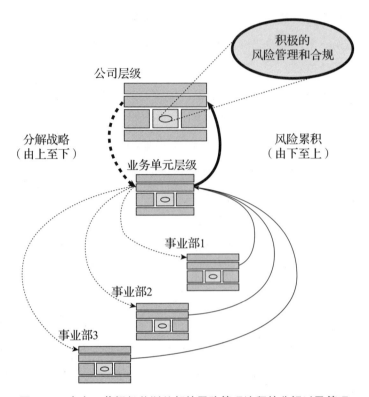

图 4 - 2　东京三菱银行美洲总部的风险管理流程的分解以及管理

资料来源：BSCol Conference，December 11-13，2002，Cambridge，MA，Bank of Tokyo.

通过将战略地图和平衡计分卡从公司总部分解到业务单元，HQA 定义了企业价值主张中的一个要素：开发一套通用的风险管理流程方法，同时结合平衡计分卡的指标，可以大幅降低业务风险，保障股东价值。

价值链的协同

实际上，每个组织都是广泛竞争（或合作）环境下的一部分，在这个环境中，客户将一个公司的产品或服务与另一个服务提供商的产品或服务结合起来，以实现更高层次的价值主张。例如，当购买者购买新车时，他们通常也要进行融资。汽车制造商可以选择简单地出售汽车，让客户自己去贷款，或者建立一个新的业务线，为客户提供融资渠道。除此之外，客户的汽车还需要服务和维修。同样，制造商可以选择让客户自己寻找服务商，或者建立一条新的业务线，为他们的汽车提供经过工厂培训的维修服务。

融资和服务这两种业务都为汽车制造商拓展客户关系、增加客户在汽车相关方面的花费、增加客户向汽车制造商购买下一辆新车的可能性创造了机会。汽车制造商提供了一个有吸引力的客户价值主张，通过增加这些新的业务提供一站式购物。

许多行业都提供了类似的机会，公司可以把它们的业务范围扩展到客户价值链的相关领域。例如，最初专注于计算机硬件和软件的制造公司 IBM，通过创建咨询服务部门扩展到客户价值链的前端。这个部门为客户设计解决方案，而这些解决方案又包括公司的产品。IBM在客户价值链的后端增加了另一条业务线：负责运行和维护客户计算机系统的外包业务。

Brown & Root 工程服务公司将 6 个独立的利润中心（工程部、采购部、建造部、安装部、运营支持部和供应部）的服务整合为一项综合服务，创造了新的客户价值主张。它为客户提供了一站式购物服务，并提高了运营效率，大幅降低了成本。

总部的积极推进对价值链整合的成功至关重要。在我们所举的例子中，每个利润中心都很乐于关注当前的市场、客户和服务。但是新的战略要求独立的利润中心来整合它们的活动。例如，汽车制造商必须修改其销售流程，才能在客户购买的同时实现融资和服务业务交叉销售。IBM 必须创建一个客户管理流程，以均衡展示其全部服务。Brown & Root 必须学会如何以团队的形式进入市场，而不是作为独立的公司。在每个案例中，由上至下的公司优先事项要求战略业务单元扩大其运作范围,以适应公司战略。

表4-1展示了价值链整合战略下常见的企业价值主张以及典型的平衡计分卡衡量指标。

表4-1 战略体系:价值链整合

协同效应	企业价值主张	典型的平衡计分卡衡量指标
财务	确定通过价值链整合实现的跨业务收入增长和生产力目标	● 整合服务的收入占比 ● 生命周期成本降低
客户	确定整合战略业务单元服务形成的新的客户价值定位	● 客户关系的时间长度 ● 使用的价值链服务(数量和比例) ● 客户支出占有率
内部业务流程	确定战略业务单元活动无缝整合所需的新流程	● 订单管理——生产力 ● 客户管理——效率 ● 关键流程周期
学习与成长	确定价值链整合所需的知识、系统和文化	● 跨业务知识 ● 团队合作 ● 共同激励机制

财务维度关注的是跨业务维度战略的预期结果。每个战略业务单元都有可能通过交叉销售其他部门的服务或销售整合服务来创造新的收入。同样,它也会被要求通过跨业务活动来降低成本。例如,汽车制造商可能希望服务公司与经销商销售代表合作以促成新的交易。

留住老客户的成本显然低于获取新客户的成本。公司平衡计分卡的客户维度则体现了新的整合策略为客户带来的好处,例如一站式购物和降低成本。这些好处可以通过关系扩展的宽度、关系的深度、客户支出占有率、服务项目的数量以及共享或整合服务成本的降低来衡量。

内部业务流程维度关注的是支持跨业务战略所需的新业务流程,包括跨业务线的订单流程、整合账户管理、交叉销售、市场营销和新服务的开发。

学习与成长维度关注的是跨业务战略所需的新行为和能力。主要是跨业务知识、产品线知识、团队合作和共同激励机制。

表 4-1 所示的企业价值主张和平衡计分卡定义了价值链整合战略所需的具体跨业务目标。将这些公司目标分解到战略业务单元，战略业务单元再将公司目标内部化到自己的战略中。

案例研究：万豪度假俱乐部

万豪（Marriott）集团是优质酒店和度假村的代名词。除了旗舰酒店万豪酒店外，万豪集团旗下还有万丽酒店（Renaissance）、万怡酒店（Courtyard）、费尔菲尔德酒店（Fairfield Inn）和丽思卡尔顿酒店（Ritz Carlton）等品牌。它的"万豪礼赏"（Marriott Rewards）旅行计划是业内最大的常客计划。

1984 年，万豪通过收购美国度假酒店集团（American Resorts Group）正式开展分时度假业务。分时度假业务指的是允许客户购买一个时段（通常为一周）的产品使用权。这项业务对那些寻求外地度假乐趣的个人和家庭都有吸引力。这一业务于 1984 年起步，在之后的 20 年中，收入一直保持着两位数的增长。如今，万豪度假俱乐部由四个品牌组成：MVC International（MVCI）、Horizons、Grand Residence Club 和丽思卡尔顿俱乐部（Ritz Carlton Club），每个品牌针对不同的细分市场。2003 年，该公司的收入接近 12 亿美元，每年都会新增 3～5 个度假村，以帮助公司收入保持两位数的增长。

MVCI 的成功之路也遇到了很多挑战。MVCI 的核心经济模式由四项不同的业务组成，每个业务流程代表产业价值链中的一个相邻环节，如图 4-3 所示。土地开发、建筑和施工部选址、获得许可证和所有权、设计并建造度假村；销售和营销部将度假村股份出售给终端客户；银行贷款部通过提供客户融资来支持销售过程；度假村管理部负责整个度假村的运营，并对客户服务负最终责任。

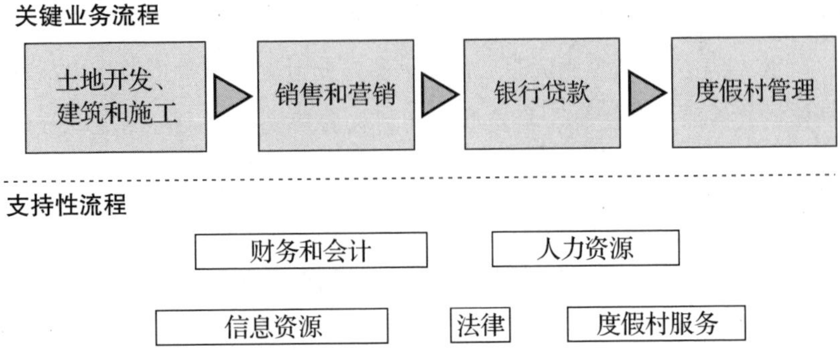

关键业务流程

支持性流程

图 4-3　MVCI 的产业价值链

　　虽然这四个部门相互依赖，但它们各自的文化和能力却截然不同。长久以来，这四个部门都各行其是，彼此之间的互动有限。例如，如果开发团队遇到问题或计划延迟，它会自己来解决这些问题，而不会与其他部门沟通。与此同时，销售和营销部门以为产品能够按时完成，开始其营销活动，锁定客户、推销产品。运营团队也以为产品很快就会上市，于是开始从世界各地招聘并组建专家团队。因为价值链是环环相扣的，一个环节的小问题会在之后的一系列环节中不断放大。很明显，MVCI 错过了通过整合价值链来创造协同效应和价值的重要机会。

　　罗伊·巴恩斯（Roy Barnes），一个在酒店行业工作了 20 年的老将，收到 MVCI 的邀请来负责解决这个问题。他的职位是战略管理和客户战略高级副总裁，职责是帮助 MVCI 完成从创业型公司管理模式到战略管理思维模式的转变。巴恩斯的具体目标是对公司进行重组，舍弃四个独立的部门，创建一套与公司战略相关的整合业务流程。他选择了平衡计分卡作为支持这次改革的框架。

　　图 4-4 展示了 MVCI 的公司层面战略地图，它以一种整合的、全局的角度来描述 MVCI 的公司战略。这幅战略地图反映了一种思维模式的转变，即把业务看作一个整体，而不是独立的各自为政。这张公司战略地图确定了在组织基层整合团队行为的目标。

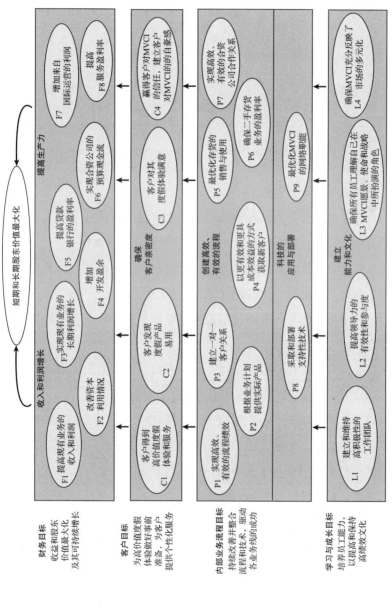

图 4 - 4 MVCI的公司战略地图

资料来源：BSCol Conference, Chicago, May 11-13, 2004, Roy Barnes, MVCI.

图 4-5 展示了公司战略地图和平衡计分卡一旦完成后，是如何向四个层级的组织分解的：从 MVCI 公司层级到业务线，从业务线到四个价值链部门（称为关键业务流程），从部门到地区，最终从地区到每个特定的度假村。每个层级都要配合更高层级的战略来整合自己的战略。

虽然战略地图和平衡计分卡为巴恩斯提供了所需的工具，但是他仍然需要一个延伸的实施流程来实现行为上的改变。他的变革办法包括以下五个步骤：

（1）推介平衡计分卡概念。与各组织层的业务领导会面，亲自推介新的战略和平衡计分卡框架。

（2）将平衡计分卡与其他治理联系起来。将平衡计分卡纳入每年的战略发展、计划、预算编制、目标设定、绩效考核和调整中。

（3）传达平衡计分卡战略，确定目标受众。确定合适的信息和传递渠道，将每条信息用七种不同的方式传达七次。

（4）将平衡计分卡与薪酬联系起来。即将平衡计分卡与个人激励联系起来。

（5）保持对平衡计分卡的关注。使用平衡计分卡来监控绩效以及管理公司议程，从而确保业务战略得到管理层的重视。

MVCI 花了一年多的时间才将这种新的管理方式内部化，这种努力带来了巨大的好处。现在，每个部门都了解上游部门的关键驱动因素，可以帮助监控本部门依赖于上游部门的运作状况。因此，当开发部门遇到问题时，其他部门会意识到并采取相应的行动。光是价值链上协调的改善，MVCI 就节约了数百万美元。价值链整合战略产生了巨大的协同效应。

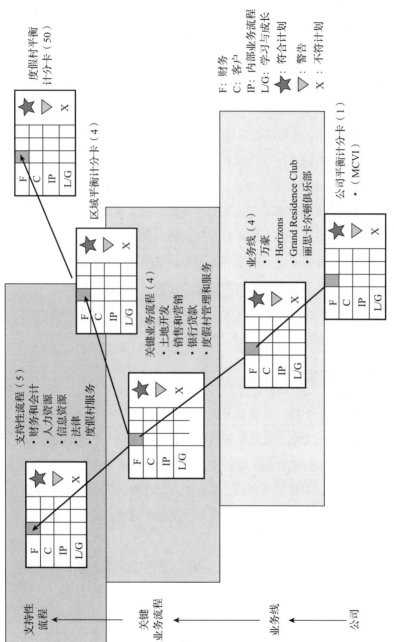

图 4－5　MCVI公司平衡计分卡的分解

资料来源：BSCol Conference, Chicago, May 11-13, 2004, Roy Barnes, MVCI.

无形资产的协同

任何公司，无论多元化的程度如何，都可以通过积极管理领导力和人力资本开发来创造企业衍生价值。在知识化的全球经济中，无形资产，如人力资本，占组织价值的近80%。将无形资产转化为有形成果，是大多数组织的一种新思维方式。那些掌握这套流程的组织（通常来自人力资源组织）可以创造巨大的竞争优势。

因为每个组织都需要培养员工和领导者，需要塑造组织氛围，所以企业价值主张可以为人力资本的开发提供一套有效的流程。这一流程将跨越各个战略业务单元的边界。例如，不同战略业务单元具体能力不同，但是开发和整合它们的流程是一样的。公司总部可以运用三个流程来为不同战略业务单元开发人力和组织资本：（1）领导力与组织开发；（2）人力资本开发；（3）知识共享。

领导力与组织开发

现代的人力资源部门常被寄予期望，希望其可以指导领导力的发展，帮助塑造组织文化。虽然良好的领导力和有支持性的文化难以量化，但这是成功执行战略的关键因素。开发这些无形资产的基本目的是确保它们与公司战略保持协同。领导者必须理解他们引导组织依靠的战略，必须创建一套支持战略实现的价值观。这里的企业价值主张是确保领导力和文化与战略相协同。

国际化工公司（Global Chemical，Inc.）最初就未能利用企业价值主张进行领导力和人力资本的开发。当时公司总部人力资源部门对某战略业务单元进行了一次评估（见表4-2），评估的参考点是组织的变革事项，即战略业务单元的新战略所需要采取的七项行动。[2]表格中间代表战略业务单元在其员工发展计划中所提倡的文化价值观。虽然战略业务单元的战略需要从产品导向转变为咨询、为客户解决方案导向，但是在"期望价值"中并没有提及以客户为导向。

表 4-2　国际化工公司（GCI）领导力及文化与战略的协同

战略所需的新行为	GCI的组织变革计划	GCI的期望价值	协同指数	GCI的领导力模型	协同指数
1. 以客户为中心	被客户视为了解业务的、博学的合作伙伴		○		○
2. 创新	保持接受新思想、勇于试验并承担可控风险的文化	重视对员工的授权以加快决策	●	我们的领导者认识到变革的必要性和机遇——他们克服了旧的思维方式	●
3. 实现成果	建立具有结果导向意识、成本效益和效率的文化	我们追求结果，关注业务成果	●	我们的领导者代表了最高水平的能力——他们提供必要的资源	●
4. 理解战略	加强全球范围的公司形象	我们清楚地沟通战略和目标	◐	我们的领导者会将公司的战略转化为具体部门的愿景	◐
5. 负责任	授权员工，责任分工	我们期望责任和个人目标明确分配	●	我们的领导者制定了明确的目标并确定行动的优先顺序	●
6. 公开沟通	确保跨部门和地区的知识交流	我们很高兴能有机会交换意见	◐	我们的领导者听取不同意见、替代方案和关注的问题	◐
7. 团队合作	跨区域、文化的业务流程管理		○		○
			70%		70%

●良好协同　◐部分协同　○没有协同

93

同样，战略业务单元的战略要求发展卓越的区域中心。尽管这种专业化可以带来可观收益，但它需要全球范围内的高水平团队合作。而战略业务单元的人力资源部门确定的"期望价值"没有体现团队合作。因此衡量该组织所追求的文化与其战略变革事项协同的指标仅为70%。

表4-2中最右侧呈现了战略业务单元用于培养其管理者的领导力模型。同样，由战略业务单元的人力资源部门开发的模型，并没有在以客户为中心和团队合作两大主题上做任何阐述。评估发现了领导力和组织开发项目的差距，而后总部对战略业务单元的项目做了几次重大改进。公司总部这一行动方案提高了战略业务单元从这些重要的无形资产中获得战略效益的能力。

人力资本开发

公司可以通过改善整个业务单元的人力资本开发来创造企业衍生价值。即使是在多个不同行业中经营高度多元化的公司，也可以通过在公司内部有效运营劳动力市场来创造价值。

以印度塔塔集团为例。发展中国家的教育体系通常无法让大多数学生具备成功就业所需的基本技能，因此这些国家的大型公司集团要投资员工的教育和培训项目，从而在员工追求终生职业发展中获益。在劳动力市场更发达、流动性更强的国家，接受公司培训后的个人通常可以获得更高的薪酬，如果本公司不加薪就会跳槽加入竞争对手。积极管理内部劳动力市场的控股公司，其公司层面的平衡计分卡将包括内部关键员工的轮岗，以及高管在集团内不同公司晋升等目标。

像GE这样的大型多元化公司也为其各业务部门的员工提供了理想的职业发展机会。GE前首席学习官（chief learning officer，CLO）史蒂夫·科尔（Steve Kerr）描述了GE的产品线和地区多样性如何为年轻、有前途的经理人提供世界范围"爆米花式"（pop-corn stands）的独有发展机会——这些小公司的成功或失败不会影响 GE 每年营业收入前三名的位置。[3]GE 收集有关这些小公司经理业绩的信息，评估应该提拔哪些经理，进一步授予哪些经理权力，或是赋予更大的责任，将在世界不同地区运营的另一家公司交给他。经过 20 多年的发展，GE 已经培养出了一批成熟的领导者，他们能够在 GE 的大型产品和区域组织中承担主要责任。

公司学习与成长的目标与很多工作相关，包括为运营公司招募最优秀的人才，运营一所优秀的企业大学并进行内部培训和教育，为公司中有才能的领导者提供各种职业发展机会，分享在运营公司过程中的最佳实践知识。

重视开发人力资源最大的回报来自对战略能力的持续关注。许多组织创立专门的 CLO 来实现这一目标。战略能力是员工必须具备的支持战略的技能和知识。在员工学习与发展方面的投资是公司长期的、可持续变革的真正起点。对于知识型组织，改进支持客户价值主张的业务流程的能力，取决于员工改变其行为并将其知识应用于战略的能力和意愿。因此，希望确保其战略成功的组织需要了解自身所需的员工的能力。它们需要评估当前的战略能力水平，并制定计划以填补组织能力模型（competency profile）中的空白。

虽然能力开发项目不是一个新概念，但将这些项目与战略相结合并通过平衡计分卡来实现却是一个新概念。近年来，组织开始定义战略职位族（strategic job families），或与特定战略流程相关的能力集群。通过确定相关的战略职位族，组织可以确保发展的是正确的能力，加快达成战略成果。旧金山威廉姆斯-索拿马公司（Williams-Sonoma）人力资源高级副总裁约翰·布朗森（John Bronson）强调理解和管理战略职位族的重要性，他估计公司所有的战略职位族中只有 5 个决定了公司80％的战略绩效。[4]（平均来看，在大中型公司中，只有大约 10％的职位族是战略性的。）

有几种方法可以用来缩小战略能力上的差距：招聘、培训、职业规划和外包。这些方法的正确组合将取决于战略的时间表以及现有人才库所具备的灵活性。

瑞典家具制造商金纳普公司（Kinnarps）利用其平衡计分卡，将每位员工的能力发展与战略执行协同。公司的内部培训学校——金纳普学院（Kinnarps Academy）绘制了每个员工的能力地图，并将员工的能力与战略岗位所需的实际能力进行比较。然后学院为员工开发定制化的能力培训项目，使他们获得满足公司战略目标所需的技能。金纳普学院的院长说，平衡计分卡帮助学院在能力发展方面更加积极主动，更具目标导向性。[5] 金纳普公司使用 IT 系统来跟踪能力开发投资，该系统不仅能将技能与战略匹配，还可以从财务角度显示出员工的能力水平差异为公司带来的得失。因此，从财务影响的角度就可以理解缩小能力差距的重要性。

知识共享

所有的公司都能从组织内部的知识共享中受益。即使是高度多元化的业务单元，各自拥有不同的目标客户和不同的价值主张，也会执行许多类似或相同的流程。例如，薪资的给付、月度财务报告、人员招聘、年度员工绩效评估、采购、供应商选择和付款、送货、收款和计划表。

通过共享通用流程的信息，公司有更多的机会去发现可以跨所有业务单元快速实现共享的最佳实践。相比独立的公司各自定期寻找标杆，这种最佳实践的知识获取和共享不仅可以更快实现目标，而且成本更低。在知识共享方面，公司规模越大、越多元化，就越有可能出现流程创新，从而使整个公司业务单元受益。

从许多案例来看，知识获取和转移的责任被分配到一个新的组织职位——首席知识官（chief knowledge officer，CKO）。尽管最佳实践管理领域已经成熟，但是将特定的最佳实践与战略成果联系起来的方法却不太容易理解。传统的最佳实践方法和战略之间通常是独立的。我们现在看到许多组织使用平衡计分卡报告的功能，根据它们创造战略成果的能力来识别高绩效的团队、部门或单元。这有助于在整个组织中广泛传播高绩效的原因，从而教育和培训其他人如何改进他们的绩效。

皇冠城堡国际公司（Crown Castle International，CCI）的知识管理系统（CCI-Link）是一个公司最佳实践的综合数据库和图书馆。这个知识管理系统集中并分享高度分散化的全球公司的绩效信息和最佳实践知识。

CCI 使用平衡计分卡来为其 40 个地区办事处的战略绩效订立基准。订立基准可以帮助管理者发现哪些战略过程和实践在公司内执行得最好，并帮助他们培训组织内其他领域的人员了解这些流程和实践，从而使大家能够达到最高的绩效水平。关注内部最佳实践使得 CCI 吸取经验教训，帮助组织整合战略、平衡计分卡、流程改进和培训活动。

CCI 的知识管理系统对组织协同和运营效率做出了很大贡献，尤其是在公司裁员时期。该系统的核心架构在各地是通用的，每个地区都有一些通用的传统职能，如财务、资产和人力资本，只不过具体内容会本地化。详细的分析有助于区分地域之间的差异，使管理者理解绩效差异的根本原因。

小　结

由人力资源部门牵头，建立公司的人力资本和组织资本是每个人的工作。我们的经验表明，如果这些流程与战略相联系，公司人力资本的价值就会显著增加。我们已经在其他章节提到过，如何创造协同效应和衡量战略准备度，使人力资源主管能够管理这些流程。[6] 战略地图提供了达成人力资本与战略协同的另一种工具。

显然，管理人力资本的科学正在兴起。需要新的管理流程来应用这门科学。根据平衡计分卡协会（Balanced Scorecard Collaborative）和人力资源管理协会（the Society for Human Resource Management）的一项调查，尽管 43％的人力资源部门会指派一名代表来帮助业务单元管理其人力资源关系，但是只有 19％的公司能够真正将业务单元的战略计划与公司的战略计划整合起来。[7] 这些新流程的开发将会增加组织无形资产的价值。

案例研究：IBM 学习

员工素质、领导能力和公司文化长期以来一直是 IBM 成功的基础。经历过 20 世纪 60 年代、70 年代和 80 年代，IBM 的员工创造了商业史上最成功的公司。他们结合新技术时代的领导力发展和强大的市场销售流程，创造了高客户忠诚度。因此，IBM 大举投资员工能力以及领导力发展的战略方针被视作它成功的基石。

但当时的成功在 20 世纪 90 年代戛然而止。虽然 IBM 的实验室仍然不断研发新科技，但是公司本身无法改变其传统的商业模式。IBM 强大的文化曾经是它的主要资产之一，现在却变成了负债。在一个不断变化的行业中，这成了公司变革的障碍。在 20 世纪 90 年代初期，IBM 损失了 160 多亿美元。许多人认为，IBM 会落得瓦解求售的结局。

当时被 IBM 从外部聘来的 CEO 郭士纳（Lou Gerstner）却持有相反的观点。他认为，客户想要一家能够整合各种信息技术的公司，而 IBM 最适合成为这样的整合者。历史已经证明了这种洞察力的正确性。到 2000 年，IBM 重新回到了行业领导者的地位。在彭明盛（Sam Palmisano）的领导下，新的 IBM 持续发展。领导力、文化和员工学习仍然是 IBM 战略的核心。

2001 年 5 月，特德·霍夫（Ted Hoff）被任命为学习副总裁，帮助开发这些无形资产。作为 IBM 的 CLO，霍夫负责整个公司的学习计划，开发管理培训，员工的职能指导，技术和销售培训以及技术学习。他成为 IBM 高级领导团队和全球人力资源领导团队的成员。

霍夫发现，在他到来之后，IBM 仍然持续在学习上投入大量资金，每年花费超过十亿美元。然而，尽管有如此大额的投资，但一线经理既不知道自己花费多少，也不知道自己得到了什么回报。学习一直以来都是"人力资源的事"。公司没有协同学习与业务的战略计划流程，学习也并不是业务和组织成功的关键驱动力。而霍夫在公司的使命就是改变这一现状。

图4-6总结了 IBM 将其十亿美元学习投资与公司战略协同的方法。如图左侧所示，IBM 有清晰的战略制定流程以及由领导力驱动的执行方法。右侧列出了支持战略的学习投资。然而，历史上并没有有效的方法来确保这些投资实际上是协同的。中间显示的业务单元的战略地图被证明是缺失的一环。把业务战略转化为战略地图，这一步使得学习型组织能够将投资集中在战略重点上。

IBM 开发出一个"五步式战略学习计划法"（five-step Strategic Learning Planning approach），并运用于各大主要的业务单元。然而在开始这个流程之前，公司必须与一线管理人员建立牢固的合作伙伴关系。霍夫从他的组织中为每个业务单元指派一个学习领导者，由这个人充当整合者，其职责是理解业务单元的战略和开发恰当的学习战略。五步式战略学习计划法的具体步骤如下。

步骤一：理解并确认业务重点。学习领导者负责业务单元战略的研究和分析。其典型来源包括战略文件、市场信息、预算、业务计划和互联网，以及与业务单元的直接沟通。学习领导者与其他支持团队（如人力资源、财务和战略）合作执行其任务。

步骤二：将业务重点转化为战略地图。在研究和互动的基础上，学习领导者制定了业务单元的战略草案。草案确定了具体问题、目标和

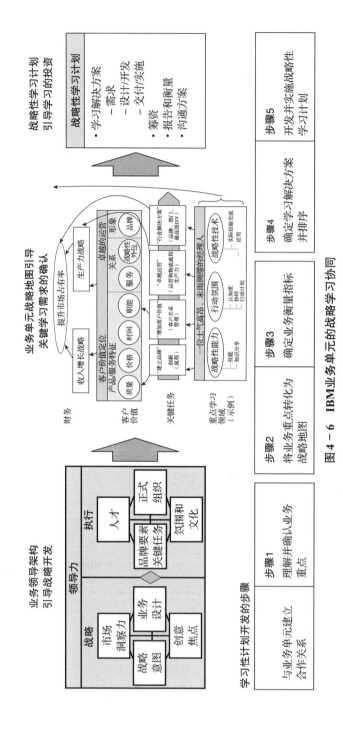

图 4 - 6　IBM业务单元的战略学习协同

战略主题。通过一系列的高管访谈，学习领导者可以确定战略地图。这些访谈有助于确定学习项目应该关注的关键业务领域。成果就是一张有效的战略地图。

步骤三：确定业务衡量指标。平衡计分卡的指标和目标值从战略地图衍生而来。学习领导者利用这个流程来指导客户如何连接无形资产和有形的业务结果。

步骤四：确定学习解决方案并排序。这一计划流程的最终结果是开发了一套支持该战略的学习解决方案。表 4-3 呈现了潜在解决方案与关键业务重点的协同。每个项目都会有对应的业务单元发起人。那些不属于学习领域的解决方案（例如，气氛、激励机制）也会确定下来，随后供人力资源主管和基层管理人员讨论。每一个潜在解决方案的开发和部署成本也要确定下来，然后根据它们对平衡计分卡的预期影响进行排序。这个列表为业务单元支持计划的构建提供最后的参考意见。

步骤五：开发并实施战略性学习计划。步骤一到步骤四的业务分析和计划执行在最后的业务单元战略学习计划中加以巩固，同时还需要获取实施解决方案的资金，制定支持部署的沟通方案并开发出一套衡量、报告和回顾的流程。

通过使用战略地图和平衡计分卡，现在 IBM 的学习投资与业务目标实现了一目了然式（line of sight）的协同。这种方法让 IBM 组织内不同部门的协同有了实质性差异。正如特德·霍夫所描述的那样："我们现在与公司在同一张桌子上。"[8] 学习型组织现在可以参与战略规划、预算编制和投资/回报讨论，它们可以根据需要接触公司的高级管理人员；学习型组织的员工现在也对业务结果负责。最重要的是，IBM 正在把这种无形的资产（学习项目）转化为有形的业务成果。

組织协同

表 4-3 IBM 潜在解决方案与关键性业务重点的协同

战略主题	关键任务	业务指标	业务指标目标值	潜在学习方案	预估成本	优先顺序
	确定具体的应用和客户增长机会	新产品的定位	年度增长 20%	● 结合培训课程（网络学习）、3 天研讨会新产品	● 网络学习模块 10 万美元；研讨会设计和开发 5 万美元；平均每人交付和部署成本 500 美元	2
				● 包括销售学校的客户模版	● 5 万美元，不含额外交付成本	4
	与区域办事处合作带动销售	收入	增长 16%	● 在美国、中欧和东南亚进行 15 场路演	● 5 万美元	1
建立品牌	强化与业务伙伴的关系	业务伙伴满意度	年终满意/非常满意的比例达到 85%	● 利用网络授课和新的学习手册培训地区业务代表的有关销售渠道的事宜	● 8 万美元的开发费用加每册平均每册 3 美元的印刷和配送成本	3
				● 奖励那些在多元客户作业上绩效最佳的员工	● 非学习方案	n/a

注：目标值和预估成本仅供说明。

102

利用公司战略主题协同

大型的多产品、多区域组织力求通过其分散经营的单元达成规模经济和范围经济来获得竞争优势。这种任务很艰巨，因为业务单元必须适应当地市场且面对挑战，同时也要与其他业务单元协同经营带来规模和范围效应。因为分散的单元有多种责任，很难对其绩效和责任分工界定一个合理的基础。

一个世纪以来，公司不断向新产品线、新细分市场和新地区扩张，采用了各种组织设计方法。我们已经在第 2 章中阐述了部分方法，其中有根据职能、产品、客户、细分市场或者地域划分的。但这些方法都不完美，于是公司又尝试了一些新的形式——包括矩阵式组织、技术型组织、渠道型组织、网络组织和虚拟组织。尽管在组织结构和形式上进行了这些创新，但是协调、协同和责任分工问题仍然存在。

一些结构复杂的组织已经使用了公司层面的战略地图和平衡计分卡来实现多样化、分散化单元之间的协同。通常这两种工具方法使公司能够清晰地表达高层级的战略主题。这些公司认为以它们现有的结构为基础，通过重新整合运营单元之间的权力、责任和决策权，并不能实现预期的公司层面的协同效应。它们认为与其继续寻找一个理想的但永远无法实现的解决方案，不如在公司层面的平衡计分卡上统一制定战略主题，从而提供一种信息解决方案，允许分散化单元在获得本地区收益的同时也能对公司目标做出贡献。

利用战略主题协同不同的组织对公共部门和机构尤为有价值。公共部门试图解决的问题非常复杂和困难：毒品、走私、非法移民、无家可归、贫困、福利依赖、青少年怀孕、环境污染、国土安全、犯罪、情报泄露、结构性失业等。任何一个单独的组织单位、机构或部门都不可能有足够的权力、资源和知识来独自解决这些问题。

此外，与私营公司不同，重新整合现有的政府机构和部门来解决特定的问题是一项艰巨的工作，取得的进展不可能立竿见影。每个部门或机构都有自己的受众，在各自的州或国家的立法机构都有自己的支持者。试图重组或合并各机构以更有效地完成一项使命会立即遇到集中且高组织化的抵制。

因此，想要产生积极社会影响的政府必须利用其现有的单位，尽管这些单位某种程度上是随机的、无管理形成的，或是随时间应运而生的。政府面临的挑战是如何动员拥有不同使命、不同历史文化以及不同支持基础的不同机构进行合作协同，从而共同取得超越独立运作的效果。不同级别、不同权限的机构如果想要产生积极的社会影响，就必须协调努力方向，而不是一意孤行地继续政府官僚行为。

在这种情况下，平衡计分卡是一种理想的机制，可以设定高层级的协同目标，从而允许多个机构共同完成任务。因此，我们期望看到公共部门的平衡计分卡发展为高层级、多组织的行动方案或战略主题。平衡计分卡为多个公共部门机构的高层代表讨论和合作提供了有利的背景和流程。

我们使用三个案例来说明公司层面的战略主题在协同整合多样化和分散化组织单元的运营中的作用。杜邦工程塑料公司（DuPont Engineering Polymers）作为一个具有代表性的私营公司，采用的是 5 个时间顺序的战略主题。加拿大皇家骑警（Royal Canadian Mounted Police）是杜邦公司在公共领域的竞争对手，它也运用了 5 个战略主题以协同其国际、国内、省级以及市级运营单元。华盛顿州鲑鱼恢复计划可以说明组织是如何运用高层级的平衡计分卡协同整合不同部门和政府机构，以解决重大公共政策问题的。

案例研究：杜邦工程塑料公司

杜邦工程塑料公司（EP）每年都有 25 亿美元的销售额，在全球有 30 个运营单元，雇用了 4 500 名员工。像许多产品多元化的跨国组织一样，EP 在其 8 个相关的全球业务单元和 6 个共享服务单元实现战略一致的过程中遇到了很多困难。

和许多矩阵式组织一样，EP 也存在角色和职责混乱的问题。人们采取的行动没有形成跨业务协同，而其他的新行动也面临资金不足和人手不足的问题，所以业务只能照常进行。在采用平衡计分卡之前的 5 年间，EP 的收入增长率只有 2.5％，但年盈余增长率为 10％，这主要是通过削减成本和提高生产率来实现的。集团副总裁兼总经理克雷格·内勒尔（Craig Naylor）知道如何利用平衡计分卡来协同整合所有员工、业务单元以及共享服务，以收入增长为目标去落实统一战略。随后，平衡计分卡指标将提供反馈，持续检验战略。[9]

新战略的首要目标是通过同时提高生产力和增长机会来最大化股东价值。生产力的提高需要持续且逐步变革的流程。该公司希望通过提供更一体化的产品和服务来创造增长机会。EP 的高级管理团队围绕 5 个时间顺序的战略主题建立了部门的平衡计分卡和战略地图，描述各单元如何协同各自的行动以实现收入增长和成本降低的财务目标。这 5 个主题如下：

（1）卓越运营：运用流程改进工具，如六西格玛和成本缩减，大幅提高生产力。

（2）供应和服务：通过卓越的物流为客户提供差异化服务，缩短订单到现金的周期。

（3）产品和应用组合管理：专注于高利润的产品和应用，并引进新的产品和应用。

（4）客户管理：为目标客户提供完整的解决方案，提供优质的、成本低廉的产品组合。

（5）新业务设计（NBD）：设计获取和服务最终用户的全新方式。

这些战略主题的顺序与成功实施战略所需的时间相一致。为了达成近期成果，需要9～15个月的时间来改进运营流程和物流。开发可以提供更全面的客户解决方案的产品需要2～3年。实现开发全新商业模式的收益则需要3～4年的时间。

EP开发了战略地图，并指派了一名经理对每个战略主题负责。例如，图4-7显示了第一个主题——卓越运营的战略地图。这个主题强调向客户提供更好、更便宜的产品。该主题的指标和目标值与成本、质量、产量和设备可用性的具体改进有关。该主题的战略行动方案包括六西格玛质量项目和跨业务单元的最佳实践共享，以最大限度改善提高整个部门的学习。图4-8显示了完整的EP战略地图，该图建立在5个时间顺序的战略主题上。

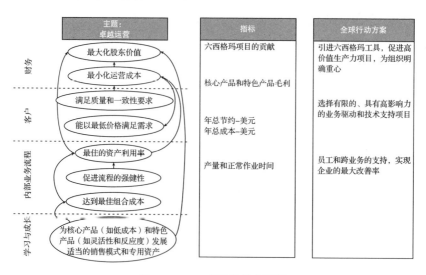

图4-7　EP卓越运营主题的战略地图、指标和全球行动方案

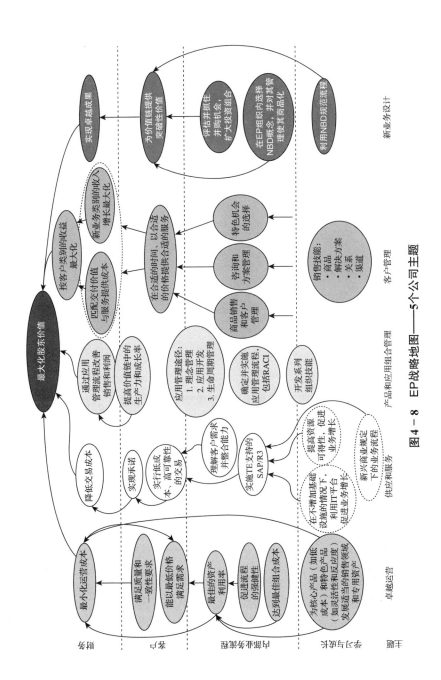

图 4 - 8　EP战略地图——5个公司主题

EP认为这5个主题是其战略的DNA，基因代码将嵌入每一个业务单元和共享服务单元中。EP将高层级战略主题分解到它的3个主要地区和5个产品线单元自己的平衡计分卡。这些业务单元平衡计分卡强调如何在每个区域和产品线中实现5个主题，以及每个单元根据本地战略制定特定的目标和行动方案。

同样，全球职能单元——制造、IT、财务、人力资源、市场营销和研发部门制定了它们自己的平衡计分卡，以确保实现卓越的职能，协助落实全球、各地区和各生产线的战略。每个业务单元中主题的实际内容可能不同，但是所有的业务单元都围绕这5个主题建立了各自的战略（见图4-9）。这种方法为跨业务单元的联动和协同提供了前所未有的机会。

实际上，只有少数几个业务单元对5个主题都做出了贡献，部分业务单元只关注了其中两个主题。在构建各自的战略地图和平衡计分卡时，每个业务单元都会说明它如何为公司层面的主题做出贡献，如何与其他业务单元以及支持单元合作，实现跨单元协同。图4-9所示的结构能让EP高级管理层知道每个业务单元和共享服务单元的特点，以及哪个目标需要跨多个单元达成协同解决方案。

EP和大多数组织一样，面临着一个典型冲突。地区事业部及其员工希望专注于日常的业务运行，所以他们很难对业务与战略行动方案的协同给予足够的关注。为了获得与EP的5个新战略主题相关行动方案的关注，在所有其他正在进行的项目和方案中，管理者取消了很多对五大战略主题没有贡献的本地项目。这就为加强战略主题的新方案和项目创造了空间，使其深入到员工的日常工作中去。

矩阵式组织的一个致命弱点是在业务单元、职能部门、地区之间关于资源分配无休止的争论。根据EP报告，切入各业务单元、地区和共享服务部门的5个战略主题非常清晰，极大地明确了工作的优先级，同时提高了资源分配的透明度。这有助于形成更富有成效的讨论和对话，

工程塑料

EP企业平衡计分卡（企业价值定位） 主题	业务单元								支持单元					
	A	B	C	D	E	F	G	H	OPS	IT	FIN	HR	MKG	R&D
1. 卓越运营	××	××	××	××				××	××				××	
2. 供应和服务/订单转现金流	××		××	××	××	××	××		××		××		××	
3. 产品和应用组合管理	××	××	××		××	××	××	××					××	××
4. 客户管理	××	××	××	××	××	××	××			××	××	××	××	××
5. 新业务设计/系统解决方案	××		××	××	××	××	××		××	××	××	××	××	××

各职能部门、团队和个人都要配合业务单元和支持单元的战略开发战略计分卡

每一个业务单元开发一个符合EP战略的长期计划和平衡计分卡

EP平衡计分卡界定了整体的战略重点

图 4 - 9　EP：配合五大战略主题协同业务、地区和支持职能

109

因为对总体业务绩效的基本驱动因素有了共同认识。员工也可以利用平衡计分卡框架和指标来获得项目的支持。因为达成了战略共识，整个组织上下可以进行积极的、有建设性的讨论。

在 EP，战略主题阐述了一种即使在高度竞争的环境下也不会改变的战略。虽然策略和行动方案可能每两个月改变一次，但 EP 的战略主题强调组织的基本目标：改善供应链、更好地与经销商合作、与最终用户建立新的业务关系。这些主题不会昙花一现，它们会长期支持组织的未来方向和关注点。

案例研究：加拿大皇家骑警

加拿大皇家骑警（RCMP）有 2.3 万名雇员和 30 亿加元的年度预算，是加拿大的国家警察部门，也为加拿大各省级、地区和市级提供外包警察服务。RCMP 有 4 个级别——国际、国内、各省/地区（8 个省和 3 个区）和地方（200 多个市和 190 个一级国家社区）。刚跨入 21 世纪时，RCMP 面临着几项挑战，如警察组织进入新世纪所需要的财务和资源。时任局长朱利亚诺·扎卡德利（Giuliano Zaccardelli）承诺，RCMP 的管理水平将不断提高。他认为 RCMP 可以成为一个卓越的战略中心型组织。虽然扎卡德利有强大的领导能力和远见，但他面临的挑战是如何协同分散在全国的 RCMP 的所有单元，并实现全局层面的优先排序。

RCMP 的一个高级项目小组通过流程将"安全家园、安全社区"的愿景和使命转变为在全国范围内各单元都能理解的概念。项目组制定了高级执行委员会（SEC）战略地图（见图 4-10）。

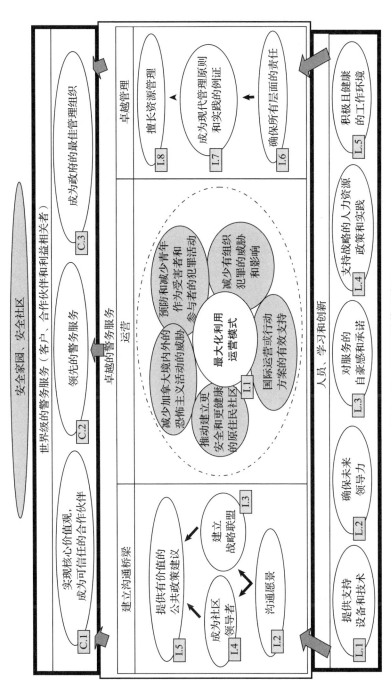

图 4 - 10　RCMP 的战略地图

最高层级维度（客户、合作伙伴和利益相关者）抓住了 RCMP 对核心服务对象的价值主张。RCMP 的核心服务对象为直接接受警务服务的公民、其他各级政府（包括国内和国际的），以及财政部门。例如，对财政部门的价值主张是 RCMP 成为政府中的最佳管理组织，而对地区合作伙伴的价值主张是实现核心价值观，成为值得信赖的合作伙伴。每个目标都与最核心的价值主张——提供领先的警务服务相联系。本质上，RCMP 的价值主张是以合理的成本为客户、合作伙伴和利益相关者提供世界级、最领先的警务服务。

内部业务流程维度围绕 3 个主题，每个主题都包含支持 RCMP 价值主张的目标。建立沟通桥梁这一主题清楚表达了交流、合作伙伴关系和联盟等流程，以支持成为一个可信任的合作伙伴的目标。运营主题强调运用运营模型，即一种在所有活动和调查中以情报为主导的作业方法。这个主题的核心是为客户提供卓越服务，因为精通服务将提升所有警务工作的质量。最后，卓越管理主题支持了财政和预算机构的需要。

人员、学习和创新维度则表明了 RCMP 在为其员工提供有活力且安全的工作环境方面所发挥的重要作用，同时这种环境也得到了先进技术和领导人才的支持。

新的警务战略的核心包含在内部运营主题中，它描述了 5 个超越日常警务活动的全局层面的重点工作：

（1）减少有组织犯罪的威胁和影响。

（2）减少加拿大境内外恐怖主义活动的威胁。

（3）预防和减少青年作为受害者和参与者的犯罪活动。

（4）国际运营或行动方案的有效支持。

（5）推动建立更安全和更健康的原住民社区。

认识到 5 个战略重点都需要国家层面的战略协调，RCMP 为每个重点都制定了虚拟战略地图（图 4-11 显示了 5 个战略重点之一"推动

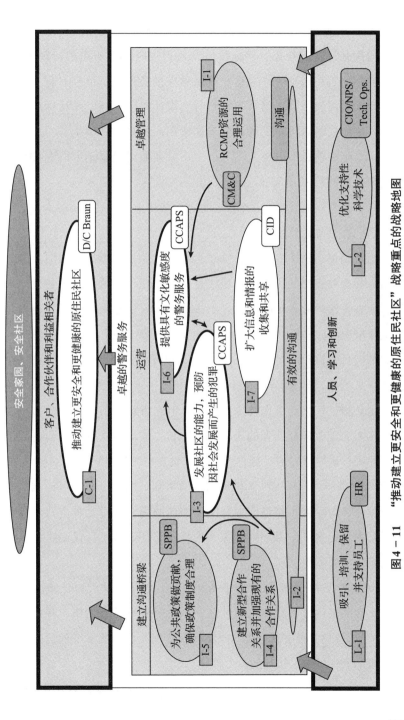

图 4 - 11　"推动建立更安全和更健康的原住民社区"战略重点的战略地图

建立更安全和更健康的原住民社区"的战略地图）。5 个战略重点的战略地图都有自己的指标、目标值以及执行战略重点所需的行动方案。RCMP 指定了一名高管作为这一战略重点的负责人，他会召集 RCMP 的管理人员组成一个小组，召开临时会议，回顾重点工作目标的进展情况，比如战略地图和平衡计分卡如何用来管理虚拟组织等。这一案例显示，某一项战略重点工作不是一个单独的组织单元可以全权承担责任和义务的。

有了公司层面战略和 5 个战略重点的战略地图和平衡计分卡，就可以开始向地方单元分解。

为了确保这些战略重点的协同性和一致性，虚拟战略地图上的每个目标都会被分配到一个业务线或公司服务线，并纳入相关的战略地图。地方警察局考虑到国家重点工作在本地区的相关程度后，根据实际运作情况将这些高级战略重点本地化。此外，地方战略地图还纳入了本部门日常警务职责（图 4-12 为部门级战略地图示例）。因此，在恐怖主义活动、有组织犯罪或国际犯罪罕见的加拿大西北地区，RCMP 不一定要将这些重点工作纳入其目标，但它肯定会引入"预防和减少青年作为受害者和参与者的犯罪活动"和"推动建立更安全和更健康的原住民社区"这样的目标。相反，多伦多的 RCMP 可能就不会像西北 RCMP 那样为原住民社区做那么大的贡献，但其目标将包括减少有组织犯罪、国际犯罪和恐怖主义活动的威胁等。通过这种方式，所有单元都在履行 RCMP 战略重点方面发挥了作用，而不仅仅是履行地方警察日常的警务职责。

RCMP 管理体系的核心是平衡计分卡，各地方单元自己负责日常工作，而高层执行委员会现在可以更专注于战略重点工作。有关战略目标的数据每 60 天更新一次，以便高级管理人员能够了解他们的战略重点是如何在各地区执行的。

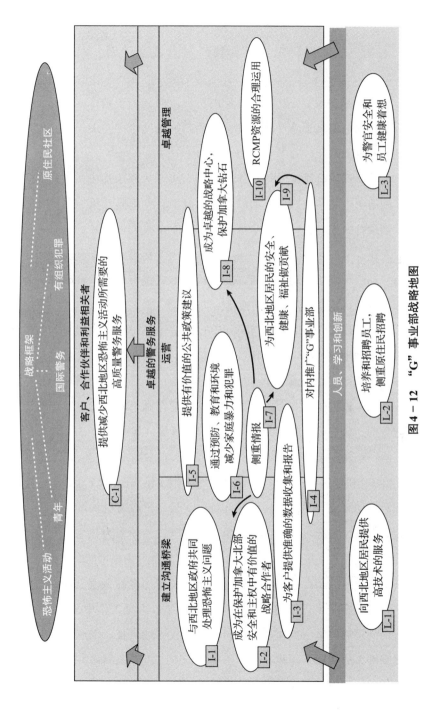

图 4-12 "G" 事业部战略地图

案例研究：华盛顿州鲑鱼恢复计划

RCMP 是在大型公共部门机构内实现协同的一个很好的例子。但是，有些问题超出了单一政府机构或部门解决的范围，比如华盛顿州的鲑鱼恢复问题。

美国联邦政府通过《濒危物种法案》，要求大幅增加华盛顿州周围海洋和河流中的鲑鱼数量。如果美国政府不满意华盛顿州的保护计划和计划执行效果，它可以拆除水电大坝和停止或大力缩减所有有关林业、农业、电力生产、交通改善、土地使用变化等的工作，以及诸如钓鱼、划船等娱乐活动的进行，通过这些方式进行干预，直到政府制定出可靠的计划来恢复鲑鱼的数量。

华盛顿州州长加里·洛克（Gary Locke）曾要求各机构设计与鲑鱼恢复相关的绩效指标，但他怀疑这些独立、分散的机构即使把成果加在一起也不一定能形成一个可持续的、可信的、可接受的增加鲑鱼产量的计划。没有任何一个单一机构能够完全控制影响鲑鱼生存环境的所有方面。政府机构高度分散，包括其他国家（加拿大）、6 个相邻的州、8 个美国政府管理机构、12 个州政府管理机构、39 个县、277 个城市、300 个供水区和污水排放区、170 个当地水供应商及 27 个爱好打猎和捕鱼的印第安自治区。如果任其自由发展，州政府机构可以为产出设定可测量的目标，从而促进鲑鱼产量提升。然而因为独立、分散的机构的战略并不是可持续且全面的战略，这样的努力很可能会失败。

华盛顿州已经有了一个完整的战略流程来确定鲑鱼恢复计划。从这一行动方案出发，即使没有哪个机构在鲑鱼恢复工作中独揽大权，没有任何层面的单一机构拥有鲑鱼恢复的权力或责任，也应该为保护和提高鲑鱼的战略主题建立一个平衡计分卡。将知识渊博并对这项工作感兴趣的高级管理人员集中起来从事一项共同的任务，使鲑鱼恢复任务能够汇集参与者的集体知识，然后创建平衡计分卡，以体现全面和综合的鲑鱼恢复战略（见图 4-13）。更重要的是，这个开放、透明的过程在参与者之间建立了信任和承诺，让他们知道如何在各自机构内工作，以及如何跨越机构协作，共同实现鲑鱼恢复的目标。

目标：将鲑鱼、虹鳟和鳟鱼的数量恢复到合理的水平，改善鱼类赖以生存的栖息地。

客户：保护华盛顿生活质量的一个重要因素……
- 我们将拥有丰富多样的野生鲑鱼种群。
- 我们将满足《濒危物种法》和《水资源保护法》的要求。

流程：我们的栖息地、捕捞、孵化和水电活动有利于野生鲑鱼生存。
- 淡水和河口栖息地健康且可用。
- 河流中有水流来满足鲑鱼需要。
- 水干净且温度适合鲑鱼生存。
- 通过有效的管理行动保护野生鲑鱼。
- 加强对《资源保护法》的遵守。

合作：我们与市民及鲑鱼恢复伙伴合作。
- 邀请市民加入行动。
- 界定鲑鱼恢复计划成员的任务，并加强伙伴关系。

财务和基础设施：我们成功的基石包括……
- 实现具有成本效益的恢复，有效利用政府资源。
- 充分利用现有的科学知识，将监测和调研整合到计划和实施行动中。
- 市民、鲑鱼恢复合作伙伴和政府员工能够及时获得保证计划成功所需的信息、技术援助和资金。

图 4-13 鲑鱼恢复计分卡目标

随后各机构代表回到各自的机构，确定有助于高层级战略主题的业绩指标、目标值、项目和行动方案。各机构的平衡计分卡不仅包括它们直接控制的行动，更重要的是还必须包括它们与其他政府机构、普通公民和其他实体单位建立联系、协同合作的行动。

对于每一项平衡计分卡指标，鲑鱼恢复小组确定了一个执行负责人和跨机构支持工作组，以确保良好的数据采集和报告流程。执行负责人还有权召开会议，讨论为改进指标提供资金的行动方案，并讨论指标绩效方面的进展和问题。

通过这种方式，平衡计分卡便能提供一种机制，使不同分散机构各自可以在共同行动计划上达成一致，并实施所需的管理行动：收集和报告数据、分配资源、召开进度和解决问题的会议，以及根据经验和新知识调整战略。

先建立战略制定的流程，而后可以利用平衡计分卡与公众讨论进展指标。更重要的是，平衡计分卡可以召集来自多个组织单元的个人来描述重要的战略主题（实际上是一个虚拟组织）。平衡计分卡既包括期望的结果（如何衡量战略主题的成功），也包括绩效驱动因素，特别是在团队实现战略主题期望结果所必需的内部业务流程、学习与成长方面的工作。随后各个组织单元定义了自己的战略和平衡计分卡，包括它们各自对战略主题平衡计分卡中目标的贡献。基于主题的平衡计分卡提供了召开会议的机制，来自不同机构的代表可以共同解决问题，而不局限于机构内部。

小 结

当公司集中服务于各业务单元的关键流程，如生产、分销、采购、人力资源管理或风险管理等时，这个公司可以实现显著的规模经济。公司总部做出的整合共享流程的决策会成为企业价值主张的组成部分。此外，当公司鼓励业务单元整合它们原有的、独立的服务或产品，并为目标客户提供完整解决方案时，公司也创造了价值。

公司可以通过在不同的业务单元和地区提供就业机会来增强人力资本、促进员工的职业发展。它也可以促进整个业务和支持单元的知识共享和最佳实践，使新思想能够在公司内迅速传播和吸收，其速度远远快于每个单元自己开发或学习的速度。

最后，当公司形成加强各业务单元之间联系和协调的战略主题时，就会产生协同效应。战略主题体现在公司战略地图和平衡计分卡上，提供了另一种有别于矩阵式组织的可选方案。业务单元管理者建立的战略地图和平衡计分卡中的目标，既有与他们自己本地目标相关的，也有与公司重点工作紧密相关的。实际上，业务单元管理者就像双重身份的公民，既为本地单元服务，也为公司整体服务。

在公共部门，可以开发高层级目标的战略地图和平衡计分卡，如鲑鱼恢复、国家情报、国土安全、毒品禁令，想要实现公共利益就需要协调和整合各方面机构和单位的力量。

注　释

1. R. S. Kaplan and D. P. Norton, *Strategy Maps: Converting Intangible Assets into Tangible Outcomes* (Boston: Harvard Business School Press, 2004), 18–28.
2. For more information on the organization change agenda, see ibid., Chapter 10; and "Measuring the Strategic Readiness of Intangible Assets," *Harvard Business Review* (February 2004).
3. Talk given at North American Summit, Balanced Scorecard Collaborative, October 2003.
4. John Bronson, Speaking at BSCol Conference on Human Resource Alignment, Naples, Florida, February 2002.
5. "Motivate to Make Strategy Everyone's Job," *Balanced Scorecard Report* (November–December 2004).
6. R. S. Kaplan and D. P. Norton, "Measuring the Strategic Readiness of Intangible Assets," *Harvard Business Review* (February 2004).
7. Results of SHRM research (2002).
8. Correspondence with the Balanced Scorecard Collaborative.
9. "How to Mobilize Large, Complex Organizations Using the Balanced Scorecard: An Interview with Craig Naylor of DuPont Engineering Polymers," *Balanced Scorecard Report* (September–October 2000): 11–13.

第 5 章　支持单元的协同

第 3 章和第 4 章展示了公司如何通过协同业务单元和公司战略来创造股东价值，但是组织也可以通过协同支持单元与业务单元战略来创造价值。FMC 公司总裁拉里·布雷迪（Larry Brady）倡导的方法是：

> 我怀疑很多公司在面对"员工如何提供竞争优势？"这类问题时无法马上给出清楚的答案。我们最近开始要求我们的员工向我们解释清楚他们提供的是低成本服务还是差异化服务。如果他们都做不到，我们可能会把这些工作外包。[1]

我们在第 2 章阐述了支持或共享服务单元，如人力资源、财务、采购和法务等部门，它们都起源于 19 世纪的职能型组织。这些单元的员工所具备的专业知识和专长可以有效地运用到整个组织中，完成诸如设计奖惩和晋升系统、操作信息系统、管理国际财务业务以及管理监管和诉讼事务等任务。为了达到效益最大化，公司往往把支持单元集中起来，总的运营费用占销售额的 10%～30%。

数十年来，高管们一直在努力解决这样一个问题：如何监控和评估这些支持单元，以确保它们的收益大于成本。像 Hackett 集团这样的组织叫以提供标杆信息，将公司在支持服务上的花费与类似组织进行比较。但是这种标杆作用不大，除非组织的目标是在其支持单元上尽可能少支出，而不是通过这些单元来创造竞争优势。

支持单元的成果，例如专家建议、经过培训的富有活力的员工、报告、关键流程的设计和运作，或者与业务单元的合作关系，通常是无形的。当组织试图评估一个单元的有效性和效率时,很难对这些成果进行量化。传统的管理控制将支持单元称为"酌量费用中心",以与标准成本中心区别开来。标准成本中心的预算费用可以通过紧密的因果机制与标准产品和服务联系起来。[2]

支持单元通常由专家组成,它们的文化与业务单元有很大的不同。因此,支持单元经常与业务线相隔离,业务单元的高管指责它们是以总部为基础的职能部门,无法满足本地的运营需求。在我们进行的两次调查中,受访者表示,2/3 的人力资源部和信息技术部与业务单元和公司战略没有达成协同。只有纠正这一偏差现象,并将支持单元的重点转变为满足内部客户的需求,股东价值才能大幅增长。

支持单元的流程

支持单元可以按照一套系统化流程,通过协同来创造价值(见图 5-1)。

首先,根据业务单元和公司战略整合自己的战略,确定自己要提供的战略服务。这一流程始于对公司和业务单元战略的清晰认识,正如战略地图和平衡计分卡所展示的那样。每个支持单元应明确如何帮助业务单元和公司实现其战略目标。例如,如图 5-1 所示,人力资源、信息技术和财务部门会确定一套对战略实施有最大影响的战略服务组合。

其次,支持单元要在自己的内部建立协同,这样才能成功执行战略。它们需要制定战略计划,说明自己将如何获得、开发并向运营单元提供战略服务。该计划是开发支持单元的战略地图、平衡计分卡、战略行动方案以及预算的基础。

最后,支持单元通过使用诸如服务水平协议、内部客户反馈、客户评级和内部审计等技术来评估行动方案的绩效,最终完成这一循环。

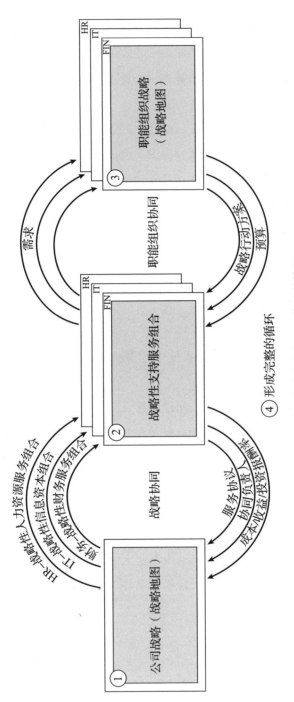

图 5 - 1 支持单元与公司战略的协同

举例来说，美国佳能是一家领先的照相机、复印机和专业光学产品的制造商和分销商，它每年举办一次战略论坛，业务单元和支持单元会在论坛上共同协调来年的战略。业务单元首先向支持单元介绍他们的战略，并解释支持单元应该如何协助它们。支持单元主管回顾他们过去的表现，并提出他们未来的目标、指标和行动方案。业务线和支持单元的主管随后进行积极的对话，最终形成双方同意的支持单元职能计划，包括战略地图、平衡计分卡指标、目标值和批准的行动方案。论坛一般会在做年度财务预算的过程中举行，这就使得支持单元所需资源及其战略行动方案能够纳入预算决策中。

支持单元的战略

本章开头引用了拉里·布雷迪所说的，什么样的战略对支持单元最有意义？原则上，支持单元可以使用与业务单元同样的战略来创造竞争优势，比如低成本、产品领先或完整的客户解决方案。毫无疑问，支持单元的某些活动应尽可能降低成本，包括薪资发放、福利管理和计算机网络维护等日常的运营任务。这些日常活动是公司运作所必需的，但是即使达到了世界级水准，实现了低成本，也并不能为组织提供差异化的竞争优势。

此外，那些试图基于低成本战略提供服务的支持单元很有可能被外包。与外部的外包公司相比，内部单元无法在日常流程上保持成本优势。外包公司具有规模经济的优势，并且可以在世界低成本地区进行生产并提供服务。

在服务领域想保持产品领先战略是不容易的，新的能力会很快被其他人模仿。尽管产品领先仍然是一个潜在的战略选择，但是没有一个我们合作过的组织要求它的服务职能创新表现突出。在实践中，支持单元反而总是选择客户解决方案或客户亲密度战略。它们努力以低成本和高可靠性提供基本服务，同时也会发现新的服务项目，以支持业务单元的差异化需要和战略需要。

客户解决方案或客户亲密度战略要求支持单元与其内部客户建立伙伴关系，这反过来又要求员工具有关系管理、合作协同、以客户为中心的能力，这对于先前集中化、职能型的支持单元来说是全新的要求。从职能型专家转变为可信赖的顾问和业务伙伴，已经成为支持单元新战略的关键能力。

战略服务组合

支持单元通过它们提供的服务组合来支持业务单元和公司战略（见图 5-2）。每个支持单元根据自身特点开发出一套战略项目。一个

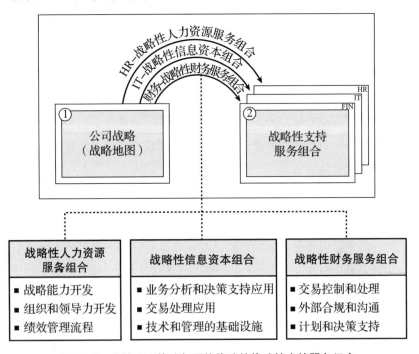

图 5-2　连接公司战略与职能战略的战略性支持服务组合

典型的战略服务组合包含 10～20 个行动方案。下面我们举例说明开发战略服务组合的过程，包括三个重要的支持单元：人力资源、信息技术和财务。

战略性人力资源服务组合

我们与几十个人力资源组织合作的经验表明，战略性人力资源服务组合通常有三个组成部分：

（1）战略能力开发：这些项目发现和培养对组织成功很重要的个人能力。这些项目包括：识别战略职位族、开发战略职位的能力模型、分析职位要求和现有能力之间的差距，并为员工设计缩小差距的培训项目。

（2）组织和领导力开发：这些项目旨在培养领导者、促进团队合作、培养组织能力、提升组织的价值和环境。可以纳入这一主题的行动方案包括：开发领导力能力模型，实施领导力开发项目、继任计划、关键岗位的轮换和发展计划，开发组织文化和价值观、分享最佳实践，以及向所有内部员工传达战略。

（3）绩效管理流程：这些项目定义、激励、评价和奖励个人和团队的绩效。具体来说，这些项目包括设定个人和团队的绩效目标、对个人和团队的绩效进行评估、将员工激励和奖励机制与战略目标协同以促进变革管理。

我们运用来自 Handleman 公司的案例来说明公司如何开发战略性人力资源服务组合。

案例研究：Handleman 公司

Handleman 公司是一家音乐产品的管理商和分销商，销售额超过 13 亿美元且拥有 2 300 名员工，为沃尔玛和百思买（Best Buy）等领先零售商提供产品和服务。音乐产业面临着一系列的商业挑战，包括技术变革、盗版、客户集中度和市场衰退。在董事长兼 CEO 史蒂夫·斯特罗姆（Steve Strome）的领导下，Handleman 公司以平衡计分卡为框架，制定并执行公司战略。

图 5-3 的上半部分是 Handleman 公司的公司战略地图，其中不包括学习与成长维度。其中一个关键流程是要运用客户需求的专业知识，从而成为艺人、唱片公司（提供音乐产品）和零售商（向客户销售音乐）之间不可或缺的纽带。卓越运作的关系管理和供应链管理等关键内部业务流程，可以促进 Handleman 公司提供比零售商更高质量的服务。它还将利用战略交易发展有增长潜力的业务，使得业务多样化，充分利用自己的核心能力和业务专长。Handleman 公司将公司战略地图分解到三个地区事业部——美国、加拿大和英国，以及三个共享服务单元——人力资源、信息技术和财务。图 5-3 的下半部分列出了 Handleman 公司的人力资源部为了支持公司战略开发的战略行动方案。

从图 5-3 中的方案 A 开始，人力资源部主管与相应的业务单元主管一起确定一个或两个将对四大公司战略主题产生最大影响的职位族。这一流程产生了如图 5-4 中下半部分所示的 9 个战略职位族。总的来说，这 9 个战略职位族的员工总数占公司员工总数 2 300 人的不到 10%，这也有利于人力资源部将精力集中于关键战略人员的培养。

对于图 5-4 所示的每一个战略职位族，人力资源主管与关键员工和经理面谈，以确定员工在其职位上取得成功所必需的核心能力（图 5-3 中下半部分的行动方案 B）。图 5-4 下半部分总结了每个战略职位族的能力模型。例如，客户经理必须具有良好的行业知识，必须擅长关系管理、沟通和谈判。产品经理必须掌握技术能力，如定价、产品采购和库存管理，以及人际竞争能力，如谈判和供应商关系维护能力。这些能力模型再加上目前每个战略职位族的员工能力评估报告，形成一个确定个人和整个组织之间差距的框架。

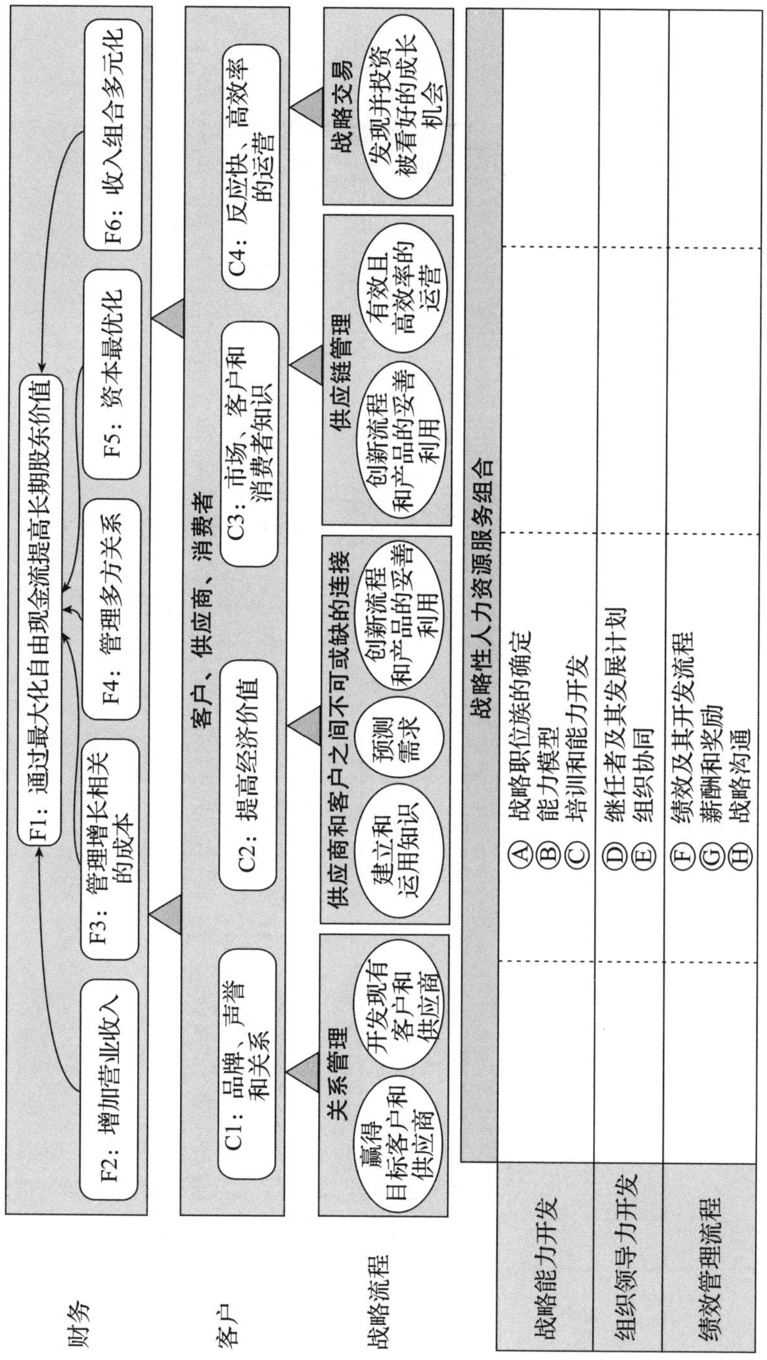

图 5 - 3 Handleman公司的战略性人力资源服务组合

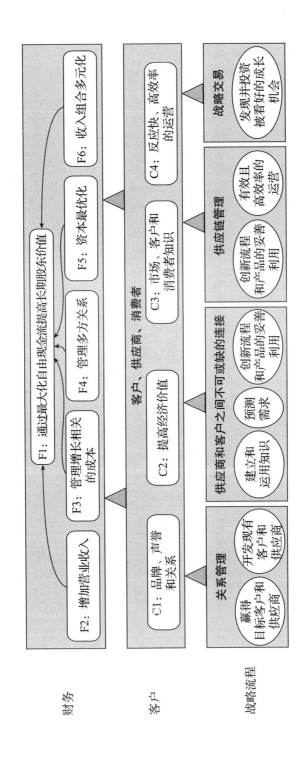

图 5 - 4　Handleman公司的战略职位族和能力模型

Ⓐ 战略职位族

客户经理	销售人员	产品经理	内部顾问	分析师	经理	供应链经理	战略规划师	项目经理

Ⓑ 能力模型

客户经理	销售人员	产品经理	内部顾问	分析师	经理	供应链经理	战略规划师	项目经理
能够建立和维持内部及外部关系	深入了解市场上的消费者趋势	具备行业知识并保持和激情热情	有自信的态度	能够运用、识别和改进需要的技术	注重成果并能快速解决问题	了解从艺术家到消费者的所有产品线步骤	具有大局观，能够发展机会	具有大局观，重视组织的最大利益
解决客户问题时展现出自信的态度	能够用有创造力的想法推动销售	能够平衡定价与库存以达到最佳成果	具有大局观并能提出全面对策	能够理解供应定价模型	能够快速适应改变	能够识别供应链不断改善的机会	能够运用财务分析评估机会的可行性	能够以清晰的方式收集并共享信息
能够运用专业沟通技巧	能够运用专业沟通技巧	能够分析定价模型并模拟产品采购情境	能够建立和维持内部及外部关系	注重细节和质量	能够分析产品线变化的影响	具备分析性思考能力，提出创新的解决方案	敢于创新	能够开发并贯彻工作项目计划
具有行业知识	能够预估销售数字	有强大的谈判能力	有强大影响力，可以推动方案并解决问题	具备行业和客户知识	能够对预期的成果提供清晰的方向	具有问题解决能力，包括前瞻性问题识别和问题解决能力	能够说服管理层	具有问题解决能力，包括前瞻性问题识别和问题解决能力
有强大的谈判能力	有自信的态度	能够建立和维持良好的供应商关系		具备市场消费趋势洞察能力	能够激励多元文化人员成果导向	了解内部及外部最佳实践	具备强大的谈判能力	能够保证团队职责分明，按时交付高质量产品
							能够建立和维持内外部关系	

对于图 5-3 中的行动方案 C，由培训部门利用能力模型来制定统一的培训课程，以弥补战略职位族中的技能差距。它确定了 6 个工作中常见的、全球性的核心能力（见图 5-5）：商业敏锐度、计划和组织、沟通技巧、团队合作、公司价值观和领导力。它还确定了 13 项特定针对具体岗位的工作能力：最佳实践；客户、消费者和行业知识；财务分析；创新；商业化态度；谈判技巧；精通流程；项目管理；质量导向；关系管理；注重结果；战略思维；技术知识。

培训部门随后启动了 9 个系列化的管理开发项目，以帮助员工获得并增强其职位所需的专业能力（见图 5-5）。通过这种方式，培训项目与组织战略要求直接挂钩，培训预算和资源也有效运用于投资回报最大的领域。

人力资源部和绩效管理中心（平衡计分卡团队）还领导了图 5-3 底部所示的其余行动方案：

（1）行动方案 D——继任者及其发展计划：发现并培养高成长人才，为每个关键岗位制定继任计划。

（2）行动方案 E——组织协同：促进组织所有层次平衡计分卡的设计和分解。

（3）行动方案 F——绩效及其开发流程：帮助主管和员工制定个人目标、计分卡、发展计划和与战略相关的绩效考核。

（4）行动方案 G——薪酬和奖励：开发新的项目来奖励表现最好的员工，并激励员工实现财务和非财务战略目标。

（5）行动方案 H——战略沟通：通过广泛的渠道向组织传达战略，比如场外论坛、时事通讯、管理会议和培训项目。

Handleman 公司在使用平衡计分卡三年后，被 *Crain's* 杂志评为"2003 年密歇根州东南部最佳工作公司"，并连续四次入选"底特律 101 家最佳和最具前途公司"。Handleman 公司也连续三年被评为美国零售批发商协会的年度批发商。该奖项肯定了 Handleman 公司的杰出成就及其在音乐产业供应链中的重要角色。

课程	全球性能力							具体岗位能力											
	商业敏锐度	计划和组织	沟通技巧	团队合作	公司价值观	领导力	最佳实践	客户、消费者和行业知识	财务分析	创新	商业化态度	谈判技巧	精通流程	项目管理	质量导向	关系管理	注重结果	战略思维	技术知识
管理开发项目																			
成功必备的说服力和影响力			×								×	×							
非财务主管的财务知识	×	×							×					×		×		×	
有效的项目管理		×	×	×			×							×					×
培训及指导技巧			×			×	×									×			
领导力伦理道德					×	×	×												
商业写作能力			×												×				
领导多元化，尊重差异化				×	×	×		×								×			
领导变革				×	×	×						×				×		×	
冲突管理		×	×	×								×					×		

图 5 - 5　Handleman 公司培训项目与战略所需核心能力的协同

131

战略性信息资本组合

信息技术的不断发展使得资源与公司和业务单元战略有效协同，为每个组织提供了实现绩效突破和竞争优势的机会。[3] 那些不在 IT 方面处于领导地位的组织会面临被竞争对手超越的风险。即使不是领导地位，组织至少也要在开发和运用新的 IT 方面成为一个快速的追随者。

每个组织必须确定并实施执行其战略所需的信息技术行动方案。信息资本组合与人力资源服务组合类似，通常有 3 个组成部分：

（1）业务分析和决策支持应用：促进信息或知识的分析、诠释和共享的应用。

（2）交易处理应用：将组织的基本重复性工作自动化的系统。

（3）技术和管理的基础设施：共享技术和管理专业知识，帮助组织有效交付和应用信息资本。

图 5-6 展示了 Sport-Man 公司（SMI）的战略组合方法。图 5-6 的上半部分显示了 SMI 的战略地图，下半部分显示了公司的战略应用组合。由于零售业是交易密集型行业，通过有效的交易系统自动化可以实现显著的运营效益。

沃尔玛成为全球最大零售商的部分原因在于，它重新定义并重新构建了将客户购买点与供应商供货联系起来的供应链。SMI 已经确定了 3 个战略性应用程序：应用 B1 是一个商店管理系统，自动处理销售点信息；应用 B2 是一个库存控制系统，确保 SMI 核心商品有库存；应用 B3 是一个配送系统，可以从区域配送中心快速补充库存。

由于这些交易会产生大量数据，零售组织可以有效利用业务分析和决策支持应用，了解消费者行为并快速地做出调整。SMI 已经确定了 8 个这样的应用程序，来支持其总体战略下的每个主题。例如，有两

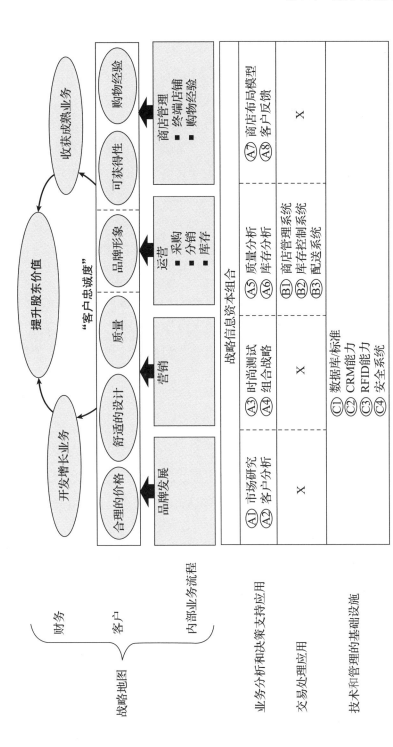

图 5 - 6　SMI的战略性信息资本组合方法

个模拟和跟踪客户行为的应用支持"品牌发展"主题。市场研究应用A1分析各种细分市场和价值主张的选择,而客户分析应用A2研究客户的盈利能力、交叉购买情况和年度购买周期。

开发这些交易和分析应用的能力要以可靠的基础设施为前提。一般来说,超过一半的IT预算投资在这样的基础设施上。[4]SMI确定了4个基础设施应用:应用C1,一个支持业务分析和决策支持项目的数据库;应用C2,一个客户关系管理(customer relationship management,CRM)平台,用来支持门店管理;应用C3,投资于供应链管理的射频识别(radio-frequency identification,RFID)微型芯片技术;应用C4,数据中心安全升级系统。

与人力资源组合一样,信息技术组合通常包括10~20个支持公司战略的特定应用,外加行动方案来支持每个业务单元的战略。这些行动方案必须转换为一套计划,明确如何开发应用以及如何管理开发。

战略性财务服务组合

财务部门对公司有具体的运营职责和法定职责。这些职责包括财务管理,如应收账款、应付账款和工资发放;提供法定报告,如投资者报告、管理与内外部审计师的关系、董事会报告;提供管理报告,如月度财务报告和预算差异分析报告。

这些责任是所有组织必须履行的。但是,如果财务部门没有确定价值创造战略,这些运营和法定的工作将占主导地位。财务部门在继续履行其运营和法定职责的同时,可以通过与业务部门管理人员建立战略伙伴关系,为公司创造价值。比如,它们可以帮助一线业务经理了解客户和产品线的分析报告,并与业务经理一起制定行动计划,使不盈利的产品和客户关系产生盈利。公司战略服务单元将把跨业务的行动方案和项目纳入定期预算和规划流程。

如图 5-2 所示，我们确定了战略性财务服务组合的三个组成部分：

（1）交易控制和处理：改进交易系统的结构和有效性，如营运资金管理和风险分析，有利于业务单元提升资产生产力、加强风险管理。

（2）外部合规和沟通：确保符合监管要求和外部沟通，确保外部报告和披露充分反映了公司战略。

（3）计划和决策支持：提供分析、咨询和系统支持，改进整个组织的战略管理。

图 5-7 展示了零售公司（Retail，Inc.）的财务服务组合开发，该公司是一个化名的组织，在结构上与之前的 Handleman 公司类似。

图 5-7 的上半部分显示了部分战略地图，明确定义了财务目标、客户目标和四个内部业务流程主题。财务部门在与业务主管的研讨会上确定了其服务如何为战略创造价值。这些目标如战略地图阴影部分所示。战略性财务服务组合在图的下部分展示。计划和决策支持部分包含三个行动方案：行动方案 A——处理历史数据以提高预测准确性的统计模型；行动方案 B——计算供应商和产品线利润率的作业成本分析；行动方案 C——支持公司合并和收购流程的财务计划软件。其余的行动方案更像是基础工作，而不与特定的战略地图流程相关联。

另外有支持交易控制和处理的四大战略行动方案：行动方案 D——改善控制和流程；行动方案 E——提高交易效率；行动方案 F——税务管理；行动方案 G——现金流量优化。外部合规和沟通有两部分：行动方案 H——遵守《萨班斯法案》；行动方案 I——增加公众对公司信息的了解，旨在影响财务目标 F6，即"管理多方关系"。这 9 个行动方案构成了由财务部门管理和执行的战略服务组合。

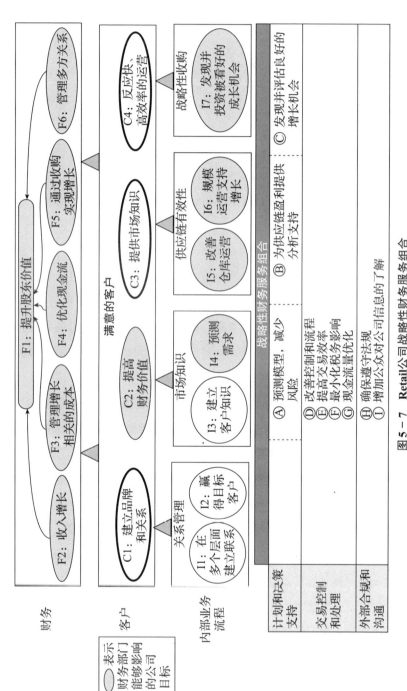

图 5 - 7 Retail公司战略性财务服务组合

支持单元协同

　　一旦支持单元的战略服务确定以后，支持单元就必须开发其战略以提供所承诺的服务。这一战略再转化成战略地图和平衡计分卡，将战略传达给所有支持单元的员工，并协助监控支持单元在传达其战略目标方面的表现。

　　支持单元和业务单元一样，拥有使命、客户、服务和员工。一些支持单元，如金融机构的 IT 部门，它们的预算足以使它们跻身《财富》杂志所列的 1 000 家顶级公司之中。但支持单元与业务单元在几个方面有所不同。一方面，支持单元不是为了盈利而存在的，它们的目的是帮助组织中的业务单元创造收入和盈利。另一方面，支持单元的客户几乎都是内部的，而不是外部的，他们受益于支持单元提供的服务。

　　在构建支持单元战略地图和平衡计分卡时，要将支持单元看作业务中的业务（business within business）。最高层级的支持单元应该具有与公司相同的总体目标，比如股东价值指标（或非营利组织里类似的对应指标）。如果组织中的所有员工，无论是一线业务单元员工还是支持单元员工，都自认为是组织整体的一员，那么他们都必须关注最终的成功指标。

　　支持单元战略地图的财务维度分为两个组成部分：效率和效果。支持单元效率解决传统的问题，如服务成本和预算控制；支持单元效果则是支持单元对公司战略的影响。效果目标有时被称为关联计分卡（linkage scorecard），应该把公司平衡计分卡中支持单元能够直接影响的具体目标和指标，也在本部门的平衡计分卡中定义。

　　例如，人力资源部门通过领导力开发项目，可以提高公司通过收购成长的能力，因此通过收购实现成功增长这一目标就会出现在人力资源部门的关联计分卡上。尽管人力资源部门并没有直接控制这个目标，因为它的成功可能还需要其他部门的努力，但可以基于关联计分卡衡量（或奖励）人力资源部门绩效。这确保了支持单元始终牢记并追求其存在的根本原因，即协助落实公司和业务单元的战略。

我们注意到一些支持单元在构建战略地图时，会把自己当成非营利组织，把客户维度放在最上层，而财务维度则作为辅助维度，关注效率、生产力和资源管理。尽管我们理解这种做法，但我们观察到的大多数支持单元都希望被认为是对公司内部的价值创造做出了贡献的，因此会在其战略地图和平衡计分卡的最上层特意包含一些公司层级财务目标。它们想要推动公司创造价值，而不仅仅是被动的内部支持单元。

支持单元通常有两类客户：（1）业务单元经理，直接向他们提供服务；（2）员工或外部人员，他们是服务的受益者和接受者。典型的客户亲密度或客户解决方案战略要求其与客户建立业务伙伴关系。每个支持单元都应该理解客户的战略，并使用其职能专长来设计和提供有助于客户成功的解决方案。

支持单元平衡计分卡的内部业务流程维度有三个主题。第一个主题侧重于本职能的卓越运营，这将推动财务维度的效率目标。这个主题的关键指标包括每笔交易的成本、质量和反应时间。第二个主题关注支持单元如何管理与内部客户的关系。服务公司，如 IBM、埃森哲和 EDS，花费大量时间来确定有效关系管理所需的流程和技能，这是其客户发展战略的核心。内部支持单元也是如此，如服务型单元，也应该在确定客户管理流程方面做出类似的投资。诸如指定的关系经理、综合规划、服务协议和客户评论等技术都被证明是有效的方法。第三个主题关注对业务的战略支持。这一主题推动了战略的有效性，为客户提供了强化战略的新能力。这一主题的结构因不同职能而有所不同，整个结构反映了前面讨论的战略职能服务组合中的类别和特定需求。

学习与成长维度反映了支持单元员工在培训、技术和支持性工作环境方面的特定需求。

总之，支持单元战略必须与公司和业务单元战略协同一致。战略服务组合明确了支持单元如何将其目标与业务单元的目标协同起来。这种关系应该清楚地反映在支持单元平衡计分卡的客户维度。定期的客户回顾应该衡量战略服务组合中行动方案所取得的进展。支持单元平衡计分卡的内部业务流程维度明确了向业务单元提供战略支持的方式。

现在我们将展示如何将这种通用架构应用于人力资源、信息技术和财务职能的战略地图和平衡计分卡的开发。

人力资源部门的协同

图 5 - 8 展示了一个人力资源部门的战略地图模板；图 5 - 9 是对应的人力资源平衡计分卡模板。[5] 这两个模板经过证实都是有效的模板，人力资源部门可以根据实际情况在模板的基础上进行个性化定制。

人力资源平衡计分卡的财务维度有两方面：人力资源效率和人力资源效果。人力资源效率通常解决与服务成本相关的运营问题，经常使用与外部规范相关的标杆。例如，为了强调生产力，可以与外部供应商比较每位员工的效益管理成本。人力资源效果可以通过关联计分卡来衡量，可以沿用公司平衡计分卡中人力资源部门可以影响但不能直接控制的一系列指标。举例来说，如果公司战略是通过收购实现增长，那么人力资源关联计分卡可能会衡量关键员工留任率、通过交叉销售创造的销售额或合并后实现的效益。

人力资源部门有两类客户：与人力资源合作提供服务的业务单元和直接接受一整套人力资源服务的员工。业务单元希望人力资源部门从专业的合作伙伴角度提供知识支持。一些公司为了反映这种专业的伙伴关系，将客户（customer）维度改为委托人（client）维度。

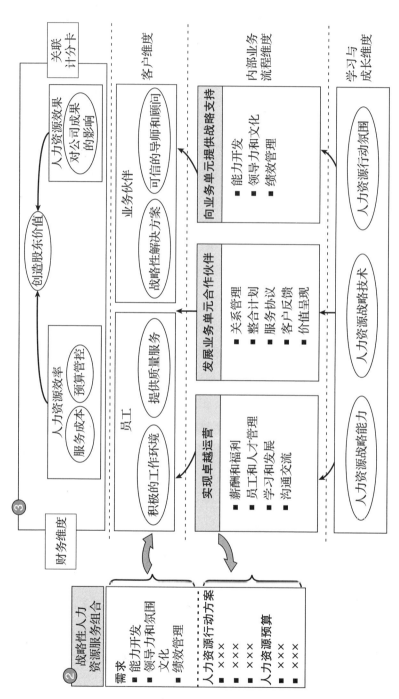

图 5 - 8 人力资源部门战略地图模板

	战略目标	战略指标	目标值	战略行动方案	预算
股东价值	M1 创造股东价值 M2 M3 } 受人力资源影响的 M4	股价翻倍 受人力资源影响的 公司平衡计分卡目标	具有竞争力的标准		
财务	F1 提高人力资源效率	预算成本与实际成本 人力资源成本/员工	100% 达到标准的90%		
客户	C1 创造积极的工作氛围 C2 建立战略合作伙伴关系 C3 确保人力资本准备度	员工满意度调查 服务协议反馈 人力资本准备度	80% 85% 75%	员工调查 客户回顾项目方案 人力资本准备度报告	$CCC $BBB $AAA
内部流程	I1 实现人力资源卓越运营	每笔交易的成本 周期 失误率/投诉率	降低5% 21天 降低50%	作业成本法 流程再造 人力资源流程全面质量管理	$NNN $OOO $PPP
内部流程	I2 发展业务单元合作伙伴	已有的服务协议 已有人力资源战略计划 花在客户咨询上的时间	90% 90% 10小时/周	服务协议项目 人力资源战略计划流程 关系管理项目	$KKK $LLL $MMM
内部流程	I3 向业务单元提供战略支持 　（a）培养战略性员工能力	人力资本准备度	100%	战略职位族界定 能力模型 培训和发展	$DDD $EEE $FFF
内部流程	（b）开发领导力和支持性文化	领导力协同 文化协同 员工协同	100% 100% 100%	领导力开发 任务、愿景、价值 战略性沟通 绩效管理流程	$GGG $HHH $III $JJJ
内部流程	（c）创建高绩效组织				
学习与成长	L1 提供战略人力资源信息 L2 开发战略人力资源能力 L3 填补人力资源领导缺口 L4 增加最佳实践的分享 L5 确保战略协同 L6 创造共同愿景和文化	人力资源应用系统准备度 人力资源能力准备度 关键职务梳理表 最佳实践应用（数量） 与平衡计分卡关联的个人目标 战略认知度	100%（对比计划） 100% 80% 50% 80% 80%	人力资源系统计划 人力资源能力计划 人力资源领导力开发项目 知识管理项目 平衡计分卡分解 战略性教育和沟通交流	$QQQ $RRR $SSS $TTT $UUU $VVV
				合计	$XYZ

图 5 - 9　人力资源部门平衡计分卡模板

人力资源部门负责提供其战略服务组合中与业务部门协商确定的解决方案。与业务单元合作的平衡计分卡指标包括：针对共同发展计划中相关交付成果的反馈（可交付成果往往在支持单元与业务单元之间的服务协议中有所阐述），以及业务单元经理对人力资源员工专业能力和服务的评估。人力资源部门与其他客户或员工的关系可以通过调查员工对人力资源部门所提供项目和服务的满意度来衡量。

内部业务流程维度通常围绕三个主题构建。主题一是实现人力资源卓越运营。它关注公司层级人力资源项目的执行效率，会影响人力资源部门的财务目标，即在提供高质量服务的同时控制预算。这通常意味着衡量每笔交易的成本以及人力资源服务的质量和及时性，如薪酬和福利计划、招聘、培训和年度绩效考核。主题二是发展业务单元合作伙伴。这在实践中经常被忽视，它涉及业务单元关系管理的正式流程。人力资源部门应该采用与业务单元对其外部客户相同的正式客户管理流程（计划、客户管理、反馈和回顾）。该主题的平衡计分卡指标可能包括关系状况衡量，如业务单元参与人力资源战略支持计划的百分比，以及客户发展指标，如花在客户咨询上的时间。主题三是向业务单元提供战略支持，即将人力资源部门与其战略服务组合联系起来。目标通常包括三个主要领域：培养战略性员工能力；开发领导力和支持性文化；宣传绩效管理观念，创建高绩效组织。为了满足交付战略服务组合的特定需求，人力资源部门设计了特定的程序和行动方案，以满足业务战略需求（包括行动方案的预算），也会订立服务协议，确定具体的时间表、交付成果和人员安排。

人力资源战略地图的学习与成长维度纠正了许多人力资源组织中的典型问题——鞋匠的孩子光着脚走路。人力资源专业人员和其他所有员工一样，也对培训、信息系统、协同和绩效管理有特定的需求。特别是当人力资源部门将其价值主张转向为业务单元提供定制的咨询服务时，人力资源员工必须掌握全新的技能。人力资源员工的内部项目应遵循与业务单元相同的标准。而人力资源内部员工也应被视为人力资源部门的客户，这些服务包括战略计划、关系经理以及反馈流程。

人力资源平衡计分卡（见图 5 - 9）的第四列是支持人力资源部门战略目标、指标和目标值的战略行动方案。这些行动方案是落实战略的具体方法和措施。这些行动方案必须列入预算，才能达到预期的经济效果。尽管图 5 - 9 所示的大多数行动方案是支持人力资源部门的内部管理措施，但那些与内部业务流程相关的行动方案是对业务单元的战略支持。人力资源部门就是通过这一流程和相关的行动方案为客户提供交付成果的。业务单元必须批准这些行动方案的预算，作为人力资源年度计划的一部分。

案例研究：英格索兰集团的人力资源

我们在第 3 章介绍了英格索兰集团（IR）的公司战略和战略地图。IR 在公司层面的战略是，从一个众多产品事业部独立运营、高度多元化的公司变成一个解决方案统一整合的公司。它们以一个团队的形式出现在市场上，整合多个业务单元的产品来满足客户的独特需求。这一转变对组织和文化变革产生了深远的影响。其战略主题"以双重身份角色发挥公司力量"说明该公司不仅需要新能力、新价值观、知识共享，还需要员工拓宽视野，不能只局限于自己的产品，而要将 IR 作为整体考虑。

IR 总裁要求人力资源部门协助贯彻双重身份主题。负责人力资源和全球服务的高级副总裁唐·赖斯（Don Rice）负责领导这项工作，并首先确定了战略地图（见图 5 - 10）。前三个流程主题是"培养领导者""推动组织绩效""建立战略性员工能力"，充分体现了公司战略。第四个流程主题"实现卓越的人力资源流程"关注的是人力资源服务的质量和效率，如提供薪酬和福利。

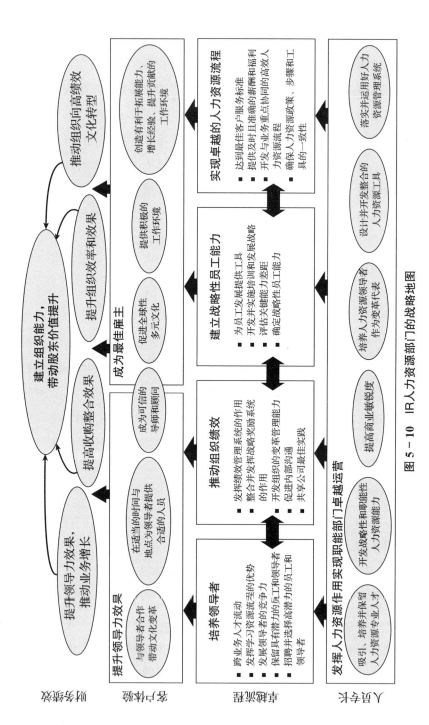

图 5 - 10 IR人力资源部门的战略地图

总的来说，这四个流程主题显示了人力资源对其两种客户的价值主张：对业务单元合作伙伴来说可以改善领导能力效果，对 IR 的员工来说是成为最佳雇主。人力资源战略对财务结果的影响在财务维度反映为：

- 出色的领导力所带来的业务增长；
- 以团队合作文化带来的收购效果；
- 通过有效管理人力资源流程带来的效率提升。

IR 的总裁在对 IR 的人力资源部门提出解决方法时表达了自己的看法："我从来没有见过任何其他方法，能够如此清晰地表达支持单元为公司业务创造的价值。我们应该将它运用到人力资源专业人员的招聘当中，那些不愿意使用这一办法的人就无法加入我们的公司。"[6]

信息技术部门的协同

根据我们和几十个信息技术组织合作的经验，我们准备了一个通用的 IT 部门战略模板，如图 5 - 11 所示。[7]

这个战略地图展示了 IT 部门必须维持的平衡：一方面提供基本且必要的服务，另一方面培养与业务单元合作的能力，为它们提供定制化的服务、解决方案和技术，帮助它们提升战略。这一战略定位改变了 IT 投资问题的焦点，从在信息技术上花多少钱转变为在信息技术上投资多少钱，提高了组织的战略性。

财务维度的目标是降低提供基本 IT 服务的单位成本，同时通过有效部署 IT 产品和服务增加公司成果。IT 部门的战略通过 IT 服务战略组合来与公司战略保持协同，与业务部门之间进行协商，而这些服务组合都是从公司战略衍生而来的。

交付基础设施和应用程序成功与否，从客户维度来看，可以从两个方面衡量：（1）基本竞争能力。以具有竞争力的成本提供可靠的、高质

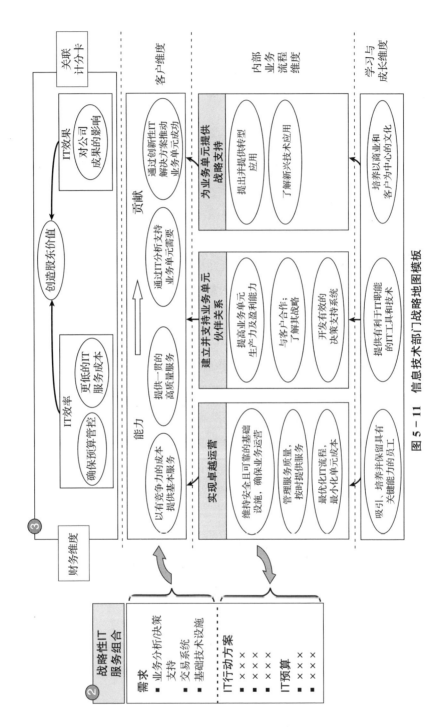

图 5 - 11　信息技术部门战略地图模板

量的 IT 服务。（2）增值贡献水平。IT 部门帮助业务部门提高生产力和盈利能力，是业务部门差异化战略取得成功的关键因素。

内部业务流程维度由三个战略主题组成：

（1）实现卓越运营。以合理的成本及时获取准确的信息和可靠的计算资源。IT 部门提供了一种具有成本效益的核心技术基础设施组合，可以为员工提供计算服务所需要的共享技术和管理知识，以及基本的技术应用，包括公司资源计划（ERP）和其他能够实现公司基本重复性交易自动化的交易处理系统。

（2）建立并支持业务单元伙伴关系。IT 部门成为运营经理信任的顾问，指导他们如何利用信息技术提高业务的盈利能力和外部客户满意度。该技术包括分析性应用：系统和网络，如客户关系管理和作业成本法（ABC），可以加强信息和知识的分析、诠释和共享。

（3）为业务单元提供战略支持。IT 部门提供基于创新和新兴技术的解决方案，帮助业务部门定位其竞争优势。IT 部门还会向业务部门推荐转型应用程序、系统和网络，改变了公司以前的主导业务模型。

第一个主题展示了 IT 部门能够以具有竞争力的成本向业务部门提供基本 IT 技术，并提供品质稳定的可靠服务。第二个主题使 IT 部门能够根据每个业务部门的需要开发定制的解决方案。在这种方式下，IT 部门成为业务部门的战略伙伴，协助业务部门建立和执行其战略。第三个主题是领先性解决方案，IT 部门提供利于业务部门差异化战略的领先性产品，向客户和供应商提供创新的信息解决方案。

信息技术支持部门可能只会选择第一个主题的行动方案：以低成本和高可靠性及高可用性提供基本的 IT 基础设施和应用系统。然而，母公司可能会决定将这些基本的 IT 产品和服务外包给外部供应商，从而有效地获得这些产品和服务，因为这些外部供应商在获取和运营 IT 资源方面享有巨大的规模效应和全球效应。内部 IT 部门可能希望通过向业务部门提供战略伙伴关系和领先性解决方案，将自己与外部供应商区分开来。这需要在 IT 资源上投入更多的资金，同时要能通过高增值的产品、服务和解决方案提供更多的回报。

我们的同事罗伯特·S. 戈尔德（Robert S. Gold）认为，典型的 IT 部门会一步步满足业务部门的不同层次的需求。[8] 如第一个主题所列，IT 组织首先要证明其具备持续、可靠、低成本地提供基本信息功能和服务的能力。做好基本服务是必要的，但只做到这一点通常不足以满足业务部门对 IT 的需求。它们虽然并没有什么问题，但是本身并不能为业务部门实现价值创造。

一旦 IT 部门的基本能力建立了，就可以往第二和第三主题所要求的能力转变。首先，它与业务部门发展协同关系，通过提供定制化的应用程序和服务来提高业务部门的生产力和盈利能力。IT 支持的最高层次是，IT 部门定制的新兴技术能力能够为业务部门创造出独有的竞争优势。[9]

从学习与成长维度来看，员工目标列出了 IT 部门的员工为了实现卓越运营、业务合作和行业领先解决方案这三个战略所必需的关键技能。当然，IT 部门需要自身的技术支持来管理并交付其产品。它必须改变原先的文化，使技术专家不再拘泥于技术的圈子；同时培养一种新的文化，即以客户为中心。IT 专业人员要了解业务部门的运营和战略，提供适当的产品组合、服务以及解决方案，从而帮助客户、内部业务单元取得成功。

下面我们以洛克希德·马丁公司（Lockheed Martin）的大型信息系统团队为例，阐述 IT 部门战略地图和平衡计分卡的开发过程。

案例研究：洛克希德·马丁公司的信息系统

1995 年，洛克希德·马丁公司和马丁·玛丽埃塔公司（Martin Marietta）合并后，洛克希德·马丁公司成为美国最大的国防承包商。

2004 年，该公司销售额达到 355 亿美元，储蓄达到 769 亿美元。其最大的客户是美国国防部，占销售总收入的 62%，其他客户包括非国防政府机构（包括国土安全局），占销售收入的 16%；国际销售额占 18%；国内商业客户占 4%。

洛克希德·马丁公司的企业信息系统（enterprise information systems，EIS）部门有 4 000 多名员工，分布在佛罗里达州奥兰多的公司总部和美国各地几十个分散的单元中，包括华盛顿、沃斯堡、森尼维尔、丹佛等地。EIS 运营副总裁埃德·米汉（Ed Meehan）说："我们努力让战略成为每个人的工作职责之一。"

业务单元的领导者一直存在一些担忧，尤其是 1995 年合并以后，因为公司的 IT 部门是在自己的圈子内独立运营的。由于 IT 能力是公司"成为网络中心能力的领导者"这一战略的核心，上述问题就更加迫切了。洛克希德·马丁公司期望其技术成为军方在信息时代组织和战斗的核心，连接各个系统和装置，使得原来独立运作的系统在连接之后为军事带来指数型增长。

为了迎接新的挑战并成为为公司增值的 IT 供应者，EIS 采取了一个完整的客户解决方案战略，成为内部 IT 服务首选的供应商。它也希望服务于外部客户，帮助洛克希德·马丁公司的业务单元赢得来自政府的 IT 相关的大型合同，如美国国土安全部的合同。

EIS 推出了平衡计分卡项目，使各个运营部门与整个 EIS 战略和公司总战略相互协同。平衡计分卡将帮助 EIS 成为可信赖的创新者，提供以网络为中心的先进技术。图 5-12 显示了 EIS 战略地图。

该战略地图左边由下往上的文字（我们拥有多元的、被赋予职权的工作团队……）犹如地图的《读者文摘》版本，用 EIS 一位领导者的话来形容，"当遇到对战略地图概念不熟悉的受众时，可以利用文字快速展现结构和内容"。

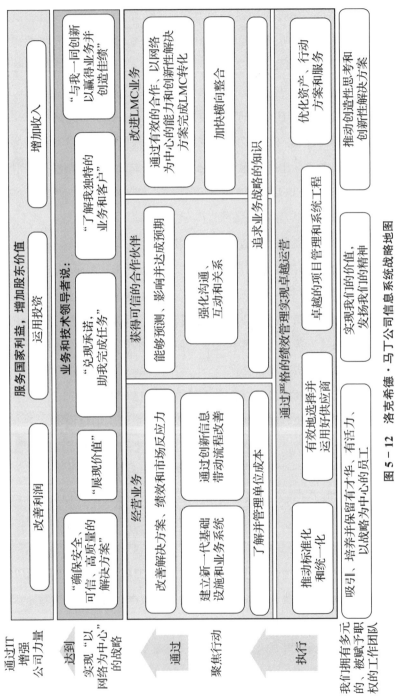

图 5 - 12 洛克希德·马丁公司信息系统战略地图

　　EIS领导层将洛克希德·马丁公司内部的业务和技术领导者确定为他们的关键客户，并从客户的角度来描述五个客户目标。图5-12从左到右来看，这些目标从基本要求（"确保安全、可信、高质量的解决方案""展现价值""兑现承诺"）开始，到实现公司潜在价值的目标（"了解我独特的业务和客户""创新以赢得业务并创造佳绩"）结束。EIS领导层明白，EIS只有先成功达到基本目标建立信誉，内部客户才会将其视为对赢得业务有贡献的合作伙伴，而不仅仅是服务提供者。

　　如图5-12所示，EIS内部业务流程维度的四个主题以"充满活力、以战略为中心的员工团队"为目标建立，从左到右反映了从能力到贡献的转变。"严格的绩效"这一主题涵盖的目标能够帮助部门持续改进整个EIS的绩效；同时可以努力推动标准化和统一化，管理外部供应商，严格实施项目管理和系统工程，优化服务组合等。这些工作是"经营业务""获得可信的合作伙伴""推进业务"主题的基础。

　　为了经营业务，EIS认识到它的客户主要关心质量和成本。通过对单位成本的认识和管理，EIS试图将成本从需求中分离出来，以便更好地管理它们对IT总成本的影响。开发与改善新一代基础设施、改进流程、改良解决方案、强调绩效和反应能力是关键目标，但满足这些目标仅仅是开始。

　　通过积极追求业务战略知识，EIS领导层希望加强与合作伙伴的关系，预测并实现他们的期望。有了这种改进的关系，EIS有望增强洛克希德·马丁公司内部的横向整合能力，更好地实现公司以网络为中心的能力。米汉说："我们正试图通过信息技术增强公司的力量。我们要让人们获取信息变得更加顺畅。"

　　EIS领导层将价值维度置于战略地图的顶部，加强了EIS对洛克希德·马丁公司的财务贡献：通过管理成本提高边际利润，更好地利用现有IT能力的投资，增加收入。

　　到2005年年中，EIS已将这一战略地图分解到10个下属职能单元，并已看到员工对 EIS 战略的高度认同和参与。

财务部门的协同

财务部门，我们介绍的第三个支持单元，可能是所有支持单元中最有权力的。[10] 它衡量和控制了组织的财务资源，解释并执行众多会计标准，遵守外部监管机构的合规要求。它还要负责与公司各方面进行沟通，包括股东、分析师、董事会、税务机构、监管机构和债权人。

财务职能在过去十年中发生了巨大变化。公司财报丑闻引发了《萨班斯法案》的出台，该法案要求加大对组织报告、内部流程和内部控制的审查力度。互联网等电子技术改变了支付方式、账单、库存和供应链流程。在新的知识经济中，80% 甚至更多的公司价值来自无形资产，这就需要超越传统预算和财务报告的衡量和管理系统，同时运用新的衡量方法，如经济增加值、滚动预测、作业成本管理和平衡计分卡。现代财务组织必须应对新强加的外部约束和要求，同时应用新的衡量和管理方法，帮助推动未来的组织战略实施。

为了应对这些挑战，财务部门正扩展其原有的记账职能，与业务单元和公司高管建立新的合作伙伴关系。最近的一项研究将 CFO 描述为首席绩效顾问（chief performance adviser）。[11] 博思艾伦咨询公司（Booz Allen Hamilton）的一项研究发现，CFO 被 CEO 视为推动全公司转型的首要助手。[12] 宝洁公司（Procter & Gamble）的 CFO 克莱顿·戴利（Claytor Daley）这样描述如今 CFO 的双重角色："我意识到自己身兼两职。我负责处理传统的会计问题，包括现金流量、资本和成本结构。但我的角色也越来越多地与战略和运营联系在一起。"[13]

我们可以用一个通用的财务部门战略地图来描述这些多重职责，如图 5-13 所示。财务目标是高效履行财务职能，在预算范围完成规章制定、法规遵守、控制和决策支持等活动。效率主题还包括通过有效适

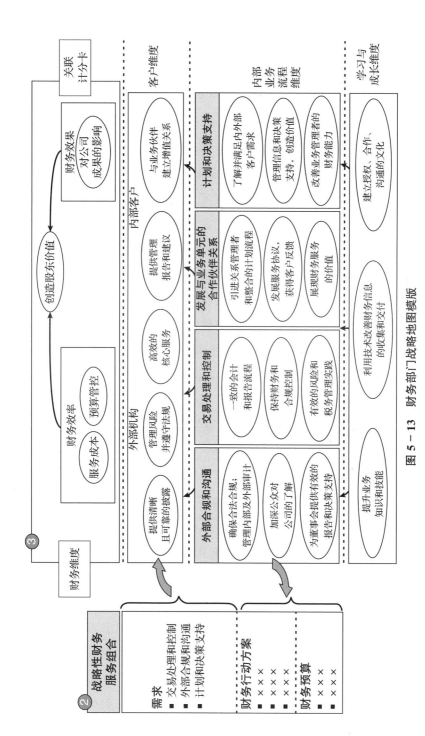

图 5-13 财务部门战略地图模版

当的预算编制流程、严格的资源分配和投资流程以及促进员工持续改进和生产力项目的经营报告和反馈，来帮助公司实现削减成本和提高生产力的目标。其效果目标源于财务职能对公司平衡计分卡的影响，使用公司的收入增长、净资产收益率和经济利润等指标衡量。

财务部门的战略地图反映了两类客户：外部利益相关者和内部业务合作伙伴。外部利益相关者包括股东、董事会、分析师和监管者，要求财务部门提供高质量的季度及年度财务报告和披露，做好公司风险管理、控制和合规工作，确保公司在法律和道德的范围内良好运作。内部业务客户需要财务部门以低成本执行基本的会计和财务流程，包括薪酬、应收和应付账款、月末结算和财报合并，并向管理层提供报告和财务建议，为其战略实施提供支持。

内部流程围绕内部及外部的客户建立了以下四个主题：

● 外部合规和沟通：通过合法合规、有效沟通公司经营和战略、董事会报告和决策支持、监督内部和外部审计流程，来满足外部利益相关者的需求。

● 交易处理和控制：在可靠的交易处理、记录保存、财务报告、税务和风险管理、内部控制和合规等方面实现卓越的运营。这些都是任何一家公司期望其财务职能良好运行的基本流程。

● 发展与业务单元的合作伙伴关系：了解业务单元对财务管理支持的需求，并通过专业流程提供支持。

● 计划和决策支持：和业务单元联合开发战略支持计划；成为业务单元管理者可信赖的财务顾问，提供和解释财务与非财务信息，提供支持业务决策、管理控制和战略实施的分析工具。

财务部门的学习与成长目标描述了其新角色的转型要求。财务部门必须保持其在会计、财务报告、合规和控制方面的能力，同时也必须在这些能力的基础上发展新的能力，使员工能够理解运营和战略，并与业务单元一线经理高效合作。许多公司现在要求所有的财务经理都要花时间在运营单元工作，经常在业务的一线岗位。强生公司（Johnson & Johnson）为新招聘的财务经理制定了一个为期两年的培训项目，鼓励他们关注客户、了解市场、提升团队合作的能力，并成为积极的变革推动者。[14]

现在几乎所有的日常处理和交易报告都是自动化的，这就要求财务人员在信息技术方面具有很强的信息处理能力。他们必须确保财务系统的有效性和完整性，提升交易处理系统，比如 ERP，同时要学会运用更高级的分析应用程序，能够将原始数据和交易转换为管理者所需的信息和知识。

要做好计划和决策支持这一内部业务流程，财务部门不能只是一个客观、独立的计分员，它还需要一种新的文化和氛围，能让专业人士成为对经理和高管有附加价值的理财顾问。但在财务经理转变为首席绩效顾问的同时，他们必须做好准备，正如联邦储蓄委员会前主席描述自己的工作是"在聚会变得过于热闹的时候拿走大酒杯"一样，财务经理也必须有一个强大的价值体系，帮助他们在两个角色之间取得平衡。一是成为忠诚的、为公司做出奉献的公司团队成员；二是代表外部利益相关者对整合、控制、风险管理和长期股东价值创造提出需求和期望。

案例研究：Handleman 公司的财务部门

我们继续沿用本章前面介绍的 Handleman 公司的案例，来说明其财务部门的战略地图（见图 5 - 14）和平衡计分卡（见图 5 - 15）。Handleman 公司财务部门的战略地图提供了公司财务部门的概况，包括咨询、审计、投资者关系、税务、管理会计、司库、内部财务服务等。[15]

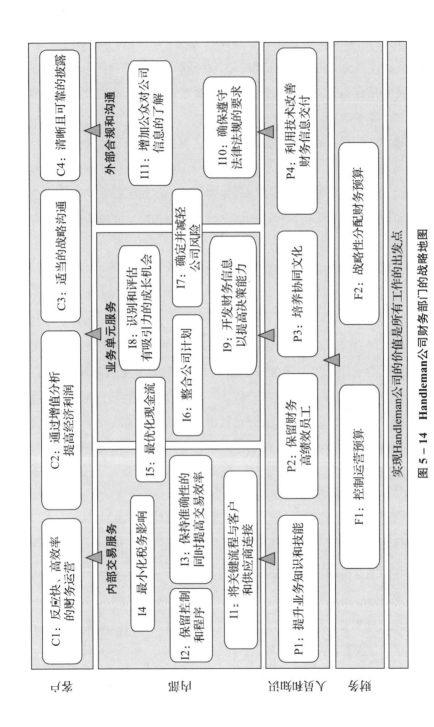

图 5 - 14 Handleman公司财务部门的战略地图

实现Handleman公司的价值是所有工作的出发点

外部合规和沟通

C4: 清晰且可靠的披露

I11: 增加公众对公司信息的了解

I10: 确保遵守法律法规的要求

P4: 利用技术改善财务信息交付

C3: 适当的战略沟通

I7: 确定并减轻公司风险

I9: 开发财务信息以提高决策能力

P3: 培养协同文化

F2: 战略性分配财务预算

业务单元服务

C2: 通过增值分析提高经济利润

I8: 识别和评估有吸引力的成长机会

I6: 整合公司计划

P2: 保留财务高绩效员工

F1: 控制运营预算

I5: 最优化现金流

内部交易服务

C1: 反应快、高效率的财务运营

I4: 最小化税务影响

I3: 保持准确性同时提高交易效率

I1: 将关键流程与客户和供应商连接

I2: 保留控制和程序

P1: 提升业务知识和技能

客户

流程

人员与组织

资源

	战略目标	战略指标
客户	C1：反应快、高效率的财务运营 C2：通过增值分析提高经济利润 C3：适当的战略沟通 C4：清晰且可靠的披露	C1A：业务单元满意度调查 C1B：财务管理 SG&A 费用占总收入比例 C2A：与计划相比部门的经济利润 C3A：沟通计划执行的百分比 C4A：综合评分指标
内部交易服务	I1：将关键流程与客户和供应商连接 I2：保留控制和程序 I3：保持准确性的同时提高交易效率 I4：最小化税务影响 I5：最优化现金流	I1：的行动方案完成比例 I2：流程、控制和程序的资料完整程度百分比 I3A：及时率和准确率 I3B：每个员工的交易数量 I4：有效的税率 I5：与预算相比实际的现金流
业务单元服务	I6：整合公司计划 I7：确定并减轻公司风险 I8：识别和评估有吸引力的成长机会 I9：开发财务信息以提高决策能力	I6A：整合治理建议的进度 I6B：完成年度计划的总工作天数 I7：公司风险减少计划完成度 I8：有效的机会数量 I9：开发新模型的数量
外部合规和沟通	I10：确保遵守法律法规的要求 I11：增加公众对公司信息的了解	I10：完成资料整合的及时率 I11：计划发展沟通项目的进度
人员和知识	P1：提升业务知识和技能 P2：保留财务高绩效员工 P3：培养协同文化 P4：利用技术改善财务信息交付	P1A：填补技能差距计划的完成率 P1B：小范围轮岗的财务员工数量 P2A：高绩效员工的保留程度 P3A：财务部门个人责任协同率 P4A：准时交付程度 P4B：战略要求完成比例
财务	F1：控制运营预算 F2：战略性分配财务预算	F1：预算达成程度 F2：SG&A 费用与交易活动成本比例

图 5-15 Handleman 公司财务部门的平衡计分卡

Handleman 财务部门确定了 4 个关键的客户维度目标：

C1：反应快、高效率的财务运营。财务部门在运营中必须做到反应快、高效率。减少花费在日常交易任务上的时间，同时增加花费在分析功能上的时间，以提高决策能力，保持准确性和控制的高标准。

C2：通过增值分析提高经济利润。财务部门将支持业务客户以维持和提高公司的盈利能力。通过对业务相关信息进行充分的调查和有用的分析提供支持，推动行动方案。财务部门必须把有限的资源集中在为客户增值的领域。

C3：适当的战略沟通。财务部门沟通计划清晰地传达公司战略，提高公司的市盈率。

C4：清晰且可靠的披露。财务部门将为投资者和债权人提供可靠的财务信息，以帮助他们做出决策。这些信息必须符合准确性和及时性的监管标准。

客户维度目标 C2 将财务部门与业务部门成功联系起来。为了实现这一目标，财务部门承诺将与业务部门密切合作，帮助它们提高经济利润。

4 个客户维度的目标由 11 个内部业务流程维度的目标驱动，这 11 个目标围绕 3 个主题：内部交易服务、业务单元服务、外部合规和沟通。在业务单元服务主题下，财务部门成为业务单元的经济合作伙伴，其关键内部业务流程如下：

I8：识别和评估有吸引力的成长机会。财务部门在促进公司成长的过程中发挥着主导作用，帮助公司收购或与其他公司建立合作关系，从而可以更快、更有效地接触到新客户、新市场、新内容和供应商。此外，财务部门还将促成战略交易，帮助公司拓展新的业务领域，比如重新整合现有产品、发展在线业务或进入其他娱乐或非娱乐产品线。

I9：开发财务信息以提高决策能力。为了提高业务经理的决策能力，财务部门将从一个以交易为基础的初级组织转变为一个分析型组织。这将使财务部门能够提供及时、有用和基于事实的财务信息。

在财务部门的战略地图中，人员与知识维度的前两个目标是开发实施新财务战略所需的能力，保留有经验、受过培训、业绩优秀的财务人员。第三个目标"培养协同文化"则与业务伙伴主题相联系，强调财务部门的人员需要与业务单元合作，帮助业务单元实现增长和盈利的目标。

P3：培养协同文化。为了能够最大化对公司和财务战略的贡献，财务部门需要朝着共同的方向努力，消除其内部的壁垒。我们是一个团队，每个人都为实现战略贡献自己的一分力量。我们都必须理解我们如何为财务战略地图做出贡献，必须对我们在计划中所承担的责任负责。为了达到协同，我们将在必要时修改流程，包括薪酬体系、内部沟通流程和组织结构。

Handleman 公司的战略地图和相应的平衡计分卡为 21 世纪财务组织所面临的挑战提供了一个极好的例子。财务部门必须继续在交易处理、内部控制、外部沟通和遵守法规等传统角色上表现出色，同时也要发展新技能和新文化，与业务单元建立战略伙伴关系，帮助它们创造和维持更高的股东价值。

完整的循环

我们已经说明了如何开发战略地图和平衡计分卡以协同支持单元与业务单元和公司。然而，协同必须靠持续的流程来管理，而不仅仅是用地图和平衡计分卡来描述。如图 5 - 16 所示，支持单元的有效协同流程包括以下要素：

● 关系经理：来自支持单元，负责协同整合。

● 整合的计划流程：由支持单元参与，确定支持单元协助业务单元目标的角色。

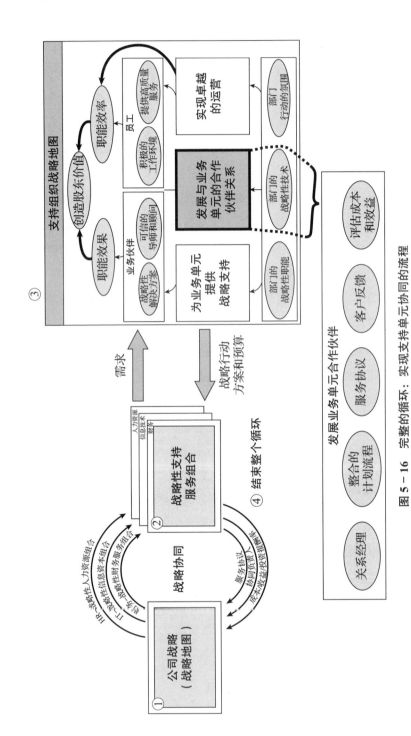

图 5 - 16 完整的循环：实现支持单元协同的流程

● 服务协议：制定支持单元的可交付成果、服务水平、成本的服务协议，包括行动方案主导者，以确保战略服务组合中的每个行动方案都有效地落实并交付给客户、业务单元。

● 客户反馈：基于服务协议的内部客户反馈研讨会。

● 评估成本和效益：验证支持单元的贡献。

关系经理

建立业务单元伙伴关系的第一步是指派人员来领导和管理这种关系。很难想象翰威特公司（Hewitt）的人力资源顾问或埃森哲公司的信息技术顾问在没有关系经理的情况下会如何管理客户关系。然而，根据我们的研究，只有33％的IT组织和43％的人力资源组织会专门指派关系经理。[16]

IBM学习部门与业务部门建立协同，首先就是指定学习领导者与每个主要业务部门合作。学习部门经理必须理解业务部门的战略，并将其转化为战略地图，指导业务部门如何利用培训加强战略实施。学习部门领导者着手开展计划流程，确定学习方案并协调各个方案的开发和实施。通过这些活动，学习部门领导者与业务部门伙伴建立了战略伙伴关系。

总部位于加拿大新不伦瑞克省的 J. D. Irving 是一家多元化的家族集团公司。该公司为旗下八个业务单元各指定一名协同负责人。协同负责人负责开发、沟通和回顾业务单元计划、指标和激励机制。他们会帮助业务部门经理培养领导力，分享最佳实践，并实现业务部门与公司目标之间的协同。

整合的计划流程

图 5－17 中的步骤 1 至步骤 3 描述了支持单元有效的、整合的计划流程，该流程假设业务单元已经具有战略地图。如果业务单元没有清晰

组织协同

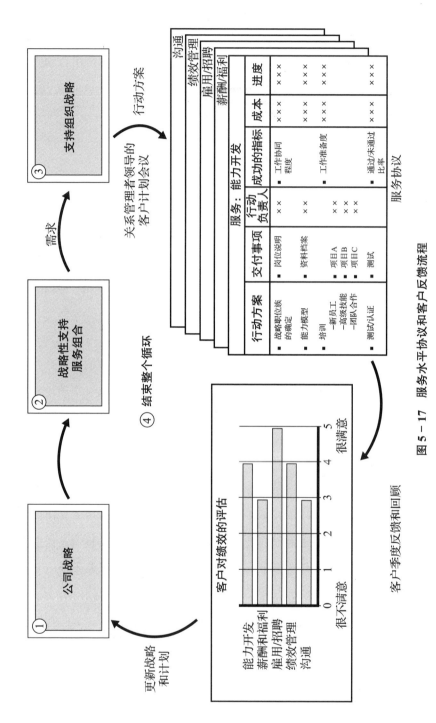

图 5－17　服务水平协议和客户反馈流程

162

的、可以转化为战略地图的战略，那么与支持单元的协同就更加困难。关系经理可以成为业务单元的顾问，帮助没有战略地图的单元制定战略地图。制定战略地图是一个分析性、结构化的过程，也是关系经理可以学习的。

某个组织人力资源部门的一名员工帮助一个业务部门经理制定了一份业务战略地图后，这位经理有感而发："这是我所见过的对我的战略最好的描述。我从没想过能从我们的人力资源部学到这样的东西。"这一计划流程是在互相尊重的基础上建立专业伙伴关系的重要一步。

服务协议和客户反馈

战略计划流程产生了一系列行动方案，由支持单元开发并交付给业务单元。这些可交付成果是业务单元结果背后的基本驱动因素。例如，如果没有及时准备好有效的培训项目，员工的技能将得不到发展，质量或销售等新项目也将被推迟。

服务协议对行动方案有关服务或项目做出承诺，明确了支持单元的可交付成果。服务协议为管理业务单元和支持单元之间的关系提供了基础，也是确定责任划分及成果的基础。

支持单元要指派行动方案负责人，以确保支持单元集中力量、落实服务组合中每个行动方案，并且完成服务协议的承诺。行动方案负责人与业务线指定人员（或客户）一起工作。支持单元的执行团队将其战略行动方案组合统一管理，就像风险投资经理管理其战略投资组合一样。执行团队每月回顾其战略服务组合的状态，并至少每季度对具体行动方案进行详细审查。

这些月度会议推动了关于支持单元绩效，以及支持单元与业务单元共享责任的对话。一位业务单元经理评论："相比过去，这些季度回顾让我们能够更快地看到问题。团队工作做得更好，不再互相指责。这表明，获得采购的良好绩效是大家共同的责任。"

成本和效益

关系经理必须最终确保支持单元所提供的服务符合与业务单元合作伙伴共同设定的要求。这表明经双方同意的行动方案不仅要按时、按预算完成，由关系经理领导的支持单元还必须与业务单元共同承担对绩效结果的责任。如果服务没有成效，那么支持单元也要承担部分责任。

我们通常建议，当组织设计激励性薪酬制度时，可以将支持单元员工一半的奖金设计成以他们所服务的业务结果为基础。这种方法可以让公司的每个人都关注公司的成功。

补　充

我们已经描述了几乎所有组织包含的三个关键支持单元的战略服务组合和战略地图。我们也可以专门写一本书而不仅仅用一个章节来讨论这个主题，反映其他许多支持单元与业务单元和公司战略的协同。这些支持单元还包括采购、研发、法律、财务、房地产、环境、安全、质量和营销等。即使是我们在这一章中提到的三大单元——人力资源、信息技术和财务，它们旗下通常也有多个具体职能部门。

例如，公司 IT 部门可能包括对运营、技术、系统、应用程序和安全性负有特定职责的二级部门。因此，大型支持单元需要以自己的战略作为基础，将战略地图和平衡计分卡分解下放到旗下具体部门，就像公司战略分解到业务单元战略一样。

小　结

当支持单元的活动与业务单元和公司重点协同时，这正是支持单元在为组织协同做贡献。虽然这一说法看起来很简单，但是大多数组织在实现这一协同方面表现不佳。内部支持单元需要采取新的管理方法，与内部客户建立伙伴关系并协同一致。这种协同也为保留内部共享服务单元，而不是将其服务外包给成本较低的供应商，提供了经济效益方面的理由。

在本章中，我们阐述了将支持单元与公司和业务单元战略协同起来的基本原则。要理解并确定战略中支持单元可以影响的具体目标，这些目标应作为高层级目标出现在支持单元的平衡计分卡（关联计分卡）上，将业务单元和支持单元相关联。

客户战略建立了与客户之间的伙伴关系（支持单元通常采用客户解决方案战略），并将客户目标作为该单元战略图上的高层成果。内部业务流程目标通常可以通过三个战略主题来表示。第一种是低成本、可靠、高质量的基础且无差别的服务；第二种强调建立业务单元伙伴关系；第三种强调创造和提供创新服务，协助业务单元成功实施其战略。

学习与成长维度的目标包括为员工提供所需的新技能、知识和经验，从而成为业务单元经理可信赖的顾问。在这一角色中，他们运用新的 IT 服务和应用程序，更有效地提供服务；将公司文化从以职能为导向转变为以客户为导向；为业务伙伴客户提供增值的解决方案。有了这些指导方针，组织应该能够协同其内部支持单元，促进它们参与为公司创造附加价值和协同效应的活动。

注　释

1. "Implementing the Balanced Scorecard at FMC Corporation: An Interview with Larry D. Brady," *Harvard Business Review* (September–October 1993): 146.
2. See "Responsibility Centers: Revenue and Expense Centers," Chapter 3 in R. Anthony and V. Govindarajan, *Management Control Systems*, 8th edition (Chicago: Irwin, 1995), 107–123.
3. At least one critic, however, would dispute this statement; see N. Carr, "IT Doesn't Matter," *Harvard Business Review* (May 2003).We, with others, respectfully disagree and believe that effective alignment of the IT resource with strategy can be a distinctive source of value creation.

4. P. Weill and M. Broadbent, *Leveraging the New Infrastructure: How Market Leaders Capitalize on Information Technology* (Boston: Harvard Business School Press, 1998), 37–39.

5. Cassandra Frangos, a colleague of ours at the Balanced Scorecard Collaborative, has been a major contributor to our knowledge of building human resources Strategy Maps and Balanced Scorecards.

6. "Motivating Cross-Boundary Thinking at Ingersoll-Rand," Balanced Scorecard Report (March 2005).

7. Robert S. Gold, a colleague of ours at the Balanced Scorecard Collaborative, has been a major contributor to our knowledge of building information technology Strategy Maps and Balanced Scorecards.

8. The motivation for this work comes from F. Herzberg's adaptation of the hierarchical needs model of A. Maslow, *Motivation and Personality,* 3rd edition (New York: HarperCollins, 1987). The concept of first satisfying hygiene factors (i.e., competency) before addressing motivation (i.e., contribution) was articulated in F. Herzberg, B. Mausner, and B. Snyderman, *The Motivation to Work,* 2nd edition (New York: Wiley, 1959).

9. R. S. Gold, "Enabling the Strategy-Focused IT Organization," *Balanced Scorecard Report* (September–October 2001).

10. Arun Dhingra and Michael Nagel, colleagues of ours at the Balanced Scorecard Collaborative, have been major contributors to our knowledge of building finance unit Strategy Maps and Balanced Scorecards.

11. "The CFO as Chief Performance Adviser," report prepared by CFO Research Services in collaboration with PriceWaterhouseCoopers LLP, CFO Publishing Corporation, Boston, March 2005.

12. V. Couto, I. Heinz, and M. Moran, "Not Your Father's CFO," *Strategy + Business* (Spring 2005): 4.

13. Ibid., 4.

14. Ibid., 10.

15. Observe that Handleman's finance unit has chosen to place its financial perspective at the base, and not the pinnacle, of its Strategy Map. This illustrates our earlier discussion of the option to treat support units as nonprofit organizations, stressing service to clients and customer objectives as the top-level objectives.

16. SHRM/Balanced Scorecard Collaborative, "Aligning HR with Organization Strategy," survey research study 62-17052 (Alexandria, VA: Society for Human Resources Management, 2002); "The Alignment Gap," *CIO Insight*, 1 July 2002.

第 6 章 分解：流程

前几章旨在阐述理论，并借用几个例子来讨论如何使用公司战略与公司业务单元和支持单元进行协同。公司可以采用不同的方式来实现公司范围的组织协同。有的公司从高层开始，再依次分解到组织各层级。有的公司则在构建公司平衡计分卡和战略地图之前，先从中间的业务单元层级开始。有的公司在一开始就直接启动公司范围的行动方案，其他的则会在全公司范围推广之前，先在一个或两个业务单元进行试点测试。

从我们的经验来看，这其中没有所谓最好的答案。我们看到有多种使用的方法，每一种最后都有不错的成果。在这一章中，我们会阐述我们从分解流程中了解的一些规则，并通过一些成功的例子来进行说明。

我们从两个简单但截然不同的例子开始：加盟经营商，分散的业务单元拥有共同的价值主张；控股公司，旗下各运营公司拥有各自的战略和价值主张。然后考虑更复杂的情境，比如业务单元虽然分散经营，但其战略却能反映公司的战略重点和地方现状。最后，以三菱银行的延展案例作为本章的收尾。这个例子虽然看似打破了规则，但却非常成功。这个案例足以说明，分解流程虽然有原则可循，但还是可以也应该视组织的文化和现状进行调整。

加盟经营商：上下统一的价值主张

先让我们看看由具有同质性的零售单元或地区单元（比如快餐连锁店、酒店和汽车旅馆、银行分行和分销中心）组成的公司是如何开发公司平衡计分卡的（正如第 3 章所讨论的）。对于这些公司，平衡计分卡由公司层面的项目组开发，再交由各分散的业务单元使用。共同的平衡计分卡会为每个业务单元制定财务指标，包括收入增长和成本降低的目标；满意度、保留率和单店业务增长率等客户指标；客户价值主张；关键内部流程及员工满意度、保留率和能力指标；信息系统开发和组织文化。一旦决定，这份共同的平衡计分卡将被传达到所有业务单元，并引入管理报告和激励体系中。

在同质的单元中部署统一的价值主张和平衡计分卡，其中的好处非常明显。

第一，整个操作流程非常简单，一旦公司项目组确定战略地图和平衡计分卡的指标和目标值，就可以迅速在组织内部运转起来。各地分散的业务单元不需要再做进一步的分析。

第二，公司可以通过演讲、新闻稿、网页、公告栏等渠道轻而易举地获得相同信息。不同地区的每个员工也能接收到相同、一致的信息。

第三，统一的指标能够促进公司的内部竞争，推动公司树立内部标杆和分享最佳实践。由于每个业务单元都执行相同的战略、使用同样的指标来衡量战略的成功与否，因此公司能够从各指标中识别出最优和最差的业务单元，再以最优单元的经验促进其他业务单元绩效表现的共同提升。

但是，在组织内部署统一的价值主张也存在一些弊端。整个流程不可避免地会给人一种自上而下且独裁的感觉，使地方的业务单元没有任何决策的空间。很多业务单元对公司的各项短期绩效驱动的规定早已疲于应付，在接到命令的第一反应通常是持否定态度："这个一定也是昙花一现了，等着瞧吧。"它们总会怀疑公司是否真的可以保证执行新平衡计分卡的方案。

然而，假设公司高管持续推动这些行动方案，很多单元就会从否定期进入"用药期"：当父母和医生强迫我们服下很苦的药物时，他们总是会说良药苦口，赶紧吞下去就没事了。在这个阶段，各业务单元是唯命是从的。它们机械地按期报告，以满足公司获得更多绩效指标期望。然而，它们认为这对自己没有任何好处。因为即使绩效不错，也只是暂时通过了这一期的考验，还是会为了收集新绩效指标的数据而产生成本，但万一绩效不过关，它们就会被公司发现，并被要求给出解释，还得执行修正措施。

无论是否定期还是"用药期"，分散的单元都没有利用战略地图和平衡计分卡在自己的组织内创造效益。它们没有动员员工去实现公司目标，就谈不上统一的战略协同各部门职能，更谈不上教育和激励员工去支持公司战略或是将战略重心贯彻到计划、预算、资源配置、报告、评估和调整等管理流程中。

这些公司领导者面临的挑战是：如何让所有分散单元的管理者乐于利用共同的战略地图和平衡计分卡来协同自己的流程、部门和人员，实现共同的价值主张。公司领导者需要说服当地单元的管理者，让他们理解其他业务单元创造的价值能够增加每个业务单元创造的价值。

在 Anne Taylor 时尚女装连锁店，每家分店都要求员工创作并表演与统一平衡计分卡的战略目标和指标相关的娱乐节目。有的员工作诗，有的员工会排一场小舞台剧来描绘目标客户及购买体验，也有人组团表演说唱。用这种方式，每个员工都学习了公司战略，用自己的方式加以理解，再用自己的方式表演出来，同时也欣赏到了其他员工和主管的创意表演。虽然公司已经做好了价值主张的决定，但各分店的这些表演和游戏鼓舞了主管和员工，为这套共同的价值主张注入新的活力。

控股公司：自下而上

与连锁零售型公司使用的自上而下的分解流程不同，多元化经营公司的平衡计分卡项目从运营公司层面开始，至少比集团总部低一级。例如，在多元化经营的 FMC 集团，集团高管层提议从旗下的运营公司中确定 6 家志愿实施试点项目。集团提供各种咨询，但是每家公司独立开发各自的平衡计分卡。

几个月后，在一场 FMC 集团旗下所有公司高管全部到场的集团会议上，试点公司的总裁报告了他们在项目中的收获，这引起了在场其他运营公司对这一新型管理系统的热烈讨论。年底，各运营公司都已经拥有了一套集团认可的平衡计分卡。

从此以后，FMC 运营公司平衡计分卡成了集团总部和运营公司之间的责任契约。平衡计分卡还成了集团总部高层参加季度性管理会议的议程和讨论内容。

在引进平衡计分卡之前，FMC 集团和运营公司管理者之间的讨论仅限于财务指标，如投资回报率（return on capital employed，ROCE）及其要素。如果运营公司达到了 ROCE 的目标值，整个讨论就会是愉快且简短的。一旦没有达到这些目标值，讨论就会变得冗长且艰难。与此相比，有了平衡计分卡之后，管理者依然会讨论财务绩效，但是他们也会讨论并预测未来盈利和成长等非财务指标。

每个运营公司的平衡计分卡都不相同。除了财务指标基本相同以外，平衡计分卡的其他内容不能直接汇总成为集团的平衡计分卡。尽管平衡计分卡之间存在差异，集团管理者为每家运营公司管理会议所做的准备工作还是更容易了。他们只需要回顾该运营公司的既定战略和平衡计分卡，再对照目标值评估该公司当前的绩效。

此外，集团管理者对每家运营公司的战略也多了一种"拥有感"。

如果公司的 CEO 离开了，不管是不是自愿离开的，新任 CEO 都不能随意推出新的战略。他的基本职责是继续执行该公司原来提出并通过的战略。新任 CEO 如果想调整战略或者推出新战略，他首先需要开发新的战略地图和平衡计分卡，再递交给集团通过。整个流程为组织提供了一套更系统的机制，让独立运作的运营公司在战略上拥有自主权，同时也提供了集团控制和评价的工具，用于评价各运营公司规划和实施战略的绩效。

FMC 集团靠这套方法运作了许多年，后来才开发了集团层级的平衡计分卡。毫无疑问，这套平衡计分卡以财务维度和员工维度（学习与成长维度）的指标为主。同时也包括一些内部业务流程维度的指标，大多和安全相关，这是每家公司的平衡计分卡都应该包括的。

总而言之，高度多元化经营的公司，其平衡计分卡很少从集团层面开始，因为一般在集团层面不存在特定的战略。每家运营公司自行开发战略并完成平衡计分卡，经集团管理者通过后，再用于监控运营公司的绩效。到了一定的时间，集团会开发集团层面的平衡计分卡，把各公司的财务维度和员工维度的指标进行汇总，并明确集团层面的战略主题（如良好的安全、质量或者环境），并将这些主题体现在各运营公司的平衡计分卡指标中。

综合式分解流程

大部分组织在经营上都介于独立经营和高度多元化这两种极端之间，所以可以从两种分解流程中进行选择。

第一种方法是自上而下的传统做法：先由集团层面制定战略地图和平衡计分卡，再由每个公司制定自己的平衡计分卡，以便落实集团层面的战略和计分卡指标。

第二种方法更趋向于自下而上：先在业务单元层面进行试点，开发自己的战略地图和平衡计分卡。这些项目为这一管理工具的运用积累了知识和信心，然后提交到集团层面，明确公司的价值主张。

自上而下的案例研究：美国陆军

毫无疑问，自上而下的分解流程适用于大型的、等级制的、高度集中的组织，比如美国陆军。被称为战略部署系统的美国陆军平衡计分卡，在经包括陆军参谋长（CSA）和陆军部长（SA）在内的组织高层通过后，于 2002 年初正式启用。

第一份平衡计分卡被称为零级计分卡，反映了美国陆军的全球战略（见图 6-1）。这张平衡计分卡从两个核心能力的角度定义了作战任务："训练士兵，提供必要装备，并培养军事指挥官"和"为战地指挥官和联合部队提供重要且装备齐全的陆军战斗力"。美国陆军没有客户，只有利益相关者（美国公民、国会和行政部门）。为此，美国陆军定义了 6 种核心能力：提供安全环境、执行反应迅速、动员军队、执行强行侵入行动、维持陆战优势、支持政府。

这份平衡计分卡的内部业务流程维度由 4 个战略主题构成：

- 调整全球布局；
- 建立联合互助的后勤机构；
- 增强未来武力；
- 增强储备军贡献。

学习与成长维度的目标是建立一支有能力的全志愿兵队伍。美国陆军用资源维度取代了财务维度，反映了在合理时间范围内获取人员、资金、设施、装备和制度的能力，完成任务和使命。

陆军项目组在 3 个月内完成了零级计分卡，后由陆军参谋长和陆军部长于 2002 年 4 月通过。之后，零级计分卡向一级单元分解，一级单元直接向陆军参谋长汇报（见图 6-2）。一级单元包括 35 个指挥部和

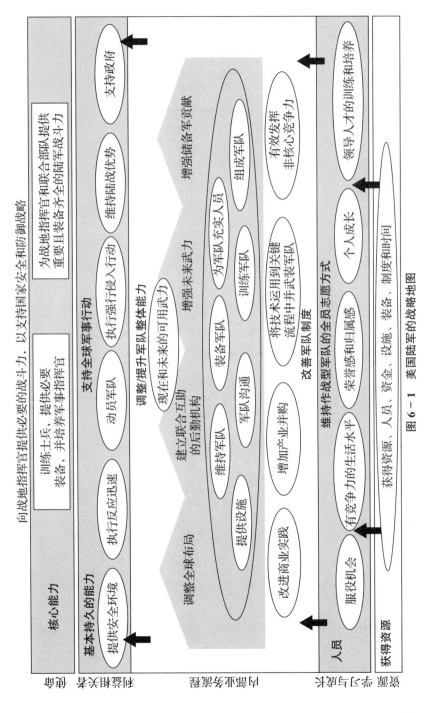

图 6 - 1 美国陆军的战略地图

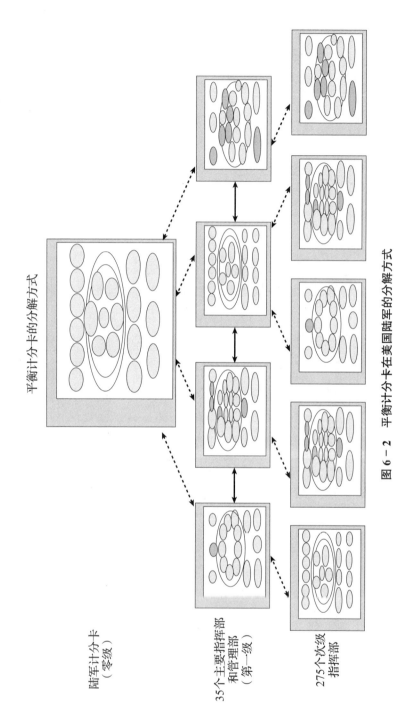

图 6 - 2 平衡计分卡在美国陆军的分解方式

陆军计分卡
（零级）

35个主要指挥部
和管理部
（第一级）

275个次级
指挥部

平衡计分卡的分解方式

管理部，如医疗、人事、后勤。零级计分卡为这 35 个单元提供了战略框架和指导。每个指挥部和管理部都据此决定自己的战略重点，同时也完成本单元的战略目标。

一个新的总部单元——SRS 运营中心（SRSOC）主导这个分解流程并承担整个项目集中顾问的角色。SRSOC 是一个由平衡计分卡专家组成的核心团队，为美国陆军提供平衡计分卡的指导、专业知识、培训、技术支持和质量控制。SRSOC 曾经举办过两天的培训课程，共计400 多名学员完成了平衡计分卡和陆军零级计分卡的基础训练，正式成为项目的领导者。

每个指挥部的平衡计分卡团队都会和他们的领导者合作，共同把握战略重心，并通过在线工具——SRS 快速设计中心来制定平衡计分卡。这套设计支持工具提供多媒体的指导和模板，并指导如何与美国陆军的目标和指标进行整合。

SRSOC 可以利用设计中心生成的实施报告，监督第一级的团队按时间计划完成工作。SRSOC 还会每周召开电话会议，进行问题的解答，并建立了查验点，各单元必须提交战略地图和平衡计分卡的指标，以便进行检查。

每个指挥部和管理部的高级长官都要先审核本单元的平衡计分卡，再呈交陆军参谋长审核。陆军参谋长利用这些资料与那些正在实施组织变革的指挥官讨论战略方向。

下一步的目标是将平衡计分卡分解到 275 个二级组织，分解的方法类似于一级单元的分解流程。主要差别在于二级组织获得的支持来自一级组织的运营中心。一级组织的运营中心主要负责质量控制、问题解答、设计中心支持、及时监控，以及总体项目监控。当一级运营中心需要协助时，SRSOC 总部（零级）会立即提供支持。建立一级运营中心能加速项目的知识交流，并在基层获得认可。培训和在线的 SRS快速设计中心帮助 275 个二级组织同时开发出自己的平衡计分卡。最后一个分解层面是由大约 1 万名士兵组成的各师旅部队开发自己的平衡计分卡。

现在，陆军军官通过使用平衡计分卡，与其他将领、领导者和其他团队成员举办定期的战略资源回顾会议。SRS 平衡计分卡使团队能从整体的视角（比如后勤、作战、医疗、训练和其他职能）来评价近期各单元的绩效。陆军内不同组织的人员都能轻易取得平衡计分卡的资料，并就相关问题进行快速整合。简而言之，平衡计分卡能让美国陆军在遇到问题时，"找对人开会"。

美国陆军平衡计分卡为领导者提供了准确、客观、具有前瞻性和可操作性的整体信息，大大提高了战略资源管理能力。这是美国陆军有史以来第一次运用公司管理系统来整合现役部队和储备军人员的部署信息，也因此让陆军提高了对作战指挥官的支持力度，对士兵及其亲属寄予厚望，找出和运用好的商业实践，真正改造美国陆军。通过及时准确地收集信息和扩大数据的范围，管理报告系统显著提升了军队评价准备度的方法。美国陆军正在进一步提升这套系统，以便充分运用各种领先指标，预测未来趋势，避免未来会影响部署计划的因素。

平衡计分卡不仅使美国陆军的高层领导者获益，也能使每个指挥部受益。每个单元从此可以更有效地完成基本任务，同时注重准备度，进行全面变革，朝着未来目标的方向前进。

自上而中和自中而上的案例研究：MDS 集团

MDS 集团是一个多元化公司，它的分解方式有一些不同。MDS 集团最初也是使用自上而下的分解方式，但是由于运营单元相互独立，在制定集团层面平衡计分卡时，不能完全确定集团层面战略。只有在运营单元各自开发出它们的战略地图和平衡计分卡后，集团团队才能更新它们的平衡计分卡，并选择在所有单元通用的指标。

　　MDS 集团的总部位于多伦多，是一个国际化的健康与生命科学公司，提供预防、诊断和治疗等方面的产品和服务。MDS 集团的分公司遍布全球 23 个国家，员工总数超过 1 万人，2004 年的营业收入高达 18 亿美元。MDS 集团是一个多元化的公司，经营四大主要业务板块：MDS 同位素公司为核医学提供成像技术、杀菌材料及治愈癌症的治疗系统；MDS 诊断公司提供实验室信息、预防、诊断和疾病治疗服务；MDS 科学仪器公司提供先进的分析仪器，如质谱分析仪；MDS 医药公司负责各种研究和药品开发工作，同时致力于功能性蛋白质的研究，以寻求开发药品的新方法。

　　1973—2002 年，该公司的营业额以 20％的累计年增长率增长，年累计利润率（CAGR）也增长到 16％。MDS 集团本身并不是经营不善的公司，在此背景下，它启动了平衡计分卡项目，期望实现"从良好到优异"的提升。因此它聚焦于更重要的价值创造活动，并努力实现所有多元化业务单元的协同。项目开始时，MDS 集团会确认公司内涵不变的部分，比如保留原来的核心价值——诚信经营、追求卓越、互相信任和对人尊重，并以此核心价值作为战略地图的基础，将其渗透到公司的所有层面。

　　MDS 集团将集团愿景——成为经久不衰的全球化健康与生命科学公司放在集团战略地图的顶端位置。MDS 集团若想实现全球化的目标，就要不断扩张，从原来的加拿大和北美市场向外扩展。此外，MDS 集团也将其价值声明——对我们共同建立的公司充满激情深入到财务维度中（见图 6 - 3）。即使 MDS 集团为了激励公司新的增长和变革启用了新的战略，这些愿景、价值和目标也将会一直沿用下去。

　　为了保持 MDS 集团的持续盈利和高速增长，公司的战略地图包括明确的财务指标和目标值。学习与成长维度的目标则反映了公司在员工和系统方面关注的重点。MDS 集团在客户层面选择了四个主题，每个主题都由客户维度和内部业务流程维度的目标支撑。为了让各多元化

组织协同

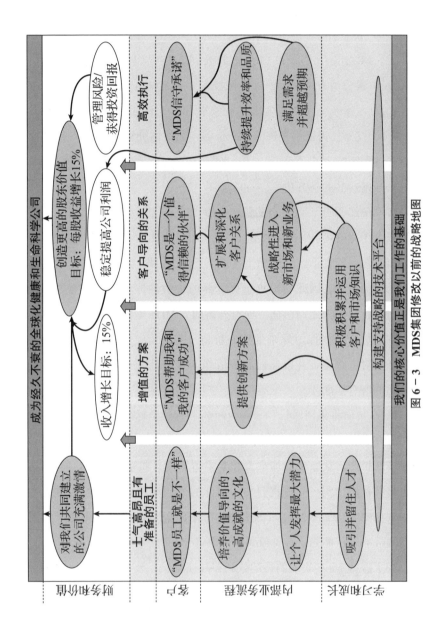

图 6 - 3　MDS集团修改以前我们工作的战略地图

178

的业务单元有自由和自主权去定义它们创造价值的方式，MDS 集团延迟了对客户和内部业务流程维度的指标的选择。对于集团来讲这是一次变革，因为这是第一次在公司管理流程中意识到，是业务单元创造了最大的价值，而不是集团总部。

在分解集团战略地图的过程中，MDS 集团将 11 个业务单元视作战略重心。这些业务单元与客户用户直接接触。集团要求这些业务单元开发战略地图和平衡计分卡，并向下分解到各部门和员工。MDS 集团的平衡计分卡总负责人鲍勃·哈里斯（Bob Harris）在每个业务单元选择一位平衡计分卡流程负责人，并和他们一起合作，以保证分解过程中的格式和术语一致，分享项目中的学习经验。每个业务单元都建立自己的客户价值主张，在低成本、客户亲密度和产品领先这三种战略中选出一种作为自己的价值主张。

一开始，MDS 集团总部很难定义，除了这 11 家战略性业务单元外，它和剩余的组织如何为公司增加价值。最终它得出结论，集团总部若想增加价值，可以对四大业务公司（同位素公司、诊断公司、科学仪器公司、医药公司）展开由上至下的领导，通过对基础性研发的直接支持，以及基础设施的共享来实现。

随着基本组织协同架构的建立（见图 6-4），MDS 集团项目组重新审阅了集团的战略地图。在重新审阅的过程中，集团将战略地图中目标的数量从 18 个减少为 12 个（见图 6-5）。

第一版的集团战略地图过于具体，以至于一些业务单元没有定义体现自身差异化的明确的客户价值主张，而是直接采用了 4 个高层集团客户目标。集团新的战略地图反映了一种共识——集团本身并没有客户，只有业务单元才有客户。因此集团的战略地图只选取高度概括的客户目标——"建立持久的客户关系"，每个业务单元必须选择明确的客户价值主张，才能和客户建立持久的良好关系。

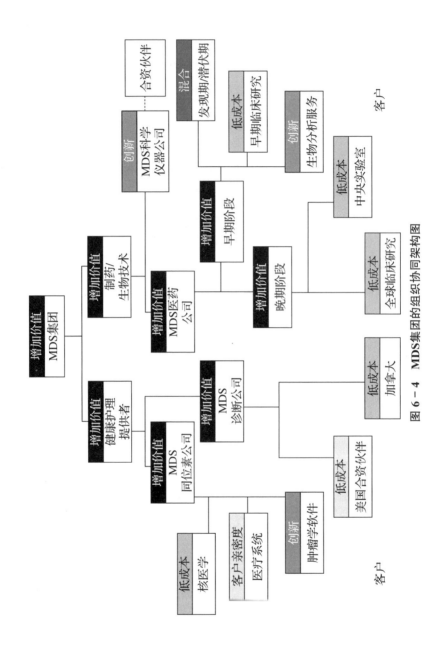

图 6 - 4　MDS集团的组织协同架构图

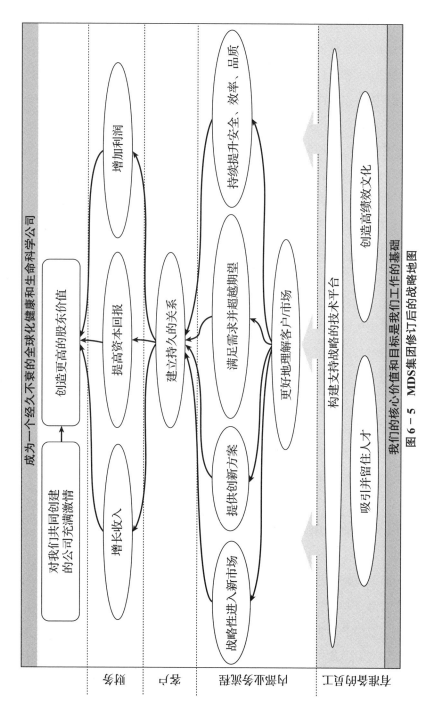

图 6 – 5 MDS集团修订后的战略地图

　　集团领导也为每个集团目标选取了指标，并指定集团高管负责该指标的绩效目标值。集团的指标和目标值为每个业务单元平衡计分卡的共同指标和目标值提供更清晰的指导。集团的角色并不是将其业务单元视为客户，而是成为业务单元的拥有者，为业务单元制定工作重心和目标值，并为业务单元实现绩效目标值提供支持。如果发现公司的工作重心（比如创新）需要集团进行跨单元的资金投入或基础研究方面的资金支持，而不能单靠一个业务单元的力量，集团就会参与决策。集团的业务开发部会寻找并投资对多个业务单元都有益的项目。这些互动或者基于目标，或者基于集团的平衡计分卡或共享服务单元（比如集团业务开发部）的平衡计分卡。

　　以上两个案例描述了两种截然不同的方法，但每一种都在各自的组织和文化背景下成功运用。美国陆军使用的是自上而下的传统方法。组织高层先决定集团战略，然后向下分解到更低层级的运营单元，而这些分散的运营单元的战略地图和平衡计分卡既能反映公司的主题和工作重心，也能体现自身的使命和挑战。MDS集团则使用反复循环的方法。集团总部首先建立集团战略地图的初步框架，然后运营单元和支持单元开发自己的战略地图和平衡计分卡。在第一轮的平衡计分卡开发后，集团总部重新审阅并修订集团的战略地图和平衡计分卡，再将共同的指标分解到下属的各运营单元和支持单元。

可以先从业务单元开始吗

　　许多平衡计分卡和战略地图的实施都不是从公司层面开始的。在部门或业务单元层面开发第一张平衡计分卡可能基于以下两个原因：第一，这家公司想在正式推出项目，在组织内部全面落实平衡计分卡之前，先在下属单元进行试点，取得这方面的知识、经验，确定其有效性和接受度。第二，公司总部本身或许没有意愿使用平衡计分卡作为一种战略管理系统，反而是下属业务单元、地区单元或支持单元更愿意建立平衡计分卡。根据本书之前提供的思路，下属单元的执行者可能认为他需要首先说服公司的高管团队，告知其执行的好处，这样才可以开始执行并得到高层的支持。然而要转变到一种新的衡量模式和管理理念，至少也得花很多年的时间，很少有人能有耐心等到管理层彻底觉悟、回心转意。

所以我们认为只要有人愿意带头去做，就可以直接建立第一份平衡计分卡。这种情况通常存在于下属单元，但是这种方式可能会使下属单元的战略无法发挥最大价值。下属单元的战略会反映出在市场中如何利用市场竞争机会创造价值的最佳思路，但这可能并不能为公司增加最大的价值，因为这一战略忽视了和组织中的其他单元实现联系的机会。

其实，解决这个矛盾的方法很简单。在业务单元项目的初期，项目团队代表应该和公司总部领导者沟通，比如首席运营官（COO）和 CFO。项目成员向他们说明刚推出的项目，并向 COO 和 CFO 寻求指导。描述说明可以采用以下形式：

> 有哪些地方需要我们配合公司层面战略？当我们开发战略、战略地图和平衡计分卡时，哪些公司的重点是我们必须考虑的？哪些公司层面的主题我们必须参与？在我们开发战略和绩效指标时，我们是否需要关注和其他业务单元的联系或整合？

回答这些问题并不要求有公司层面的战略地图和平衡计分卡。只要公司高管团队有清晰的公司层面战略，就能够为下属业务单元在组织内实现协同效应提供指导性框架。

换言之，这些问题的答案描述了下属单元应该实现的客户价值主张的本质、值得重视的全球客户以及与其他单元共享客户实现交叉销售的需求，并提醒下属单元要充分利用核心资源和能力，培养员工，建立一套能和其他单元共享的资料库和知识库。这些问题的答案可能还包括公司层面的主题，比如卓越的质量、安全、环保问题或电子商务等。有了答案以后，项目组成员就可以返回各自的下属单元，将公司的工作重心、必要的联系和整合机会，深化到本单元的战略地图和平衡计分卡中。

当然，也会出现高管对此不屑一顾，随便应付：

> 别拿什么公司战略和共同客户价值主张来烦我们。我们公司总部没有那么多学过 MBA 或者干过顾问的人。公司只需要你把钱赚进来。

于是，项目组成员的结论往往是："好吧，没有公司战略。我们可以自行开发战略，只要递交财务结果就行。"因此，下属单元在缺乏公司明确指导的背景下开发自己的战略地图和平衡计分卡（公司只有"这种战略最好不要失败"的指令）。虽然被驳回，但至少他们曾经尝试过寻求协同效应。

我们希望不管哪种情况，下属单元都能开发出一套高质量的平衡计分卡，帮助他们快速和高效地执行战略，并在不久的将来实现可观的财务成果。等人们对运用平衡计分卡能够促进战略的有效执行的知识和信心不断增长时，这个理念就能横向引入其他业务单元，或纵向运用到上层组织中，最终达到公司层面。关键的指导原则在于，在业务单元员工开发第一份平衡计分卡时，尽可能和其他业务单元或共享服务单元连接，结合创造协同的机会，在各业务单元有效实施本单元战略的基础上创造更多的价值。

我们也曾见过由共享服务单元主动带头发起平衡计分卡的例子，如人力资源部或信息技术部。这当然可以成为一种成功的方法，但前提是共享服务单元必须充分了解运营单元的公司战略，才可能为自己设计出适当的战略，来协助公司和业务单元达成它们的战略目标。

在一个跨国汽车公司，公司的第一份平衡计分卡是由该公司的欧洲运营公司的 IT 部门开发的。该 IT 部门在该区域 8 条独立生产线的运营中处于核心管理地位，因此该部门清楚这 8 个运营单元的战略。这 8 个生产线单元学习了 IT 部门平衡计分卡行动方案并在实践中遵守，最终它们决定也采用平衡计分卡。之后 IT 部门平衡计分卡项目组很快成为 8 个欧洲单元项目中的领导小组。

最终，行动方案的消息传到总部，过去在 IT 部门推广平衡计分卡的员工被公司指派为代表，负责部署全球的平衡计分卡管理系统。虽然这并非我们推荐的方式，但它却灵活可行，毕竟它能先得到基层的全力支持，而不是受制于上级的命令。

自中而上再向下：东京三菱银行美洲总部

我们的最后一个例子似乎打破了规则，但最终结果也不错。东京三菱银行美洲总部（BTMHQA）位于纽约，主要业务为北美和南美的批发银行业务。它在这两个地区的 9 个国家 23 个城市都设有分部，包括四大业务单元——资金部、全球公司银行部、投资银行部和公司总部。每个主要的业务单元都设有多个部门和业务组。每个重要的业务单元采用双重报告体系：除了向东京的业务总部直接汇报以外，也向纽约地区的总部汇报。

东京三菱银行美洲总部为了克服日本文化和美国文化之间的差异，采用平衡计分卡来提供统一的战略框架（见图 6 - 6）。平衡计分卡也能在 4 个主要业务部门之间创造横向协同效应，并在上一层级的美洲总部及下属的地区部门形成纵向的协同效应。

2001 年第三季度项目开始时，东京三菱银行美洲总部的高管极力反对制定集团层面的战略和建立集团战略地图和平衡计分卡。尽管东京三菱银行美洲总部的每个部门和团队之间都共享客户和流程，但是高管认为日本公司的战略是自下而上的，而不是自上而下的。东京三菱银行美洲总部的高管还告诉项目组："如果你想知道战略是什么，直

日本公司		美国公司
不明确	使命和愿景	明确
渐进式	战略制定流程	大型设计
运营效率	竞争优势	差异化/独特性
自下而上 (或自中而上再向下)	决策方式	自上而下
暗示、非语言、不公开	沟通方式	直接、口头、开放
过程导向	绩效评价	结果导向
单一文化、合作式	工作文化	多元文化、竞争式

图 6-6　东京三菱银行美洲总部提供的统一的战略框架

资料来源：I. Nonaka, "Essence of Failure," Tokyo：Diamond-Sha, 1984.

接去问员工。"

　　于是集团项目组只好先帮助下属的 30 多个团队和部门分别建立各自的战略地图。要完成这项工作一般一个单元会花费 30 天，而且在很多情况下，都是由一两个人独立完成工作。

　　在完成了 30 多张战略地图之后，总部项目组发现所有的平衡计分卡除了都有 4 个维度以外，结构各不相同。在大多数战略地图中，内部业务流程维度并没有定义能成功实现客户价值主张的流程。而且从战略地图的现有结构来看，单个团队的战略地图之间并不存在内部关系。此外，只有少部分平衡计分卡关注关键的公司重点——风险管理。

　　直到 2001 年第四季度，总部项目组才整合了多张战略地图，提取出其中的共同点。其中隐含着战略，但是需要将重要的特点提炼出来并以标准化的形式展现。因此项目组开发了一种 4×3 的矩阵模板，以提供一种共同的语言方便整理 4 个维度的目标（见图 6-7）。为了补偿原战略地图中对于风险管理的不足，项目组在新模板中增加了财务维度中有关风险结果的类别，比如降低信用和诉讼损失；内部业务流程维度则包含关注风险管理流程的主题。

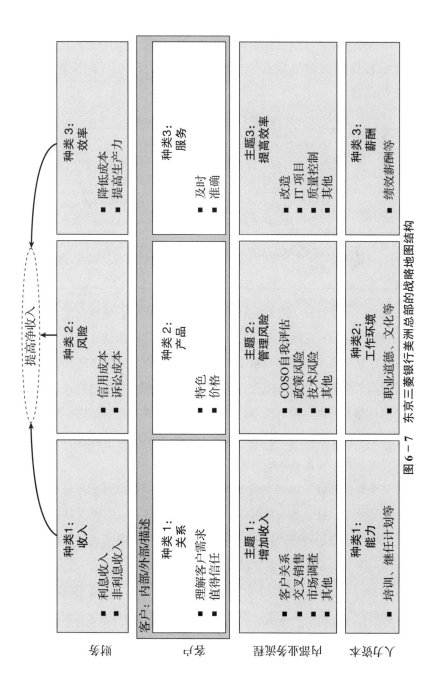

图 6 - 7 东京三菱银行美洲总部的战略地图结构

项目组还新增了一项内容，以确保各部门能够认识到与其他单元之间的内在关系，并将内在关系表现在修订后的平衡计分卡中。每个单元会将修订后的战略地图中的每个目标，归入以下三个类别，如表 6-1 所示。

表 6-1　修订后的战略地图的目标

类别	定义	示例
共同目标	全行类目标，每张平衡计分卡必须涵盖的目标	"提高成本效率"（财务维度目标）
共享目标	跨部门目标，必须两个或两个以上单元合作才能达成的目标	"简化授信流程"（内部业务流程维度的运营效率目标）
特有目标	部门目标，需要由部门独立完成的目标	"随时掌握客户的最新资料"（资金金部的内部风险管理目标）

例如，共享目标"简化授信流程"要求信贷分析部和业务开发部紧密合作。过去，这两个部门独立运营，信贷分析部只能看见自己的目标，也就是确保信贷损失最小化。因此，信贷分析部往往会否决业务开发部带来的新业务。现在这两个部门有了新的共享目标，表明更重要的目标是管理风险，而不是消除风险。为了更高效地进行风险管理，业务开发部和信贷分析部需要就可接受的风险标准达成一致，只有这样新业务才能迅速并可预见地得到通过。

每个部门都以图 6-7 的战略基础为起点，开发出最适合自身状况的平衡计分卡。每个部门都重建了自己的战略地图，以便在目标上和集团的战略主题相对应，其中每个目标都被分类为集团内通用的共同目标、一个或更多单元的共享目标，或者自身的特有目标。

图 6-8 是全球公司银行单元新修订的战略地图。在集团战略地图模板的催化下，所有单元都开始套用集团的风险管理流程（如第 4 章所述）。所有部门在 2002 年第三季度完成了这些流程。到了第四季度，平衡计分卡管理系统全部就位，并开始运行。

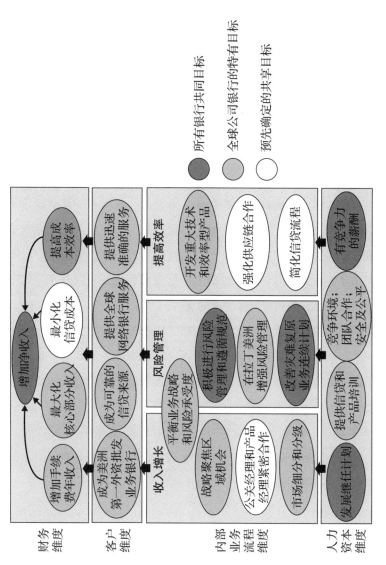

图6-8 京东三菱银行美洲总部修订后的战略地图（以银行单元为例）

由于整个项目的运作顺序不同于一般做法（事业部—集团—事业部），因此整个项目从开始到达到运行状态花费了 15 个月。但是项目的运作顺序非常符合公司文化——偏向于战略在事业部形成，而不是在集团总部形成。所以当系统准备就绪时，整个公司的接受度非常高。

美洲总部平衡计分卡项目成功的消息很快传到东京，到 2004 年，东京三菱银行全球总部也开始推行自己的平衡计分卡。

小　结

一个组织虽然能够自上而下或者自下而上地分解平衡计分卡和战略地图管理系统，但是最终的平衡计分卡报告、分析和决策应该重复运行。标准做法是从公司战略地图和平衡计分卡的制定开始，促使中间层级和较低层级组织单元和公司层面战略形成协同。但是很多公司选择先在业务单元层面开始，对概念进行测试和验证，以便在集团全面开展之前获得业务和职能管理者的支持。

大多数组织最终使用迭代式的流程，从制定集团对业务单元战略地图和平衡计分卡开发的指导原则开始，再利用业务单元的设想去修订集团的战略地图和平衡计分卡。在推动平衡计分卡的过程中，太强硬或者太急于推动，都可能引起反感或反弹。大多数组织发现，在分解的早期阶段，灵活性是关键因素。一旦组织开始使用正式的工具——采用定期报告和讨论战略成果的流程，自上而下地推行集团的工作重点就变得更能接受。

第7章 董事会和投资者的协同

在之前的章节中，我们讨论了平衡计分卡是如何帮助组织内部的
业务单元和支持单元实现组织协同的（参见图7-1左侧的箭头）。随着

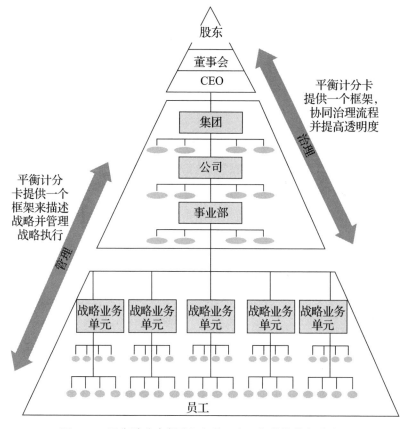

图7-1 平衡计分卡帮助组织管理各层级的价值创造流程

对公司治理日益关注，公司高管现在正利用平衡计分卡来创造更多的公司价值，以强化治理流程并改善和股东的沟通（参见图 7－1 右侧的箭头）。正如通用电气的 CEO 杰夫·伊梅尔特所言："我想让投资者知道他们是可以信任我们能有效治理公司的。他们可以根据我们的业务质量、战略和执行情况来判断通用电气的运作状况。"[1]

当投资人将他们的资本委托给公司管理者时，有效的治理、披露和沟通能够减少投资人面临的风险。本章将展示公司如何利用平衡计分卡来加强公司治理和披露流程。在介绍这一平衡计分卡的新应用之前，我们先介绍公司治理的基本概念。

公司治理

所有的市场体系都需要一种调节机制来帮助资本投入最有利可图的投资机会，同时监控那些已经获得外部投资者授权资本的高级经理的绩效。[2] 而经理和企业家提出的经营理念并非都是值得投资的"好"计划。由于缺乏有关经营机会的有效信息，投资者通常无法从公司管理者提出的建议中筛选出好的方案。

隐藏信息的问题也在其他市场中出现，卖方（公司管理层）会比买方（潜在投资者）在投资机会方面掌握更完整的信息。假如有一个二手车市场，买方通常无法从卖方那里获得汽车状况的真实信息，而且无法从其他渠道获得有关质量的信息。在这种情况下，卖方更了解有关产品和服务的信息（通常被经济学家称为逆向选择问题）。

因此，二手车买方会理性假设车况是不好的，并将今后所要支付的修理费用也加入报价中。潜在的卖方即使将汽车保养得很好，也无法按照实际价值售出，因此就不会在这样的市场进行销售。结果就是产生了一个功能不完善的市场，在此市场上只提供低质的商品和服务。

将这个例子扩展到资本市场中可知，如果经理人无法充分传达目标项目的潜在价值，投资者将不愿意投入对经理人有吸引力的资金。[3]
那么，很多高回报的投资机会将无法获得资金。

　　资本市场也必须监督经理人是如何使用投资人所提供的资金的。
经理人和投资者的利益并不完全相同。经理人看重的可能是通过投资
扩大公司规模，而不是盈利性；或者在投资状况不理想时，经理人不
愿意发放股利，他们更愿意持有现金，以回避对未来新项目的投资
评估。

　　经理人也会将部分"他人的钱"用于消费，比如用于办公室的豪
华装修、组建公司的喷气机队和支付自己高昂的薪酬。经理人也可能
会歪曲他们提供给投资人的财务报表和披露的信息，将公司的运营情
况描述得比实际经营状况更好。这样的歪曲可能会带来更高的奖金，
也为他们避免了展露出绩效不好的真实情况时丢掉工作的可能性。这
些都是当经理人更多地考虑自身利益而不是公司所有者的利益时，经
理人隐藏行为或者道德风险的例子。

　　散户往往发现，当经理人的行为没有得到充分披露时，对其进行
监控和惩罚的成本高昂。出于这些顾虑，如果不能杜绝经理人的隐藏
行为，投资人将不愿冒险投资这些公司。

　　市场经济已经建立起一系列的机构来缓解资本市场中的逆向选择
和道德风险问题，只要能够更好地规避此类问题的出现，就能取得更
快的经济增长，达到更高的居民生活水平。

　　在这些机构中充当主角的是信息和资本市场的中介者，比如分析
师和职业基金经理人（见图 7-2 顶端第一行）。分析师分析财务报表和
披露的信息，以及公司的前景，并对哪些公司表现出吸引力或者无吸
引力的投资机会提供建议。职业经理人——包括共同基金、风险资本
投资者和私募股权投资者，从各种散户和机构客户汇集资金，再通过
自己和外部分析师对财务和业务的分析，将资本投入最具吸引力的投
资机会。

信息需求方

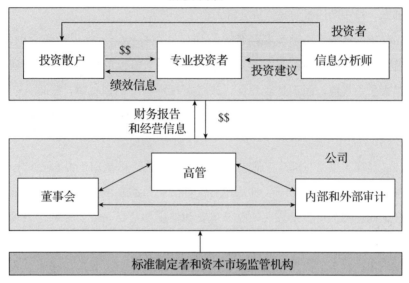

图 7-2　资本市场中介链

散户和他们的职业经理人所做出的分析、判断和投资决策是以公司管理者所公布的财务报表和披露的信息为依据的。为了保证这些财务报表和披露的信息能如实反映公司的经营状况，外部审计机构将检查和测试报告的有效性，从而减少管理者在汇报自身绩效时可能出现的道德问题。

可能整个治理系统中最重要的部分是公司的董事会。一个得到积极治理的董事会是形成和执行成功战略不可或缺的一部分。当董事会担负起下列五项主要职责时，就能对组织的绩效做出贡献：

（1）确保公司维持诚信的流程，包括：

1）财务报表的诚信；

2）遵守法律法规和道德规范的诚信；

3）对客户和供应商的诚信；

4）与利益相关方的诚信。

（2）通过和监督公司的战略。

（3）通过重要财务决策。

（4）选择 CEO，评估 CEO 和高管团队，并确保管理层继任计划的执行。

（5）为 CEO 提供建议和支持。

接下来我们将详细说明这五项职责。

确保诚信和合规

董事会必须确保公司的财务报告和披露的信息如实反映了当前经济环境下公司的绩效和主要风险因素。财务报告的真实性和完整性体现在应该遵从法律、财务和法规的要求，比如要符合美国 2002 年颁布的《萨班斯法案》。内部和外部审计师会帮助董事会确保公司的财务报告、披露的信息和风险管理流程符合这些法律法规。

董事会还必须监控公司所承担的风险，并核实管理者已经建立了合适的风险管理流程，以避免公司资产、信息和声誉方面的损失。此外，董事会必须确保公司的管理者在与供应商、客户、社会团体和员工往来时，他们的行为符合伦理道德和公司的行为准则。董事会还应确保公司员工没有触犯法律法规，他们的行为不会损害公司的资产和正常运营。

通过和监督公司战略

董事会成员通常不参与制定战略，这应该是 CEO 和高管团队的职责。但是，董事会成员要确保公司领导者已经制定并正在执行能长期为股东创造价值的战略。董事会成员有权通过或否决战略执行相关的管理决策。

为了落实这项职责，董事会成员必须充分理解并认同公司战略。一旦公司战略得到通过，董事会成员必须持续监控战略的执行和结果。

为此，董事会成员必须了解业务的关键价值和风险动因。

通过重要财务决策

董事会要确保财务资源正在有效且高效率地利用，以达成战略目标。董事会应当批准年度运营和资本预算，并核实大规模的资本支出、新财务计划或支付计划，以及主要的收购、合并和剥离。

选择并评估主管

董事会雇用CEO，并决定他的薪酬。董事会通常也决定高层管理团队其他人员的录用。每年董事会都会评估CEO和高管团队的绩效，并决定适当的薪酬和奖励。

为了确保公司免受任何关键管理人员意外死亡、生病、受伤和离职的影响，董事会必须确保高管团队所有成员的继任计划。

为CEO提供建议和支持

董事会要为CEO提供意见和建议。董事会的每位成员都应该利用他们的专业知识和职能的管理经验，结合公司的历史和竞争状况，为公司的运作提供指导意见。当高管团队识别战略机会和做出重大决策时，董事会成员应和他们分享自己的知识、经历和智慧。

有限的时间和有限的知识

为了更好地履行这些职责，董事会成员需要掌握大量的知识。他们必须了解公司的财务结果、竞争地位、客户、新产品、技术和员工的能力以及高管和人才库的绩效和能力。

同时，董事会也必须知道公司的经营是否符合法律法规和道德标准。[4]

爱德华·罗勒（Edward Lawler）是一位研究人力资本、组织效率和公司董事会的学者。[5]他写道："董事会应该聚焦领先指标。而挑战就在于要知道正确的领先指标是什么——哪些指标对组织和其商业模式而言是独一无二的。董事会需要回顾组织文化相关的信息，需要那些能够真实反映客户和员工感受的指标。"[6]

然而，董事会往往因为时间有限和提供的信息不充分而不能履行其职责。诸如安然（Enron）、世通（WorldCom）和阿德菲亚（Adelphia）之类的公司失败，就是因为它们的董事会没有获得足够的信息来了解公司的状况。[7]约有 90％的董事不是高管团队的成员，他们只是兼职的外部董事。目前，如果外部董事的公司代表了公司 1％以上的资金、供应或销售方面的业务，那么很多公司就将其视为"非独立董事"。

因此，独立董事目前对公司及其行业的了解并不充分。尽管这些独立董事可能在某种程度上能够为投资者提供保护，但上述情况也限制了独立董事挖掘公司所在行业和竞争地位方面信息的深度，而这些信息大多来自季度和年度的财务报告。

外部董事和独立董事在他们自己的组织中通常也占据重要领导地位。他们发现很难花大量的时间在董事会的事务上。公司必须找到更有效地利用董事会成员时间的方法。更有效的时间管理包括简化董事会成员收到的信息，并评估会议前和会议中产生的信息。另外也可将董事会会议的重点聚焦在公司最为重要的战略重点上。一位专门研究董事会的著名学者杰伊·洛尔施（Jay Lorsch）说："如果董事能定期获得平衡计分卡，他们能更好地了解公司的动态。平衡计分卡所强调的战略（与所有活动相关、日常活动和长期活动）能够帮助董事保持管理上的聚焦。"[8]

基于平衡计分卡的治理体系可以帮助董事会应对来自有限时间和有限信息的两项关键挑战。

在董事会治理中使用平衡计分卡

董事会对平衡计分卡的使用是目前出现的一种新的应用。越来越多的公司将平衡计分卡放入董事会文件中，并在董事会会议上对平衡计分卡进行讨论。

位于宾夕法尼亚州中西部的区域性银行控股公司第一联邦金融公司（First Commonwealth Financial Corporation），就先行让平衡计分卡成为董事会会议回顾和讨论的主要内容。在随后的章节中，我们会着重关注第一联邦金融公司的经验。[9]

公司平衡计分卡

董事会的平衡计分卡项目从通过组织中整合战略目标的战略地图及对应的公司平衡计分卡开始，包括绩效指标、目标值和行动方案。当然，建立公司平衡计分卡的初衷是帮助 CEO 在组织中进行内部沟通和实施公司战略。

比如，图 7-3 是第一联邦金融公司的战略地图，该公司采用平衡计分卡来实施聚焦终身客户关系的新战略。战略地图清晰地描绘了收入增长和生产率提高的高层财务目标；终身客户关系和交付优质服务的客户目标；有效利用客户信息并按客户需求提供定制化产品和服务的核心内部业务流程目标；按照新战略和新销售方式对员工进行激励和培训的学习与成长目标。战略地图还配有一张包含指标、目标值和行动方案的平衡计分卡。CEO 可以在董事会就战略方向和战略执行绩效进行内部讨论时使用公司平衡计分卡。只要以这种方法使用，平衡计分卡就能为董事会成员提供必要的财务和非财务信息，支持他们在监控绩效方面的职责，这样平衡计分卡就可以在公司治理中扮演核心角色。

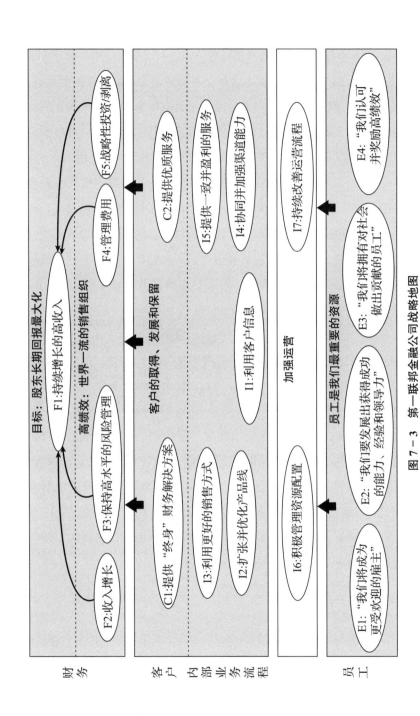

图 7 - 3　第一联邦金融公司战略地图

再比如，拥有超过 9 500 家连锁餐厅的温迪国际（Wendy's International），是全球最大的餐饮连锁管理公司之一，也在应用平衡计分卡实现与董事会的沟通。每年董事会都会对财务结果、流程重组的收益、新店的成长、市场份额、客户满意度、与关键竞争者在口味和性价比上的比较、员工满意度和员工流失率等方面进行多次回顾。董事会会每季更新具体的领先指标，特别是客户反馈和市场份额的变化。[10]

一开始，高管团队只是将公司平衡计分卡和战略地图提交给董事会回顾和审批。理想的状况是回顾应该在这些文件定稿以前完成，这样董事会成员就能参与战略方向和定位的讨论。战略地图和平衡计分卡是公司战略最为清晰和简洁的表达方式。它们能够让董事会理解战略，并提供了董事会评估的基础——评估战略是否能在可接受的业务、财务和技术风险下，创造长期的股东价值。

一旦经过董事会的通过，公司的战略地图和平衡计分卡，以及主要业务单元和支持单元的关于平衡计分卡的支持性文件，将成为会议前分发给董事会成员的主要文件。例如，在第一联邦金融公司的董事会文件包的第一页，就是一张彩色的战略地图，代表了各个战略目标的提前完成、按计划完成和未完成状态。当 CEO 与董事会成员就公司近期执行战略的经验进行讨论时，上述结果就成了董事会会议的议程。通过持续的预测调整，董事会成员始终能了解管理层对未来关键财务指标和公司核心价值驱动因素的预期目标。公司内部审计委员会的成员也能更加了解隐藏在公司运营和战略下的风险因素，这种认知将有助于他们在财务报告和信息披露方面做出决策。

高管平衡计分卡

董事会平衡计分卡项目的第二个组成部分由高管平衡计分卡组成。整个董事会和薪酬委员会能用高管平衡计分卡来选择、评价和奖励公司高管。高管的薪酬一直被认为是董事会绩效考核中最不充分的部分。

很多了解董事会流程的人认为，董事会薪酬委员会并没有合理地将高管的薪酬和他们的职责和绩效挂钩。这些人认为董事会薪酬委员会已经被 CEO 掌控，由 CEO 雇用的薪酬顾问也只是协助董事会决定高管的薪酬。

显然，要让董事会履行对高管进行监督和评价的职责，他们需要一个能提供对管理层绩效进行有效、客观评价的管理工具。董事会应该设计并通过一套薪酬和激励体系，对创造了长期和短期价值的高管给予奖励。当高管的绩效低于行业平均水平时，薪酬也应该低于平均水平。

高管平衡计分卡描述了高层管理者的战略性贡献，可以帮助 CEO 和董事会将个人的绩效预期和整个公司的绩效预期加以区分。开发高管平衡计分卡的流程开始于公司平衡计分卡。CEO 和高层管理团队首先要对公司的目标达成共识，而这些目标就是高层管理团队中每个人的首要职责。

例如，首席信息官（CIO）将主要负责学习与成长维度中有关信息技术能力的目标以及内部业务流程维度和客户维度的目标，而这些目标的成功与否由出色的数据库和信息系统决定。首席人力资源主管对以下三项实务负首要责任：确保员工拥有执行公司战略所必需的技能和经验；确保能使所有员工都了解公司总体战略和业务单元战略的有效沟通流程；确保每个员工都拥有个人目标、职业发展计划和与公司和运营相关的战略目标相关联的薪酬激励计划。

在第一联邦金融公司的案例中，图 7-4 展示的是 CEO 的重点战略地图目标，图 7-5 展示了 CEO 负责的具有代表性的指标和目标值。值得注意的是，CEO 对新市场和销售战略负有首要责任，而其他高管，如 COO 和 CIO，则对成本、质量和日常运营的快速响应负有主要责任。CEO 还需要领导整个团队，提高第一联邦金融公司在业务经营范围内的认知度和贡献。

组织协同

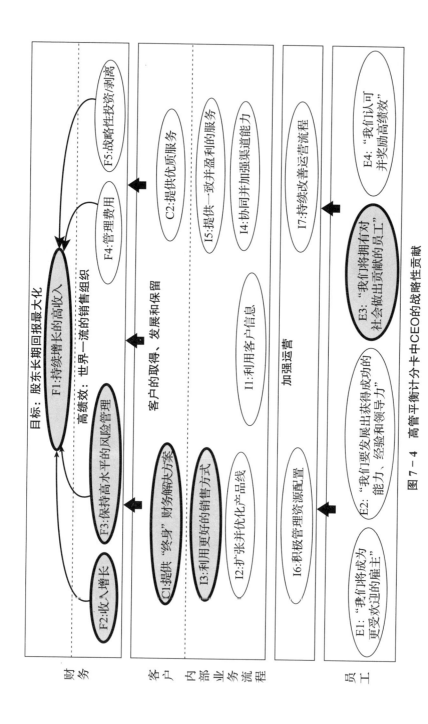

图 7 - 4 高管平衡计分卡中CEO的战略性贡献

战略角色：CEO负责收入增长，将组织转化成一个销售导向组织，并确保长成单元有合适的管理团队来执行公司战略

高管平衡计分卡框架：CEO

战略目标（来自公司战略地图）	个人目标	衡量指标（来自公司平衡计分卡）	目标值	打分
财务 F2:收入增长	收入增长的关键来源： (1) 为效益好的公司提供投资服务 (2) 为商业市场提供贷款	收入增长	2003 10%	
利益相关者 C1:提供"终身"财务解决方案	检查行动方案的执行情况及新品牌形象和保活动的执行	细分市场的获取、开发和保留	待定	
内部业务流程 I2:扩张并优化产品线 I3:利用更好的销售方式	识别目标客户关系，确保建立目标客户档案	目标客户销售比例	2003 40%	
学习与成长 E3:我们将拥有对社会做出贡献的员工	在知名度高的民间组织中充当积极领导者角色	民间活动参与度	待定	

图 7-5 高管平衡计分卡澄清并衡量对战略的贡献

　　在为高管团队的每位成员都建立高管平衡计分卡后，CEO 就能将高管团队和战略关联起来，同时建立起明确的责任机制，让每位高管对自己的绩效和贡献负责。

　　CEO 平衡计分卡也以同样的方式衍生出来，重点强调 CEO 在战略实施中负首要责任的公司平衡计分卡的部分。CEO 的平衡计分卡或者其他高管的平衡计分卡，除了可以成功执行战略和增加股东价值外，还可以对 CEO 或其他高管决策相关的关键绩效指标加以补充。例如，CEO 可能对以下事项负有特定责任：制定有效的治理流程；保证对环境和社会的贡献；与投资人、战略性客户、供应商、监管机构和政府领导人等重要外部利益相关者保持良好关系。表 7 - 1 展示了当建立 CEO 和高管平衡计分卡时董事会可能应用的更广泛的评价指标。

表 7 - 1　建立 CEO 平衡计分卡的战略目标和评价指标

维度	战略目标	评价指标
财务	● 股东价值持续增长	● 经济增加值或股东价值增长值 ● 市盈率（与同行比） ● 股东权益报酬率（与同行比） ● 投资组合投资报酬率
	● 战略性投资	● 收益增长率 ● 新来源的收入
	● 生产力管理	● 人均收入 ● 现金流
股东	● 建立有效的董事会/CEO 关系	● 董事会对关系的评估
	● 维持股东关系	● 与股东的会议次数 ● 股东满意度调查
	● 满足法规要求	● 违规次数 ● 外部利息相关者调查
	● 增加客户价值	● 市场份额（关键市场） ● 客户满意度（关键市场）

续表

维度	战略目标	评价指标
治理流程	● 制定和沟通战略	● 员工了解战略的百分比（员工调查）
	● 监督财务绩效	● 收益率的质量 ● 达到目标的投资项目百分比
	● 实施绩效管理流程	● 员工目标与战略联结的百分比（平衡计分卡） ● 员工激励与战略联结的百分比（平衡计分卡）
	● 实施风险管理流程	● 流程质量（外部审计） ● 风险事件处理率
	● 管理战略执行	● 战略行动方案（与计划相比）
学习与成长	● 保障技术	● 研发支出/销售收入（与同行比） ● 专利数量、被采用的专利数量 ● 新产品开发周期
	● 保障人力资本就绪	● 人力资本准备度（战略性岗位） ● 关键岗位实施领导者继任计划百分比 ● 关键员工流动率
	● 开发公司文化	● 员工满意度调查 ● 行为规范——认知度

　　董事会的薪酬委员会应当使用 CEO 的平衡计分卡来设计 CEO 业绩合同，为 CEO 薪酬的确定提供客观和可靠的依据。CEO 平衡计分卡指标的绩效目标值可以参照明确的增长目标值和相对于行业的业绩表现确定。

　　治理委员会也可以将高管平衡计分卡用作战略性工作的描述，以提供执行继任计划和识别继任候选人的依据。科恩（Cohn）和库拉（Khurana）对董事会选择 CEO 的传统方法提出质疑："对 CEO 的选择和薪酬的确定，通常来源于他们西装革履下展现的魅力和自信，而不是他们实际的能力和才干……董事会在评价一个人在特定环境下领导特定公司所需的实际的技能、经验和能力时，通常会出现偏差。"[12]

当公司出现高管职位空缺时，公司平衡计分卡和高管平衡计分卡能帮助董事会在组织内部寻找拥有高层战略实施所需经验和能力的明日之星；也能够为董事会提供指导，向绩效出色的员工推荐具体的培训和特定的职位，使这些优秀员工在未来担任高层管理职位时做好充分的准备。

当通过内部晋升无法满足高层职位的需求时，董事会的招聘委员会会使用战略地图和平衡计分卡的指标来编写职位说明，为通常由猎头公司协助的外部招聘提供指导。科恩和库拉极力主张董事会运用战略地图中的量化目标来指导寻找继任者的计划和执行："招聘委员会将聚焦于识别和招聘能够应对执行方面挑战的人才，而不要轻易被缺乏相关技能的领导者的个人魅力征服。"[13]

董事会平衡计分卡

我们相信，大多数董事会会发现平衡计分卡已被直接应用于战略执行责任的评估，有的在定期会议中使用平衡计分卡，有的使用平衡计分卡来监督高管绩效。事实上，加拿大一家著名的财务机构提倡将这种实践作为一种标准应用到所有公司。[14]

一个更新颖的应用是，为董事会开发自己的战略地图和平衡计分卡。美国的《萨班斯法案》要求董事会必须每年对自身的绩效做出评估。有什么样的业绩评价工具能比董事会战略性目标的明确陈述更好呢？董事会平衡计分卡具备以下优点：

- 定义了董事会的战略贡献；
- 提供了一种管理工具，来管理董事会及其委员会的组成和绩效；
- 按照董事会的要求使战略信息更加清晰明确。

图 7-6 是董事会战略地图的通用版本，图 7-7 是董事会平衡计分卡的一个部分。董事会战略地图中使用的财务目标通常与公司战略地图中的一致，因为对于股东而言，董事会的成功与否在于它是否有能力指导管理团队达成更高的财务绩效。

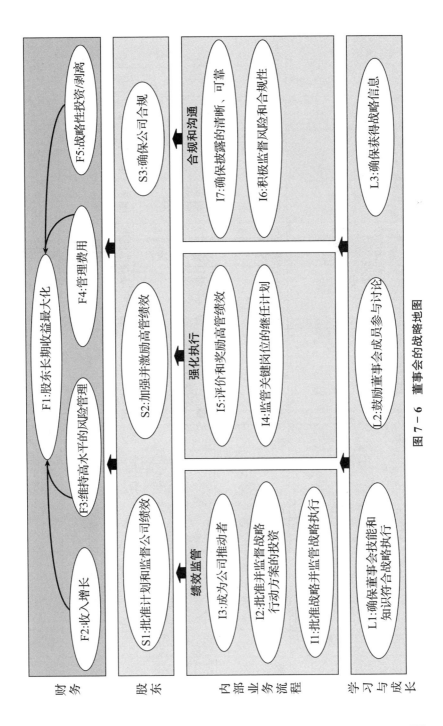

图 7-6　董事会的战略地图

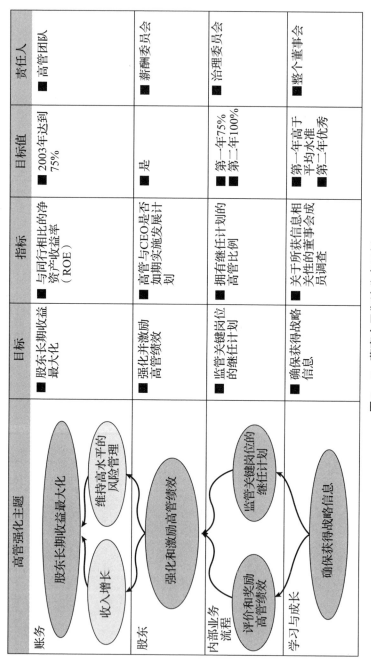

图 7-7 董事会平衡计分卡示例

高管强化主题	目标	指标	目标值	责任人
账务 股东长期收益最大化 维持高水平的风险管理 收入增长	■ 股东长期收益最大化	■ 与同行相比的净资产收益率（ROE）	■ 2003年达到75%	■ 高管团队
股东 强化和激励高管绩效	■ 强化并激励高管绩效	■ 高管与CEO是否如期实施发展计划	■ 是	■ 薪酬委员会
内部业务流程 监管关键岗位的继任计划 评价和奖励高管绩效	■ 监管关键岗位的继任计划	■ 拥有继任计划的高管比例	■ 第一年75% ■ 第二年100%	■ 治理委员会
学习与成长 确保获得战略信息	■ 确保获得战略信息	■ 关于所获信息相关性的董事会成员调查	■ 第一年高于平均水准 ■ 第二年优秀	■ 整个董事会

　　然而，相比使用传统的客户维度，董事会平衡计分卡引进了股东维度，反映董事会对投资者、监管机构和社会的责任。正如本章前面讨论的，董事会对股东的责任包括如下内容：

● 批准计划并监督公司的绩效；

● 强化并评价高管业绩；

● 确保公司遵从法律法规和社会规范，并运用合适的内部控制机制。

　　这些董事会需要履行的关键职责可以将管理者更注重个人利益而不是股东利益导致的道德风险降到最低。财务报告和信息披露也为投资者提供了投资机会和风险相关的可靠信息，从而减少了信息不对称带来的风险。

　　董事会是整个资本市场治理体系中唯一最重要的部分。董事会必须确保管理者为股东和监管机构提供了有效的财务和非财务信息，并且保证管理者正在利用股本提升股东的长期收益。这些董事会的职责是保证资本市场有效运转的关键。除非投资者能够得到董事会正在客观且独立地履行职责的保证，否则，投资者将不会愿意将资本委托给公司管理者。

　　董事会平衡计分卡的内部业务流程维度包含董事会流程的目标，这些目标将促使董事会达成股东和利益相关方的目标。图 7-6 展现了董事会流程的三个战略主题：绩效监管、强化执行、合规和沟通。这些战略主题为董事会确定具体的内部业务流程目标提供了框架。

　　这三个战略主题与董事会最重要的委员会也有关联。治理委员会的首要职责是绩效监管；薪酬委员会的首要职责是评价和激励高管团队；审计委员会的首要职责是负责公司的合规经营和与外部机构的沟通。

　　董事会平衡计分卡的学习与成长维度包括：董事会技能、知识和能力的目标；董事会对公司战略和实施结果的了解；董事会的文化，特别是在董事会会议上董事会成员和高管团队的讨论和互动展现出来的活跃的气氛。董事会学习与成长维度的指标可以从每次董事会会议结束后董事会成员完成的调查问卷收集，问卷对会议之前和会议期间的会议质量、董事会流程、所提供的信息进行评估。

第一联邦金融公司的副董事长戴维·达尔曼（David Dahlmann）对董事会平衡计分卡的学习与成长目标的重要性有如下陈述："董事会的调查问卷帮助我们确定，我们是否具备了正确的技能去帮助公司保持战略方向，是否在正确的时间获得了正确的战略信息，是否营造了良好的氛围来鼓励各抒己见的讨论。"[15]

总之，如图7-8所示，由三部分组成的平衡计分卡项目（公司平衡计分卡、高管平衡计分卡和董事会平衡计分卡）为董事会提供了信息和结构，有助于董事会更有效地履行它们在资本市场治理体系中的重要职

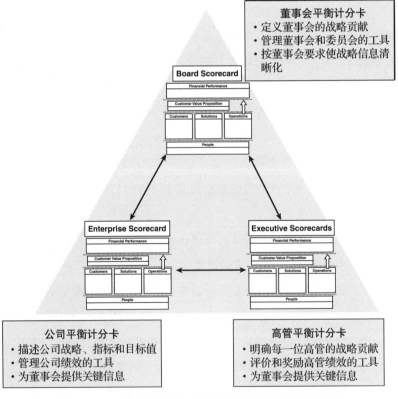

图7-8 三部分平衡计分卡项目是公司治理体系的基石

责。而附上业务单元和关键支持单元平衡计分卡的公司平衡计分卡，则是以一种简洁、且有效的方式，让董事会了解公司战略的执行情况。

董事会通过监督、指导、批准和决定战略方向，对公司战略的内涵有了更深入的了解，且董事会成员不会因为过多的细节信息造成负担。高管平衡计分卡提供了一个清晰的依据以监督管理团队的绩效，根据战略目标的完成情况支付高管报酬，并评价高管继任计划的完成情况。董事会平衡计分卡告知所有董事会成员他们的职责，并用简单易懂的指标进行董事会绩效的定期评估。

投资者和分析师的协同

一旦董事会认可并开始积极使用公司平衡计分卡的财务和非财务指标，下一步就是和公司所有者沟通关键信息。事实上，一些监察委员会已经开始提倡将平衡计分卡中关于公司战略和执行的信息与投资者进行沟通。15 年前，美国注册会计师协会的一个高级委员会（一般又称为詹金斯委员会（Jenkins Committee））调查了投资者和债权人的信息需求。[16] 他们建议公司不仅要提供财务报表和指标，还应该提供关于公司运营业务的高层次运营数据和公司关键业务流程的绩效指标。这样的指标包括公司产品或服务的质量，公司业务的相关成本，执行关键业务的要求时间，比如新产品开发。

该委员会的研究表明分析师和公司所有者对公司业务活动、业务流程和影响公司的事件的兴趣绝对不亚于对财务指标的兴趣。该委员会的报告强调高层次的运营数据能够帮助分析师和公司所有者理解公司的业务运作，特别是了解公司的活动与其反映公司财务绩效之间的关系。委员会认识到，为了适应公司业务的变化，公司正在改变它们的信息系统以及用于管理业务的信息类型，比如全面质量管理中的关键流程绩效和客户满意度的指标。委员会的结论是："如果公司使用高层次的业绩指标来管理业务，使用者将从中获利。"

安永咨询公司研究了财务分析师所使用的信息，得出的结论是："收益对股票预期价格的影响程度正在降低，公司价值的 35% 都归因于非财务信息。"[17] 那些分析精准度高的分析师表明，他们运用了大量的非财务指标。对计算机硬件、食品、石油和天然气这四个行业的更详细的研究显示，投资者最看重的非财务指标是公司执行战略的能力。

1999 年哈佛商学院的研究也显示，那些出色的卖方分析师希望从公司的外部报告中获取更多的非财务信息，包括业务单元的竞争战略和公司战略的信息。[18] 马克·爱泼斯坦（Marc Epstein）在两项合作研究中，提供了数家公司在年报中包含非财务指标的案例。[19]

尽管所有的研究都表明分析师希望看到公司战略以及战略执行相关的信息，但是公司报告中的非财务业绩指标信息仍然很随意，也不成体系。尽管在公司中作为管理战略的平衡计分卡已经广泛使用，但事实上没有一家公司选择将平衡计分卡框架用于外部报告和披露。[20]

20 世纪 90 年代中期，有几家先行采用平衡计分卡的公司，例如美孚石油（Mobil US Marketing & Refining）、CIGNA 保险公司（Cigna Property & Casualty）、美国纽约化学银行（Chemical Retail Bank）。我们询问过他们的高层管理者是否在与分析师和投资者的沟通中使用了平衡计分卡指标，其中几位曾向分析师介绍了他们公司近期使用平衡计分卡所获得的成功。虽然还没有人向投资者实际演示过平衡计分卡，但是他们向投资人做展示时都使用了平衡计分卡的框架。他们说分析师都对展示表现出很高的热情，因为高层管理者没有只是讨论每股收益的增长率和预测，而是描述了驱动财务绩效增长的内在战略因素。

例如，在一次展示中，公司高管介绍了一项新信息技术方面的主要投资，它能显著优化公司面对客户的流程，从而获得更高的客户保留率和客户业务量的增长，对近期收入和边际利润的增长做出重大贡献。分析师可以看到，目前的成果不仅仅是运气，公司高管对公司的价值创造采用了明确的战略，且这项战略正在成功执行，并有可能持续。

在第3章讨论过的英格索兰集团（IR），在其2001年的年报中披露了公司高层的战略地图（见图7-9）。战略地图显示了所有业务的高层战略目标，但是报告没有提供目标的评价指标或数据。这次披露是IR树立品牌形象战略的一部分，展现了公司通过实施多业务整合战略达成规模经济的能力。在IR 2003年年报的CEO致辞中，描述了公司在平衡计分卡上的成就：通过创新和客户解决方案、卓越的运营、双重身份的角色取得了巨大的收入增长。同样，IR的四个主要部分也使用公司的战略主题描述所取得的成就。2004年，IR的CEO赫希·亨克尔（Herb Henkel）在对分析师做季度展示时仍沿用了这一框架，提供了一系列具体的有关创新驱动型增长、跨业务客户解决方案、卓越运营和双重身份角色的案例。[21]

温迪是一家行业领先的快餐厅，虽然没有明确说明指标来自平衡计分卡的四个维度，但是也在向分析师的展示中使用平衡计分卡框架。[22]有些公司和温迪一样，在所有的业务单元中运用同样的指标，当然，它们的指标报告与多元化业务模式的公司相比更加标准化。多元化业务模式的公司往往只采用少数几个相同的指标。温迪每季度向分析师提供的报告包含以下指标，如表7-2所示。

表7-2　温迪公司的战略目标评价指标

维度	评价指标
财务	单店销售增长
客户	客户满意度
	口味（与竞争对手比较）
	客户价值（与竞争对手比较）
内部业务流程	优质服务（免下车取餐服务的平均时间）
	订单准确度、免下车服务
	清洁度
学习与成长	友善、有礼的员工
	员工流动率

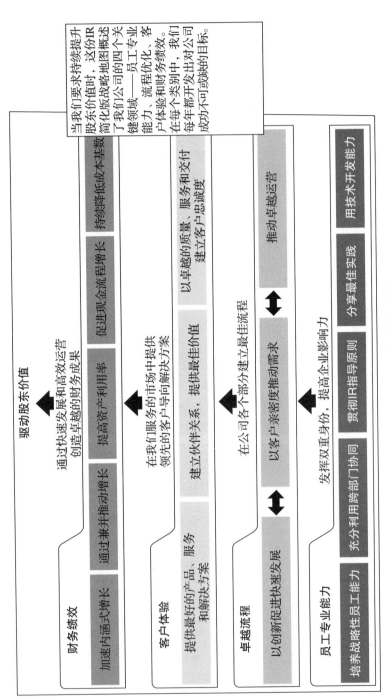

图7-9 英格索兰集团公司高层战略地图

资料来源：IR 2001 Annual Report, page 9.

温迪相信披露与战略相关的关键非财务指标能够为其带来收益。在 2005 年 1 月，温迪被美国投资者研究集团（Institutional Investor Research Group）提名为在投资人关系方面最佳的美国公司。负责投资者关系和财务沟通的副董事长约翰·巴克（John Barker）表示："自运用平衡计分卡增加公司的信息披露以来，温迪的股价上涨了 75%。"[23] 约翰·巴克的评论说明了公司披露的增加能够增加公司价值，通过给予分析师信心，让其知道最近收益的提升归功于有效的战略执行，并且这种收益在未来能够得以维持。

总之，平衡计分卡指标的对外报告仍然处于初级阶段。一些公司已经使用平衡计分卡的框架作为向分析师报告的框架，虽然报告中还没有明确地将平衡计分卡的数据和季度报告或年报结合起来。美国公司的外部报告受到严格的法律法规和高诉讼风险环境的监管。因此，尽管投资者和分析师对公司战略及其执行表现出浓厚的兴趣，公司高管还是不愿意在信息披露方面展现更多的创新。可能当公司在内部与业务单元、员工和董事会成员沟通战略绩效时，更加习惯使用平衡计分卡，它们才可能会在投资者和分析师报告中，更乐意加入平衡计分卡的数据。

小　结

虽然仍处于初级阶段，但是平衡计分卡已经开始在公司治理和报告流程中运用。董事们的职责正在与日俱增，但是他们可用来执行职责的时间有限且难以增加。董事们必须更有效、更巧妙地完成他们的工作，而不能依赖于延长时间和更辛苦地工作。

这种三部分组合式、以平衡计分卡为基础的治理体系为董事们提供了简化的战略信息。通过这种方式，董事会成员获得公司未来方向和报告披露政策相关的决策信息。董事会的准备和会议时间就能聚焦在公司的战略、财务、价值和风险的驱动因素上。高管平衡计分卡告知董事会在高管选择、评价、薪酬和继任方面的执行情况。同时，董事会本身也有自己的平衡计分卡来指导董事会组成、流程、讨论和评价等方面的决策。

各项研究都表明，分析师和投资者非常希望得到补充的非财务指标信息，这能帮助其理解并监督公司的战略。一些公司已经开始使用平衡计分卡的框架来搭建外部沟通的框架，但是这种趋势仍然处于初级阶段，在大多数高层管理者习惯于通过提供资料来沟通和评价公司战略之前，还需要更多的经验。

注　释

1. J. Immelt, "Restoring Trust," speech, New York Economic Club, November 4, 2002.
2. This analysis of the problems of adverse selection and moral hazard in capital markets is taken from K. G. Palepu, P. M. Healy, and V. L. Bernard, *Business Analysis and Valuation Using Financial Statements: Text and Cases,* 3rd edition (Mason, OH: Thomson Southwestern), 2003.
3. The breakdown in markets when buyers cannot get valid information about the product or service being offered for sale was described in a Nobel Prize–winning paper: G. A. Akerlof, "The Market for Lemons: Quality Uncertainty and the Market Mechanism," *Quarterly J. Econ.* 89 (1970): 488–500. Groucho Marx, in a much earlier publication than Akerlof's, captured the essence of the adverse selection problem when he stated, "I don't want to join any club that would accept me as a member."
4. J. Lorsch, "Smelling Smoke: Why Boards of Directors Need the Balanced Scorecard," *Balanced Scorecard Report* (September–October 2002): 9–11.
5. J. Conger, E. Lawler, and D. Finegold, *Corporate Boards: New Strategies for Adding Value at the Top* (New York: Jossey-Bass/Wiley, 2001).
6. E. E. Lawler, "Board Governance and Accountability," *Balanced Scorecard Report* (January–February 1993): 12.
7. Ibid., 11.
8. Ibid., 10.
9. Details can be found in R. S. Kaplan, "First Commonwealth Financial Corporation," Case 9-104-042 (Boston: Harvard Business School Publishing, 2004).
10. J. Ross, "The Best-Practice Hamburger: How Wendy's Enhances Performance with Its BSC," *Balanced Scorecard Report* (July–August 2003): 5–7.

11. L. Bebchuk and J. Fried, *Pay Without Performance: The Unfulfilled Promise of Executive Compensation* (Cambridge, MA: Harvard University Press, 2004); G. Crystal, *In Search of Excess: The Overcompensation of American Executives* (New York: W.W. Norton, 1991).

12. J. Cohn and R. Khurana, "Strategy Maps for CEO Succession Planning," *Balanced Scorecard Report* (July–August 2003): 8–10.

13. Ibid., 9.

14. M. J. Epstein and M. Roy, *Measuring and Improving the Performance of Corporate Boards*, Management Accounting Guidelines, Society of Management Accountants of Canada (Mississauga, Ontario, 2002).

15. Kaplan, "First Commonwealth Financial Corporation."

16. "Improving Business Reporting—A Customer Focus: Meeting the Information Needs of Investors and Creditors," Report of the Special Committee on Financial Reporting, American Institute of Certified Public Accountants, 1992.

17. "Measures That Matter," Ernst & Young white paper, 1999 (available from Cap Gemini Ernst & Young Center for Business Innovation).

18. M. Epstein and K. Palepu, "What Financial Analysts Want," *Strategic Finance* (April 1999).

19. M. Epstein and B. Birchard, *Counting What Counts: Turning Corporate Accountability into Competitive Advantage* (Reading, MA: Perseus Books, 1999); M. Epstein and P. Wisner, "Increasing Corporate Accountability: The External Disclosure of Balanced Scorecard Measures," *Balanced Scorecard Report* (July–August 2001): 10–13.

20. One of the few exceptions is Skandia, a Swedish insurance company, which published its Navigator of nonfinancial measurements, for many years, as part of its annual report (see "The Value-Adding Power of External Disclosures: An Interview with Jan Hoffmeister, American Skandia Investment," *Balanced Scorecard Report* (September–October 2001): 10–11.

21. See presentations at http://irco.com/investorrelations/analysts.

22. See Wendy's analyst presentations at http://www.wendys-invest.com/main/pres.php.

23. "The Best-Practice Hamburger: How Wendy's Enhances Performance with Its BSC," *Balanced Scorecard Report* (July–August 2003): 6–7.

第8章　与外部合作伙伴的协同

组织协同的最后一部分是公司和外部战略伙伴建立平衡计分卡，如关键供应商、客户和关联方。当一个公司和一个外部战略合作伙伴建立了平衡计分卡，两个公司的高管就能对合作关系方面的目标达成一致。这个流程能够在两个组织之间建立理解和信任，降低交易成本，并将双方可能产生的分歧最小化。

平衡计分卡相当于提供了一份可以明确衡量组织之间绩效的合同。没有平衡计分卡，与外部合作伙伴的配合只能停留在财务指标上，比如价格和成本。平衡计分卡则建立了更广泛的合作机制，将服务、及时性、创新、质量和灵活性等方面的内容都纳入合作关系中。

供应商平衡计分卡

供应链管理是跨职能和跨组织的。跨职能是因为有效生产和商品供应都需要市场、运营、采购、销售和物流等职能之间的紧密配合。跨组织是因为系统和流程涉及供应链上所有的参与者（包括原材料供应商、生产商、分销商和零售商），它们需要在整个供应链上的所有环节紧密配合和合作。平衡计分卡这一理想的协同机制能为供应链管理带来巨大的收益。

在 20 世纪 80 年代，很多公司采用全面质量管理和即时生产（JIT）等管理工具。这些源于日本的管理工具使制造公司和它们的供应商建立起紧密的联系，从而使质量合格的部件和产品能够可靠地发运并及时运送到工厂的生产线。供应商的选择过去通常只以价格为标准，而现在还需要考虑供应商及时提供零缺陷产品的潜在能力。

Metalcraft 公司的供应商平衡计分卡

Metalcraft 公司（化名）是世界上最大的顶级汽车制造商之一。[1] 公司运用一套系统的供应商体系，并用一套大规模的供应商平衡计分卡体系评价其绩效。Metalcraft 公司的供应商平衡计分卡将绩效分成三类：质量、时效和交付。每个供应商都会收到所有发过货的 Metalcraft 公司的工厂的评分。Metalcraft 公司将整个供应商平衡计分卡的分数相加后计算出该供应商的总体得分。

质量

供应商平衡计分卡使用三个指标来衡量质量：供应商执行特定的 ISO 和质量标准的总体水平、试产批质量退货率（QR）、每百万件（PPM）产品缺陷率。

Metalcraft 公司非常重视新产品进入批量生产的速度。因此，它注重评估供应商是否能在新产品的试产阶段快速提供高质量的产品。QR 的分数衡量一个新部件在试产阶段所出现问题的数量。QR 指标的测算日期要从完成第一版产品标准开始，直到完全量产之后的 15 天。

一旦进入批量生产阶段，Metalcraft 公司开始测量 PPM 产品缺陷率，即将供应商提供的不合格的瑕疵产品（退回、残缺或重做）的数量除以收到的产品总数，再乘以 100 万。

时效

供应商平衡计分卡的时效部分衡量了供应商按期提供生产所需新部件的能力。Metalcraft 公司有一套详细的确认流程，证明最终使用的生产流程与工程标准型相符。就像 QR 指标，时效评估了供应商能否迅速且可靠地进行新部件的批量生产。

交付

Metalcraft 公司以即时生产的模式运作。供应商的任何延误都会导致生产计划的重新调整，这意味着增加了计划调整成本、加班生产和快速交付成本。Metalcraft 公司的供应商平衡计分卡从几个不同的维度评价了交付绩效，包括交付期的上下误差、沟通状况和记录的维护、问题的解决和防范。

Metalcraft 公司的供应商平衡计分卡把每个供应商的质量、时效和交付绩效结果用绿、黄、红三种颜色表示。绿色标记表示无限制供货。黄色标记表示可继续供货，但必须获得供应商开发工程师批准的"非优先供应商批准申请表"。红色标记的供应商被视为"非优先选择"的供应商，需要得到更高层级管理人员的批准；如果该供应商连续 3 个月被标记为红色，它的产品就会被其他供应商代替。

其他供应商的平衡计分卡

Dana 公司是另一家汽车 OEM 制造商，它使用一套供应商平衡计分卡体系（SBS）从四个维度评价供应商的绩效：

（1）质量（25%）：

● 每百万件产品缺陷率（0.8）；

● 退货发生次数（0.2）。

（2）准时交付（25%）。

（3）服务支持（25%）。

● 供应商对 Dana 公司的小量采购和实施 QS-9000/ISO-14000 目标的支持（这一标准依据 Dana 公司当年的工作重点进行调整）。

（4）业务结果（25%）：

● 供应商对达成 Dana 公司生产力目标的承诺。

如同 Metalcraft 公司，Dana 公司让每个供应商通过互联网了解自己的 SBS 分数，并借助分数来激励供应商体系的持续优化。

劳斯莱斯公司（Rolls Royce's）的供应商平衡计分卡也采用了传统的质量和交付指标。2003 年 11 月，劳斯莱斯公司增加了一个成本指标——非质量成本，该指标用来衡量供应商产品质量的防范、评估及损失成本。

Federal Mogul 公司的供应商平衡计分卡除了交付和质量指标以外，还包括一个供应商提出节省成本建议的指标。如果供应商提出的建议能够节省 Federal Mogul 公司 5％的年度预估费用，就会给满分（100 分）。如果提出的建议带来的节约服务小于年度费用的 0.9％，就给 0 分。

这些案例表明，很多制造公司都已经开始使用供应商平衡计分卡。但这些都不是真正意义上的平衡计分卡。供应商平衡计分卡实际上只是一种 KPI 平衡计分卡，通过使用非财务指标来激励供应商提供更好（零缺陷）、更快（交付周期短、即时交付）和更便宜的产品。这种指标计分卡最多只能体现公司的低成本战略，而不能体现出供应商帮助公司建立全新的产品平台的创新方式，也不能衡量供应商是如何帮助公司向客户提供更全面的解决方案的。

即使在公司低成本战略的要求下，更全面的供应商平衡计分卡也会包括供应商人力资本和信息资本方面的发展目标，这些目标能够加强双方关系。此外，也包括其他一些指标，比如如何通过创新和与公司合作，在即时、零缺陷提供现有或已开发产品的基础上为公司提供更高的价值。

当然，对于像 Metalcraft，Dana，或者劳斯莱斯这样的公司来说，为数以千计的供应商分别制定供应商平衡计分卡是不切实际的。这种平衡计分卡只针对战略性供应商——那些公司想要与其建立长期合作关系的供应商，它们能不断提供新的想法和新的流程，帮助公司增加收入并降低成本。

协同规划、预测与补货平衡计分卡

包装类消费品供应和零售行业正在建立更加成熟的供应链平衡计分卡。诸如宝洁、雀巢等制造公司和诸如沃尔玛、Sainsbury、乐购等零售业巨头优化了从生产制造到最终用户的供应链环节。

协同规划、预测与补货（CPFR）计划（参见 www. cpfr. org）努力通过供应链的规划和执行，建立产品类别管理在销售和市场营销方面的最佳实践。它既提高了产品的充足率，又降低了存货、运输和物流成本。例如，宝洁公司的 CPFR 目标是达成产品 100％的货架充足率，同时减少零售店、客户物流中心和宝洁工厂的库存量。宝洁希望能够根据每个零售商的客户需求指令来安排生产和送货。

CPFR 包括大量的供应商和零售商之间的协作流程。建立绩效平衡计分卡是形成这种协作的一个核心要素。例如，CPFR 计划的早期采纳者希望能够获得以下收益：

- 提高预算准确度；
- 改善内部沟通；
- 增加销售；
- 改善与渠道合作伙伴的关系；
- 提高服务水平；
- 减少脱销状况；
- 减少存货；
- 提高资产利用率；
- 提高组织资源的配置效率。

上述每种收益都可以量化，并且能够成为衡量生产商-零售商合作关系的 CPFR 综合平衡计分卡的一部分。

CPFR 的计量可能在欧洲进行得最为深入，欧洲的 CPFR 项目办公室准备了一份模板（见图 8-1）来描述具体的 CPFR 关系。[2]

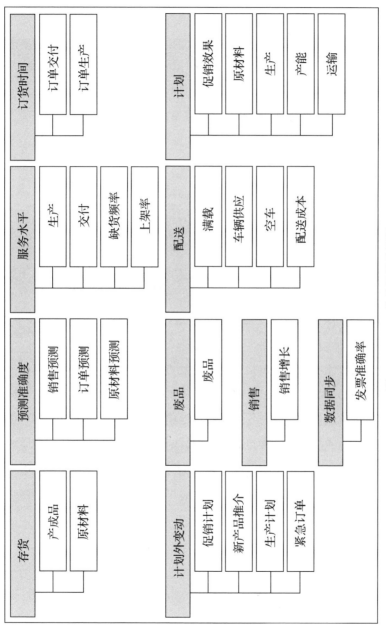

图 8-1　CPFR的关键绩效指标

宝洁公司在 CPFR 试点项目中，采用了供应链关系中 9 个方面的衡量指标：

（1）与实际订单相比预测的准确率；

（2）配货中心服务水平和存货；

（3）零售库存服务水平和存货；

（4）与订单相比生产订单实际完成率；

（5）与发货通知单相比生产订单实际完成率（ASN）；

（6）交付准时率；

（7）运输效率；

（8）可发货的库存储备量（SKU）；

（9）利润率或成本降低率。

Sainsbury 是一家英国零售公司，它已经成为全球商业行动中把 CPFR 理念转变成可操作原则的主要推进者。[3] Sainsbury 公司与制造商关系的建立从初级全球平衡计分卡开始，这张平衡计分卡从准备度、客户导向和运营三个维度的 52 个问题来衡量公司的表现。

准备度维度的问题包括供应商的观点分享、商业决策、与跨职能团队进行协作的能力，以及向零售商提供和接受反馈的能力。客户导向维度的问题包括供应商支持零售商促销、基于客户调查引进新产品和对供应商产品的目标客户有清晰理解的能力。运营维度的问题主要解释了制造商开发关联供应链战略的能力；订单的生成和接收、电子订单的处理和货款的处理；补货、高峰生产的能力。这些初级平衡计分卡问题的回答能让双方在减少订货时间、提高预测准确度、共同降低存货水平和快速推出新产品等方面寻找机遇。

对于较高级别的供应商，Sainsbury 公司则使用一个中等水平的平衡计分卡，从三个主要维度的 95 个问题来衡量绩效。

（1）需求：

● 需求战略和能力；

- 产品组合；

- 促销；

- 新产品引进；

- 为客户创造价值。

（2）供应管理：

- 供应战略和能力；

- 补货响应速度；

- 卓越运营；

- 整体需求导向的供应。

（3）驱动因素：

- 相同的数据和沟通标准；

- 成本、利润和价值衡量；

- 产品安全和质量流程。

以下是一些问题的例子：

- 是否对整个供应链中的成本进行了详尽分析？

- 是否对店内新产品的促销活动进行了积极的监控？

- 如果交付出现问题，是否改进了现有流程？

制造商则总用以下答案回答问题：

- 否/从不；

- 有时；

- 正在进行；

- 是/总是如此。

作为实施 CPFR 和 ECR 方案的结果，供应链平衡计分卡比之前提过的用于车辆运输设备行业的平衡计分卡更加通用。这些供应链平衡计分卡记录了供应商快速引进新产品的能力和共同协作的能力，比如与零售商一起联合促销。此外，供应链平衡计分卡也包括学习与成长的部分，以识别是否具有在同一个项目团队中工作的职责和能力；公司之间的订单、开票、付款方面的信息系统的协同；最终用户的数据分享。在食品和商品包装行业的供应链上建立平衡计分卡提升了相互之间的协作关系，这为其他类型的供应链管理提供了一个可能的领先方案。

供应链平衡计分卡

布鲁尔（Brewer）和斯贝（Speh）提议建立一种更加通用的供应链平衡计分卡的框架。[4] 他们强调，有些平衡计分卡设计不适用于所有公司。一家公司在需求可预测的情况下提供标准化产品，为了降低生产成本、交付成本和销售成本而设计的供应链的目标和那些市场环境不可预测的时尚公司的供应链的目标是截然不同的。前者强调低成本和快速的存货周转；后者强调灵活性、快速响应、预测准确和创新。

当构建供应链的平衡计分卡后，第一步就是要清晰描述供应链的战略。这应该是一个跨职能、跨组织的项目，就像其他有效的平衡计分卡项目一样，可以使不同职能和不同组织的员工确定共同承担的目标。一旦团队成员认可了这一战略，他们就可以开始构建该战略的平衡计分卡。

财务层面

供应链平衡计分卡的财务衡量指标是传统、通用型的衡量指标。运转良好的供应链应该使所有的供应链参与者的边际利润增加、单位成本减少、现金流量增加、收入增长、投资回报率提高。供应链平衡计分卡中也会有一些具体的衡量供应链的指标，比如运输成本、订单流程、订单接收、仓储、销售、报废和降价。

但是，重点放在哪些特定的财务指标上要依据战略来定。对于成熟产品的生产和分销，重点指标应该是现金流、单位成本和资产回报率。对于差异化战略，扮演更重要角色的指标是收入增长、边际利润增长、降低报废和降价。

客户层面

客户层面应该反映供应链上的客户以及最终用户。所有的客户最终获得的利益包括：产品和服务质量提高，交付期更短，可获得性提高（包括减少断货和延迟交付），灵活性提高，价值更高。

内部业务流程层面

改善供应链的内部业务流程可以创造以下的益处：

● 减少浪费：这包括减少重复的流程，让系统和过程更加协调；减少缺陷、次品、退货和返工的情况；降低存货水平。

● 减少从订单到交付的周转时间，并缩短整个供应链参与者的资金周转流程。

● 灵活响应：满足客户对产品规模、数量、包装、运输、交期等方面的独特需求。

● 减少客户定制化和灵活性要求带来的单位成本：供应商应该试图减少非增值成本，比如减少重复的存货，增加产品处理分工、分散交付和无协调的促销活动或交易。

● 创新：供应链的参与者应该监督技术、市场竞争和客户偏好方面的新发展，共同设计和开发新产品，从而持续获得目标客户的忠诚。

学习与成长维度

人力资本的目标要求员工在采购、运营、市场、销售、物流和财务方面，都能拥有技能和能力来协调组织内部和组织之间的关系，提升供应链的绩效，并为客户和最终用户创造更多的价值。信息资本的目标是促使跨组织的系统进行协调和连接，建立标准数据协议，分享和分析客户和供应商的信息，并提供及时、准确和可理解的信息。组织文化应该支持在所有供应链参与者之间进行最佳实践的分享和持续改进，形成开放和透明的公司文化，以及在为最终用户提供最大价值的基础上，努力减少整个供应链系统中的浪费和延误。

下面举一个具体的例子，一家大型国际化工产品生产商和它的战略合作伙伴——全球最大的分销商之一 Chem Trade 公司，在一个合作项目中开发了供应链平衡计分卡。[5] 这一项战略合作协议包括一份长期的双方排他性合同，并应用于数个国家和地区。双方都要参与和完善整个供应链流程——从原材料的采购到最终交付产品的全过程。

项目组决定构建一张平衡计分卡来衡量合作的成果，明确供应链合作伙伴的战略目标，提供在双方组织中的关键绩效指标，并确定未来改善的机会。下面是这张目标和衡量指标的战略地图（见图8-2）和平衡

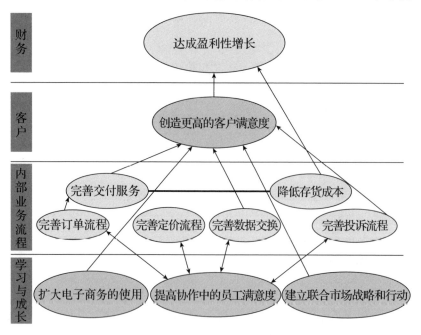

图 8-2 化工产品公司供应链的战略地图

资料来源：K. Zimmerman, "Using the Balanced Scorecard for Interorganizational Performance Management of Supply Chains: A Case Study," in Cost Management in Supply Chains (Heidelberg: Physica-Verlag, 2002).

计分卡（见表 8-1）。（在获取这些信息时，学习与成长维度的指标尚未确定。）

表 8-1　供应链平衡计分卡

维度	战略目标	绩效指标
财务	● 盈利性增长	● 过手率：产品渠道销售额
客户	● 市场份额	● 渠道市场份额
	● 客户满意度	● 客户满意度指数（年度调查） ● 投诉量 ● 订单投诉率
内部业务流程	● 交付可靠性	● 即时交付百分比
	● 存货管理	● 两个组织的平均存货 ● 平均存货/每月销售额
	● 完善管理流程	● 销售量（吨）
学习与成长	● 扩大电子商务	● 待定
	● 提高员工在战略协同过程中的满意度	● 待定
	● 联合性战略和行动	● 待定

总之，制造业和零售业的供应商平衡计分卡基本一致。大多数现有的供应商计分卡以低成本战略、及时交付、质量稳定和零缺陷为特色。如果这就是针对最终用户的战略，这种方法就是适用的。即使如此，KPI 计分卡也遗漏了通过将供应商的流程和它们的人力、信息资本协同，来提升供应链绩效的机会。如果公司希望通过供应链进行产品创新，并且帮助提供更全面的客户解决方案，那么公司就应当考虑建立基于战略特点的供应商平衡计分卡。

客户平衡计分卡

供应商和供应链平衡计分卡通常是从业务的上游与最重要的供应商连接。如果从另一端也就是从供应链的下游展开，那么就需要去连接公司的战略客户。Brown & Root 工程公司的海外安装分公司 Rockwater 为我们提供了一个与战略客户构建平衡计分卡的案例。

Rockwater 公司的新战略就是与关键客户培养长期的价值增值服务关系。这项战略和一般的工程公司有较大不同，因为该行业总是将工程交给出价最低的公司进行。Rockwater 公司识别出了一些关键客户，这些客户希望和供应商一起合作，在建造、安装、石油和天然气生产设备的领域，寻找降低成本的创新方法。

对这种长期合作关系有兴趣的每位客户，Rockwater 公司都会与他们讨论以下包含 16 种因素的表格（见表 8-2），描述项目中彼此的工作关系。

表 8-2 描述项目中工作关系的因素

功能	安全性
	工程服务水平
质量	对已交付程序修正的最小化
	质量水平和业绩意识
	提供的标准化设备
	高质量人才
	产品质量
价格	工作小时
	性价比
	降低成本的创新
及时性	按期完成
	程序的及时交付
关系	透明的合同关系
	灵活性
	快速响应
	团队精神和协作

Rockwater 公司要求每位客户从上述因素中选择它们认为对项目最重要的因素，然后为这些最重要的因素分配权重。Rockwater 公司将这些信息与项目组中的每个成员进行分享，让所有人都了解在项目中对客户最重要的因素。

每个月关键客户都要依据选择的因素对 Rockwater 公司的绩效进行评分。这些客户的绩效评分将会成为双方月度会议上对项目绩效进行讨论的主要内容。Rockwater 公司也会将单个项目的分数进行加总，从而得出公司整体平衡计分卡中的客户满意度指标。这种构建了客户和项目特征指标的机制，不仅让 Rockwater 公司能够按照客户喜好提供个性化服务，还能协同项目组，提供符合客户具体需求的价值主张，并能从客户反馈中了解客户需求是否得到满足。

Tiger Textiles（化名，以下简称 Tiger 公司）是美国和欧洲零售服饰连锁店（如 Gap 和 The Limited）与低成本的纺织工厂之间的生产中介商。Tiger 公司重点研究了客户在纺织品生产方面的未来需求，为客户提供时尚趋势和新产品生产机会方面的建议，并与斯里兰卡、泰国和马来西亚等低成本国家的制造厂商签订合同，以便能够及时按量、组合和质地生产不同种类的服装。

Tiger 公司像 Rockwater 公司一样，不甘心只做一个供应标准商品的、可靠的、低成本的供应商，它想要通过运用自己的知识和能力，为客户提供更加全面的解决方案，以实现自身的差异化。Tiger 公司的战略包括的一个重要的主题是"与客户进行商业规划"（见图 8-3 和表 8-3）。该主题表明，为了与客户共同进行商业规划，Tiger 公司必须对客户长期和短期的需求和价值有清晰的了解，客户导向的规划必须将客户包含在公司的全球团队中。

Tiger 公司在其平衡计分卡的客户维度中设立了一个目标，以提升与客户的亲密度和改善客户服务，从而被客户视为创意和时尚概念的来源。为了达成这个目标，Tiger 公司建立了一个内部业务流程目标——发展与

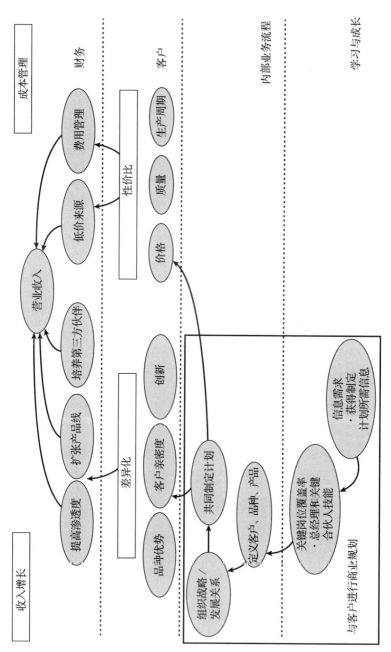

图 8 – 3　Tiger公司 "与客户进行商业规划" 战略主题的战略地图

表 8-3　Tiger 公司"与客户进行商业规划"战略主题的平衡计分卡

维度	目标描述	应完成指标	潜在指标
内部业务流程	● 定义客户、品种、产品 能实现财务目标的目标客户、品种和产品	● 熟知客户需求 ● 熟知竞争对手能力 ● 了解采购的全球战略性 ● 详细的计划指导 ● 产品相对回报率	● 新品种和新产品的销售增长率 ● 客户和品种渗透率 ● 商业计划执行率
	● 组织战略 ● 发展与关键客户关系 建立纳入客户的全球团队，以实施业务计划流程	● 定义团队的共同目标 ● 定义完成工作需要的技能 ● 确定、招聘、培训团队成员 ● 提供领导支持 ● 提供完成工作所需工具	● 客户了解的海外员工的数量 ● 海外员工流动率 ● 整体 ● 海外 ● 实现业务计划的目标
	● 客户和 Tiger 公司共同规划 客户与 Tiger 公司共同制定 3 年战略业务计划（每 6 个月回顾一次），该计划包括采购和客户业务实施	● 确定共同规划中的客户价值 ● 理解客户业务计划的运作 ● 提高计划编制技能 ● 理解 Tiger 公司全球化能力 ● 培养团队领导力技能	● 与客户共享的目标数量 ● 共同开展的计划数量 ● 目标达成率
学习与成长	● 关键岗位覆盖率 ● 总经理与关键合伙人（销售副总、地区生产经理、合作伙伴）技能 强化他们制定计划、沟通计划、确定角色和建立全球执行团队的能力	● 培训和支持业务计划技能 ● 演示和沟通能力、工具、论坛 ● 加强团队建设、客户亲密度、领导力技能的培训	● 客户对合作业务项目的反馈 ● 员工对计划中角色的理解
	● 信息的可获取性 建立获取业务计划所需信息的渠道，包括：客户商业信息、外部和市场信息、内部商业信息	● 获取信息 ● 共享和传达信息 ● 分析信息	● 计划与要求的信息可获得性的比较

关键客户的关系。它从以下几个方面来衡量这个目标的绩效：

- 客户了解的海外员工的数量；

- 海外员工流动率（Tiger 期望这些员工能与关键客户建立长期关系）；

- 与客户开展的商业规划的目标达成率。

另一个关键内部业务流程是"客户和 Tiger 公司的共同规划"，该流程的目标是"客户和 Tiger 共同开展 3 年的战略业务计划，并且每 6 个月进行一次回顾，该计划涵盖了采购和客户业务实施"。Tiger 通过下列指标来衡量该目标：

- 与客户共享的目标数量；

- 共同开展的业务计划数量；

- 目标达成率。

为使上述两个关键内部业务流程能够得到有效实施，Tiger 公司需要增强那些直接与客户接触的员工的技能和能力。为此，公司在学习与成长维度中制定了一个战略性岗位覆盖的目标：总经理、销售副总裁、地区生产经理和合资管理部经理都必须具备与关键客户协同工作的能力，包括与客户开发业务合作项目、对项目进行沟通以及就项目执行建立全球团队。Tiger 公司采用以下指标来衡量此目标：

- 客户对合作业务项目的反馈；

- 海外员工对其在合作业务项目中所扮演角色的理解。

通过这种方式，Tiger 公司的平衡计分卡在客户、内部业务流程、学习与成长维度都强调了该目标，通过与关键客户建立长期价值增值的关系，来达到提高利润率的目的。其实正是这些客户为 Tiger 公司提供了客户亲密度目标中许多类似的指标。

公司联盟平衡计分卡

现在越来越多的公司通过联盟来弥补自身能力的不足，并在新的市场和地区拓展业务。合作伙伴之间的协调并不容易，许多联盟公司最终以失望或失败告终。

在联盟合作伙伴之间构建一套共同的衡量指标并非常规之举。每一方都有自己报告的流程和衡量指标，每一方也都会从自身利益出发，做出对联盟的贡献（越少越好）并向联盟提出需求（越多越好）。如同经济学家所言，要改变这种信息和原动力不对称的现象，需要一个公开、透明的流程，双方都可以通过这一流程，清晰表达出它们期望的贡献和回报，最终汇总成联盟战略依据的文件。

开发联盟平衡计分卡可以缓解联盟伙伴之间的利益矛盾。开发联盟战略地图和平衡计分卡的过程可以将双方高层决策者聚在一起，清晰地描述联盟的目标和实现这些目标的战略。

例如，一个销售和市场方面的联盟可能旨在降低获客成本、缩短新产品上市的时间，以及通过获取新客户和利用现有客户关系来增加收入。一个产品研究和开发方面的联盟可能注重新产品开发的质量和创新、从概念到产品开发整个研发循环的前期合作，以及技术转让给母公司带来的影响。一个制造方面的联盟可能更关注降低产品生产成本、提高质量、缩短从客户订货到出货周期的时间，以及提高产品运输的可靠性。[6]

最终的成果是一份战略地图、一张有衡量指标和目标值的平衡计分卡以及一个双方都认同并提供资金的计划。这些成果为联盟的 CEO 提供了一张清晰的合作路径图（road map），同时也为两家母公司共同治理这个合作项目打下了坚实的基础。然而麦肯锡的研究表明，只有不到 1/4 的联盟建立了足够的绩效指标。而且这只是麦肯锡定义的"足够"，与从战略地图中的相关战略目标衍生出的平衡计分卡的衡量指标还有很大的差距。[7]

麦肯锡研究从 4 个维度阐述了如何建立联盟平衡计分卡：财务、战略（取代了客户维度）、内部业务流程以及关系（取代了学习与成长维度）。表 8-4 列出了一些可能包含在联盟平衡计分卡中的关键目标。

表 8-4　联盟平衡计分卡的关键目标示例

维度	目标
财务	● 增加联盟收入 ● 降低联盟成员之间的重复成本 ● 通过新客户关系和相关产品销售，增加母公司收入 ● 借助共同开发新产品和新客户关系，为母公司寻求新增长点
战略	● 开发新技术 ● 提高目标客户渗透率 ● 增加母公司员工在联盟工作中的学习机会
内部业务流程	● 达成项目里程碑 ● 降低生产、销售、配送成本 ● 完善产品开发和上市流程 ● 增强联盟和母公司之间的协作
关系	● 倡导快速、高效的决策 ● 在联盟内部和联盟之间有效沟通 ● 建立和维持信任 ● 为联盟管理者和员工明确清晰的角色、责任、目标和责任制

合并整合

外部双方最紧密的一次整合发生在它们合并成为单个实体时。然而很多合并失败，是因为新公司不能整合双方的管理团队、公司文化、战略信息系统和两种截然不同的管理流程，无法使之成为能够创造预期协同收益的运作实体。但是当管理者开发平衡计分卡来整合两个公司时，我们也能看到一些合并成功的案例。

通过这种方式使用平衡计分卡有两个重要的好处。第一点好处是为新公司开发战略地图和平衡计分卡提供了一种机制，让以前来自两个独立实体的管理者有机会为了相同的目标而通力合作。通过对战略、战略目标和衡量指标方面的问题展开激烈的辩论和讨论，管理者能够了解对方的思维模式、尊重对方的意见并信任对方。随着管理团队逐渐积极参与到构建战略地图和平衡计分卡中，一种新友谊和合作关系就此形成。

第二点好处是，完成后的战略地图和平衡计分卡为公司提供了一种高管可以使用的语言，描述如何从合并中获得预期的协同效应。更多的研究表明，大多数合并都是不成功的；合并方在投入合并资金后，并没有获得有竞争力的回报。虽然通过对经营场所和行政员工的合并能够节约一些成本，但是实际上很难为合并后的新公司创造新的业务增长机会。例如，针对 20 世纪 90 年代发生的合并，麦肯锡的一项研究揭示了以下不尽如人意的统计数据[8]：

● 1990—1997 年间发生的 193 次合并中，只有 11％的公司在合并后实现了积极的利润增长；大多数合并造成了 12％的利润下滑。

● 1995—1996 年间，只有 12％的合并在未来 3 年实现了利润加速增长；42％的合并出现了利润下滑。从平均水平看，这些合并给公司带来的是低于同行业 4 个百分点的增长速度。

● 利润下滑的主要原因是客户满意度的降低和员工的不专注。

公司合并后绩效不佳的主要原因在于过分注重节约成本，忽视收入的提高。很少有合并公司将关注点聚焦于利用现有客户关系来提高收入，也很少注意保留创造收入的关键员工。

这些发现为公司合并提供了一条规律，那就是开发战略地图和平衡计分卡是合并整合过程中必不可少的一部分。以前来自两个独立公司的管理者要制定出一套特定战略，利用双方公司的优势，来创造任何一方都无法独立实现的新收入增长机会。这个过程也为各方提供了一张合作路径图，包括：实现收入增长的同时降低成本，制定对核心流程、员工和信息技术的战略投资计划，以及建立统一的公司文化。

　　体现这一流程的一个好的案例是发生在两家石油公司之间的合并：阿尔法公司和贝塔公司（化名）。这两家公司合并后成为美国最大的石油精炼和销售公司之一。作为合并后整合工作的第一步，高管团队为新公司开发了一张平衡计分卡；在交易正式完成之前，双方就举行了首次会议。双方公司在平衡计分卡执行团队中占有同样数量的席位。

　　平衡计分卡团队建立了金字塔式的平衡计分卡（见图8-4），描述了阿尔法-贝塔石油公司将如何成为美国最好的供应链下游供应商。该公司的平衡计分卡基于6个主题（类似于第4章所描述的杜邦工程塑料公司的基于战略主题的计分卡）：（1）客户导向；（2）建立品牌；（3）值得信赖的业务伙伴；（4）价值链优化；（5）流程优化；（6）激励组织。

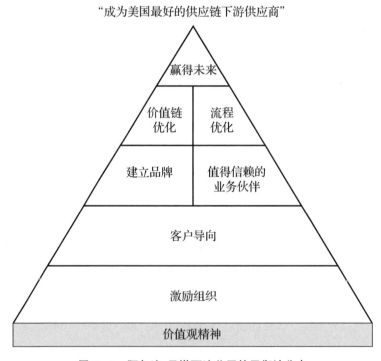

图8-4　阿尔法-贝塔石油公司的平衡计分卡

　　平衡计分卡团队为每个战略主题选择一位阿尔法公司的高管和一位贝塔公司的高管来共同管理。每组搭档要负责各自主题中的目标值、行动方案、沟通和实施。

　　对于每个主题，平衡计分卡团队都会挑选 4～8 个关键战略议题，然后开发相应的目标、战略地图、衡量指标和主题的目标值。例如，图 8-5 举例说明了主题 1——客户导向的概述；图 8-6 展示了这个主题的战略地图、平衡计分卡指标和行动方案。

客户导向主题对我们所有业务都会产生影响。主题的目标是提高目标客户的忠诚度，进而增加他们在加油站和便利店的消费额。此外，我们要求员工和渠道合作伙伴共同重视客户导向带来的收益。

重点和依据	高层次商业案例描述
● 基于调研理解客户对购买行为的期望 ● 在品牌店持续提供良好的基本服务 ● 与渠道合作伙伴保持一致 ——客户导向 ——沟通 ——教育 ——项目、工具 ● 奖励、表彰、承担责任 ● 尝试创新方法，提供差异化的客户体验	● 驱动收入和利润的关键因素 ——目标客户导向 ——销售增长 ——渠道伙伴和阿尔法-贝塔公司（汽油销售利润和便利店零售） ● 汽油销售潜力 ● 便利店销售潜力 ● 体现了我们需要关注便利店的零售业务

图 8-5　对阿尔法-贝塔石油公司"客户导向"主题的总结

　　阿尔法-贝塔石油公司从合并发生的第一次沟通会议起，就把战略主题和衡量指标作为内外沟通的关键要素。之后的 5 个月里，公司将平衡计分卡在公司范围内层层分解，将地区平衡计分卡继续分解到部门和个人的目标中，并用于新公司的绩效管理系统。整个流程使得阿尔法-贝塔石油公司从合并之初就以步调一致的战略模式，按单一公司体系进行运营。

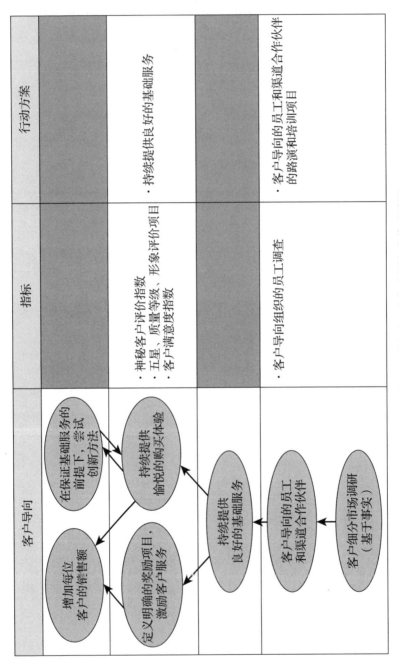

图 8 - 6 阿尔法-贝塔公司 "客户导向" 主题部分战略地图

小　结

一旦组织能够完成对内部业务部门和支持部门的协同，战略协同就可以通过共同开发战略地图和平衡计分卡拓展到外部关键合作伙伴，包括供应商、客户和联盟伙伴。目前大多数供应商、客户和联盟的平衡计分卡都倾向于关键业务指标的集合，用于驱动成本、质量和及时性方面运营绩效的提高。

为了与外部伙伴建立更深入、更有效的关系，需要公司通过更紧密的合作流程，共同开发战略地图和平衡计分卡，描述跨组织关系的目标和战略。这样的流程能够建立与外部伙伴的高度共识和驱动力，同时合作开发的平衡计分卡也形成了一份衡量双方合作业绩的共同协议。

注　释

1. S. Kulp and V. G. Narayanan, "Metalcraft Supplier Scorecard," Case 9-102-047 (Boston: Harvard Business School Publishing, 2005).
2. The detailed definitions of each of the measurements, along with a numerical example of a calculation and the respective responsibilities of suppliers, manufacturers, and retailers, can be found at http://www.cpfr.org/documents/pdf/CPFR_Tab_6.pdf.
3. See http://www.globalscorecard.net/download/ecr_related.asp.
4. P. C. Brewer and T. W. Speh, "Using the Balanced Scorecard to Measure Supply Chain Performance," *Journal of Business Logistics* (2000): 75–93; and "Adapting the Balanced Scorecard to Supply Chain Management," *Supply Chain Management Review* (March–April 2001).
5. K. Zimmerman, "Using the Balanced Scorecard for Interorganizational Performance Management of Supply Chains: A Case Study," in *Cost Management in Supply Chains,* eds. S. Seuring and M. Goldbach (Heidelberg: Physica-Verlag, 2002), 399–415.
6. See L. Segil, *Measuring the Value of Partnering* (New York: AMACOM, 2004), 19.
7. J. Bamford and D. Ernst, "Managing an Alliance Portfolio," *McKinsey Quarterly* (Autumn 2002): 6–10.
8. "Why Mergers Fail," *McKinsey Quarterly* (2001): 64–73.

第9章 管理协同流程

协同并非一个一蹴而就的过程。协同流程的第一步是在整个公司范围内推行平衡计分卡，将公司层面战略与业务单元和支持单元战略紧密结合。这为公司获得协同效应打下了良好的基础。

然而，变化总是持续不断的，无论是行业、竞争者、法规与宏观经济环境，还是技术、客户与员工等皆是如此。因此，战略及战略的实施必须持续。一个原先上下协同一致的公司可能在转瞬之间变得不再协调。就像热力学第二定律所述，熵（无次序状态）会持续增加，没有极限。为了保持系统的协调和一致，必须不断向系统注入新的能量。本章将描述管理和维持组织协同的流程。

创造协同

在会计年度中期的某些时候，几乎所有公司的战略规划部都会在公司外面举办为期数日的会议。在这次会议中，高层领导团队会根据环境的变动以及最近的战略形成所获取的新知识，回顾并更新公司的战略。公司战略的更新往往涉及很多传统的战略规划工具，包括环境分析、SWOT（优势、劣势、机会、威胁）分析、竞争分析、五力模型与情境规划等。

随后，业务单元和共享服务部门各自更新本部门年度战略规划。不过这些组织单元的战略规划通常是独立完成的，与公司战略没有紧密结合，因此这些战略不能反映出如何通过各单元的合作达成整合与协同。这些支离破碎、缺乏协调的管理流程正说明了大多数公司在战略实施时会遭遇巨大阻碍的原因。

一个涵盖范围广泛且管理有序的协同流程可以协助公司通过整合实现协同效应。我们已经从成功的平衡计分卡实践中，识别出 8 个组织协同查验点（见图 9‑1）。如果一个组织能够在所有 8 个查验点上完成协同，那么它所有的战略行动方案和日常行动都会直接针对共同的战略重点。

（1）企业价值主张：公司总部定义战略指导原则，塑造公司下属单元的战略（参见第 3 章和第 4 章）。

（2）董事会和股东的协同：公司董事会评估、批准和监督公司战略（参见第 6 章）。

（3）公司总部到公司支持单元：公司战略被转化为一系列公司政策，如实施标准、风险管理以及资源共享等，这些政策会由公司支持单元进行管理（参见第 5 章）。

（4）公司总部到业务单元：公司战略重点会层层分解成各业务单元的业务重点（参见第 3 章、第 4 章和第 6 章）。

（5）业务单元到支持单元：业务单元的战略重点需要与职能支持单元的战略相结合（参见第 5 章）。

（6）业务单元到客户：客户价值主张的重点需要传达给目标客户，并通过具体的客户反馈和指标进行衡量（参见第 8 章）。

（7）业务单元到供应商和联盟合作伙伴：供应商、外包商与其他外部合作伙伴所共享的重点都反映在业务单元的战略中（参见第 8 章）。

（8）业务支持单元到总部支持部门：区域性业务支持单元的战略会反映总部支持部门的战略重点（参见第 5 章）。

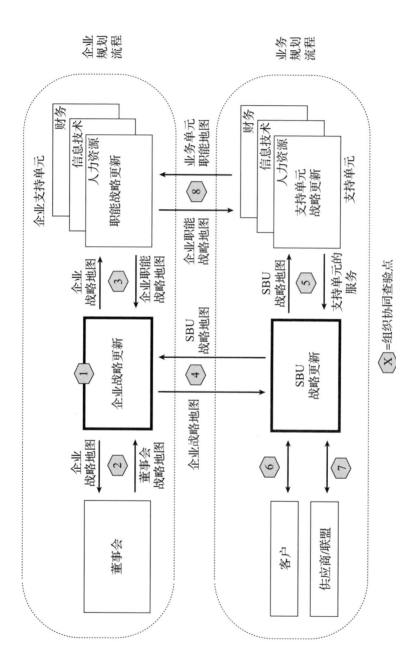

图 9 - 1 在规划流程中建立组织协同查验点

Ⓧ=组织协同查验点

让我们再度回顾一下前面数次提及的英格索兰集团有关组织协同的具体案例。回顾这家公司的新战略（见图 3-3），是要从一家以产品为核心的多业务单元控股公司，转型成为跨越传统产品线运营模式，整合品牌，为客户提供解决方案的供应商。IR 的新企业价值主张正说明了组织协同查验点 1 的实现。这一战略转型需要全新的团队合作、知识分享的文化，以及新的能力和新的领导力价值。正如第 5 章所说，这种文化转型由公司人力资源部门组织推进。图 5-10 描述了 IR 如何通过将公司运营战略转变成以领导力提升、跨业务团队合作以及个人目标与新战略再协同这三方面为焦点的公司人力资源战略，从而实现组织协同查验点 3 的要求。一旦达成了公司层面的协同，IR 总部人力资源团队就会将它的实施范本分解到 5 个主要业务单元的人力资源部门，以实现组织协同查验点 8 的要求。这一流程将各业务单元内部的人力资源部门与总部人力资源部门的战略重点紧密结合，保持一致。

IR 的每个业务群均制定了各自的战略地图，以反映双重身份的主题，即圆满完成自身业务，同时还要实现公司层级的战略主题（见图 3-3），以满足组织协同查验点 4 的要求。IR 公司还开始在年报中与董事会和股东沟通公司的新战略（见图 7-9），达到组织协同查验点 2 的要求。因此，IR 公司就成功地达成图 9-1 上半部分的公司战略规划协同的 5 个查验点的要求。

在组织协同的过程中，最重要的环节是组织协同查验点 4，即建立业务单元战略与企业价值主张的连接。许多组织采取了明确的行动来监控这一协同。在佳能的美国分公司里，公司规划部设计了许多贴纸，将公司 6 个主要业务单元和支持单元战略地图中的所有目标都整理在这些贴纸上，然后将这些目标贴在公司战略地图上，看看每个公司目标能够得到多大的支持。接下来，规划部对结果进行分析，探究为什么有些目标得到了强力支持，而另一些目标只得到较弱的支持。通过这种方式，规划部不仅监控了整个协同过程，还能识别出战略中跨职能和跨业务单元的连接，从而在整个公司中建立价值分享社群。

在圣玛丽/杜鲁斯诊所医疗系统的战略规划过程中，负责战略协同的副总裁审核各事业部与部门的战略地图，以确保它们之间以及与公司战略之间的协同。第 4 章讨论过的东京三菱银行美洲总部（见图 4-1）则明确地识别出贯穿所有业务单元的公司战略地图目标。这就给公司规划部门的管理者提供了参考性意见，以确保业务单元战略与公司战略主题保持一致，如风险管理、成本降低之类的战略目标。

每一家这样的公司都有一个总部层面的管理团队，通过明确的流程，确保业务单元的战略和公司的优先要务保持纵向一致，同时和相关业务单元的战略形成横向的协同。

业务单元战略的实施过程中有其他 3 个组织协同查验点。在第 5章，我们描述了组织协同查验点 5 如何通过战略支持服务组合的引入得以实现。这些服务将业务单元战略地图的重点事项分解到具体支持单元的项目和行动方案。图 5-3、图 5-4 和图 5-5 说明了 Handleman 公司如何在业务单元战略和所需的人力资源支持间建立紧密的联系。

在第 4 章中，我们展示了 IBM 的培训部（见图 4-6）如何通过开发业务单元战略地图，将培训和学习服务与业务单元战略协同起来。Handleman 公司和 IBM 的案例都说明，公司应当按照组织协同查验点 5 的要求，采用明确的流程将关键支持单元和业务单元的价值创造协同起来。

公司也能引入具体的指标和流程，建立与客户及供应商的协同关系（组织协同查验点 6 和 7）。举例来说，第 8 章中讨论的 Rockwater 公司与其前十大客户共同制定了平衡计分卡，以明确每位客户需求的价值主张。随后，Rockwater 公司每季度会与客户一起对平衡计分卡进行回顾，以进一步加强双方关系，并使 Rockwater 公司成为行业领袖。在第 1 章，SMI 公司的采购部门（见图 1-7）应用了类似的结构，与提供零售店产品生产和配送服务的供应商建立了紧密的协同。

总之，公司、业务单元以及支持单元的规划流程帮助确定战略重点和资源的分配，并承担了一项新任务：创建贯穿整个公司的协同。组织通过将8个组织协同查验点嵌入规划过程以创建协同。在经过规划达成协同后，组织将面临下一个问题：如何持续不断地管理并维持组织的协同。

管理并维持协同

无法衡量就无法管理。这是我们信奉的格言。我们开发了平衡计分卡，使组织能够衡量进而更有效地管理客户获取、客户保留、新产品开发、员工能力发展等战略流程。如果我们希望管理新的协同流程，就应该根据现有的信息，识别协同的衡量指标。

图9-2展示了如何为8个组织协同查验点开发协同指标。组织可以集中所有的指标，根据具体指标的优先顺序决定权重，找到有可能产生效应的协同点，从而汇总为组织协同指数。

但我们建议要用流程性指标，而不是结果性指标。与此相关的结果性指标，如达到六西格玛质量水平的业务单元比例或是达成关键客户保留目标的业务单元比例等，应该出现在公司层面的平衡计分卡中。而流程性指标能够监控协同流程自身的质量。根据我们的协同理论推测，优异的组织协同流程能够使公司的结果性指标的实现成就更高。

组织协同查验点的衡量标准连同子流程衡量指标（图9-2中间列），向公司提供了有关协同流程绩效的有用反馈。如图9-3所示，在协同图上填入各个组织协同查验点的指标，我们就能够对协同的总体状况和主要问题有一个全面的了解。

组织协同：组织内不同单元、部门与企业价值主张协同吗？

组织协同查验点	子流程指标		指标值
① 企业价值主张	■ 企业价值定位明确 ■ 企业平衡计分卡明确	☑ ☑	100%
② 董事会/股东的协同	■ 通过平衡计分卡董事会责任	☐	100%
③ 公司总部和公司支持单元	■ 企业支持单元与企业平衡计分卡挂钩的比例	☑ 人力资源 ☑ IT ☑ 财务 ☑ 其他	100%
④ 企业总部和业务单元	■ 业务单元与企业挂钩的比例		100%
⑤ 业务单元和支持单元	■ 业务单元与支持单元协同的比例 ■ 关联计分卡 ■ 服务协议	40% 人力资源 50% IT 80% 财务	55%
⑥ 业务单元和客户	■ 建立BSC或商务协议的关键客户比例		40%
⑦ 业务单元和供应商联盟	■ 建立BSC或服务协议的关键供应商比例		30%
⑧ 业务支持单元和公司支持单元	■ 业务支持单元与企业支持单元挂钩的比例	100% 人力资源 50% IT 80% 财务	80%

组织协同指数

× ×%

（组织可以根据自身协同方面的优先顺序，为8个组织协同查验点的指标设置相应的权重）

图 9 - 2　衡量组织协同的指标

说明：数据仅供参考。

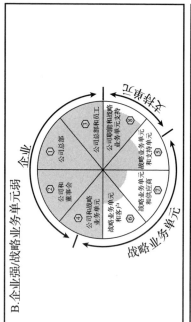

B. 企业强/战略业务单元弱

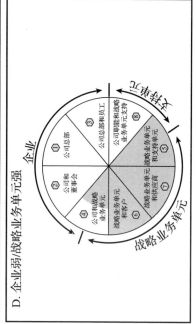

D. 企业弱/战略业务单元强

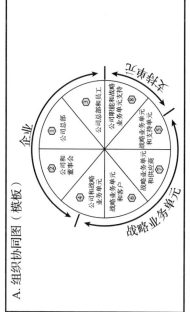

A. 组织协同图（模板）

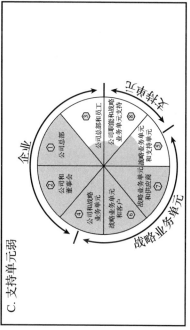

C. 支持单元弱

图 9 - 3 组织协同图

左上角的图 A 显示的是初始状态的空白模板，将 8 个组织协同查验点压缩到三个区域：公司、战略业务单元和支持单元。其他的三张图描述了公司在协同过程中导致协同不尽如人意的典型状况。

右上角的图 B 代表的状况是，公司在协同方面具有高度的领导力，但下属业务单元和支持单元的执行存在不足。从图中可以看出，公司战略已经确定，并转化为企业价值主张（组织协同查验点 1），而且战略已经得到董事会的评估和批准（组织协同查验点 2）。战略已经传达到公司职能部门（组织协同查验点 3），这为业务单元的支持部门提供了指导（组织协同查验点 8）。公司已经尽全力将企业价值主张的战略优先顺序传达给业务单元（组织协同查验点 4），但是业务单元对此重视不足，执行力不彰（组织协同查验点 5、6 和 7）。显而易见，由于业务单元的执行力不足，公司的很多潜在收益仍有待实现。

左下角的图 C 描述的协同流程的特点是，公司和业务单元均有强大的执行力，但是支持单元的落实不足。问题源于公司层面的连接较弱，没有强调将战略优先要务传达给职能部门（组织协同查验点 3），职能部门无法与支持单元沟通战略优先要务（组织协同查验点 8）。因此，各支持单元不能及时响应业务单元的需求，也无法支持业务单元的战略。

右下角的图 D 描述的是平衡计分卡绩效管理项目在各地业务单元最初实行时经常会出现的情况。业务单元内部协同成效显著，与客户（组织协同查验点 6）、供应商（组织协同查验点 7）以及各地支持单元（组织协同查验点 5）之间都建立了紧密的联系。业务单元试图将其战略与它们所理解的公司战略和优先要务进行整合，但是缺乏来自公司总部的有力领导和指导。此外，这些业务单元有待和其他业务单元建立战略连接，并一起创造协同效应（组织协同查验点 4）。这些业务单元的支持单元也同样苦于得不到公司支持单元的战略指导（组织协同查验点 8）。

组织协同图以简单的图像体现了目前组织协同的情况，并总结归纳了公司挑选的详细且可执行的衡量指标，以监控公司协同流程的绩效。

责任制

管理组织协同流程的最后一项内容是责任制。就像财务总监负责预算执行，人力资源副总裁负责员工绩效管理一样，应当有一位高层管理者负责协同流程的运行。除非有人负责，否则协同就不会发生。

有些公司已经开始为组织协同建立责任制架构。J. D. Irving，一个价值数十亿美元的加拿大集团公司，专门设立了一个协同负责人的职位，以协助业务单元实施其战略中的多种变革项目。圣玛丽/杜鲁斯诊所是一家位于美国明尼苏达州北部的卫生保健机构，它设立了战略协同副总裁的职位，负责推进组织战略的执行。通过设立这样一个副总裁职位，CEO传达了这样的信息：确保组织协同对他而言具有最高的优先级。加拿大血液服务中心（前身为加拿大红十字会）在平衡计分卡项目进行之初就成立了一个协同委员会，以确保公司和各业务单元的战略能够整合一致。

第6章所讨论的东京三菱银行美洲总部则采用了精密的计划，通过治理流程来创造组织协同。如表9-1第一列所示，该银行战略基于6个战略主题：增加收入、管理风险、提高生产力、协同人力资本、强化财务绩效和客户满意度。如表9-1的第一行所示，该银行已有8个委员会参与组织治理的多个方面。除传统职责外，该银行还要求每个委员会监控责任范围内的战略主题。例如，信用风险管理委员会在月度会议上要讨论并对财务与风险管理战略主题有所调整。在运营控制委员会的月度会议上，委员会成员要监控客户、风险管理与生产力3个主题。经营战略委员会每季度会对6个战略主题进行回顾。通过将责任进行正式的分派，东京三菱银行美洲总部成功地把协同和责任嵌入各个核心管理委员会和流程之中。

表9-1 东京三菱银行美洲总部的协同与受托责任

战略主题	委员会							
	经营战略委员会	月度利润回顾	运营控制委员会	银行风险管理委员会	信用风险管理委员会	执法委员会	信息技术指导委员会	人力资源委员会
	季度	月度	月度	月度	月度	季度	月度	季度
财务								
客户								
增加收入								
管理风险								
提高生产力								
人力资本								

说明：①各主要委员会的会议与组织战略主题和目标清晰地连接在一起。
②所有主要定期管理会议的讨论的重点集中在重点平衡计分卡相关领域。
③所有领域都会在经营战略委员会的季度会议上讨论。

这些案例中的组织通过把责任分配到具体的个人或委员会，来实现协同流程的一些重要组成部分。尽管这已经是朝着正确方向的举动，我们相信协同和责任制必须融入年度执行的所有关键管理流程中。

最近我们在实践中发现，组织中正逐渐形成一个新角色，以综合且全面的方式管理战略执行。例如，克莱斯勒集团、冠城国际公司、美国陆军和圣玛丽/杜鲁斯诊所。我们将这个新角色称为战略管理办公室（office of strategy management，OSM）。这个新办公室通常是平衡计分卡项目团队的继任者。OSM 代表了平衡计分卡的应用从阶段性的项目向持续的协同和治理流程的自然转变[1]，其关键任务之一就是管理协同流程，具体职责说明如下。

组织协同

OSM 协助整个公司达成一致的战略观点，包括公司协同效应的识别与实现。OSM 还要推动平衡计分卡在组织各个层面的开发和分解。它在协同流程方面的职责包括：

● 在公司平衡计分卡层面，定义如何通过较低层级组织的业务整合实现协同效应。

● 将业务单元战略和平衡计分卡与公司战略相连接。

● 将支持单元战略和平衡计分卡与业务单元和公司的战略目标相连接。

● 将外部合作伙伴，如客户、供应商、合资企业、董事会等，与组织战略相连接。

● 组织高管团队审批各业务单元、支持单元和外部合作伙伴所开发的平衡计分卡。

如同其他战略执行流程一样，协同也是跨越组织边界的。为了有效地执行，协同需要来自各个组织单元中个人的整合与合作。但这往往会让公司处于两难的困境，因为大多数组织都没有一个专门部门负责跨部门的流程。组织通常都是按照业务单元或职能单元建立的，彼此之间独立运营。那些已经建立 OSM 的组织解决上述困境的办法就是通过设立小型团队来管理跨业务流程，其中包括协同流程，而这些流程对公司战略的成功执行至关重要。

小　结

任何两个不同的组织之间发生交集——公司、业务单元、支持单元、客户或供应商——就意味着可能通过协同来创造价值。企业价值主张以及战略地图和平衡计分卡的分解流程正是释放并获取这种增量价值的机制。

就其本质而言，组织协同需要跨组织合作，因此其流程必须进行前瞻性管理，最好是由专门负责协同成功执行的某个个人或组织单元来进行管理。对有效的组织协同流程而言，分配责任并建立责任制是成立 OSM 一项自然而然的任务。OSM 能够协调多个规划流程，并确保每年至少所有组织协同查验点都可以实现。

注　释

1. The office is described in more detail in R. S. Kaplan and D. P. Norton, "The Office of Strategy Management," *Harvard Business Review* (October 2005): 72–80.

第 10 章　整体战略协同

平衡计分卡自 1992 年推出以来，已经演变成管理战略执行系统的核心要件。这种方法的有效性来自两种简单的能力：（1）清晰描述战略的能力（来自战略地图的贡献）；（2）将战略和管理系统进行连接的能力（平衡计分卡的贡献）。最终的结果是实现组织所有单元、流程和系统与公司战略的协同。

图 10-1 描述了一个战略执行的简单管理框架。此方法将一些重要的特征加入爱德华·戴明（W. Eduards. Deming）在质量运动中引入的传统的目标导向的"计划—执行—检查—行动"的密闭循环中。[1]

● 明确管理系统的核心是战略，而不是质量。

● 明确协同是管理流程的一个组成部分。执行战略需要组织单元和流程之间实现最高级的整合和团队合作。

● 执行力/领导力对成功执行战略来说是必不可少的。管理战略相当于管理变革。没有强大的执行力，建设性的变革是不可能发生的。

整体战略协同最重要的概念即战略是管理系统的核心。当战略能被清晰地定义，管理流程的所有组成部分都能够通过设计来实现协同。如图 10-2 所示，组织协同由四部分组成：战略适配、组织协同、人力资本协同和计划与控制系统协同。下面依次对各个组成部分进行介绍。

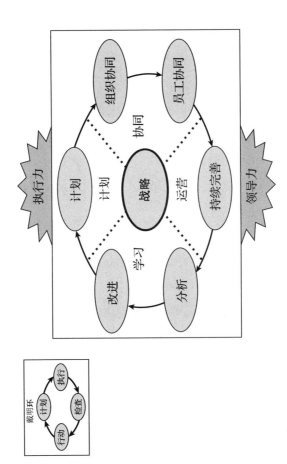

图 10 - 1　平衡计分卡战略执行的管理框架

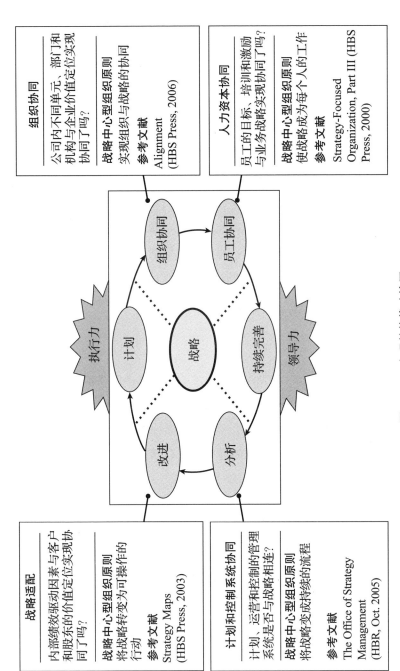

组织协同

公司内不同单元、部门和机构与企业价值定位实现协同了吗？

战略中心型组织原则
实现组织与战略的协同

参考文献
Alignment
(HBS Press, 2006)

人力资本协同

员工的目标、培训和激励与业务战略实现协同了吗？

战略中心型组织原则
使战略成为每个人的工作

参考文献
Strategy-Focused
Organization, Part III (HBS
Press, 2000)

战略适配

内部绩效驱动因素与客户和股东的价值定位实现协同了吗？

战略中心型组织原则
将战略转变为可操作的行动

参考文献
Strategy Maps
(HBS Press, 2003)

计划和控制系统协同

计划、运营和控制的管理系统是否与战略相连？

战略中心型组织原则
将战略变成持续的流程

参考文献
The Office of Strategy
Management
(HBR, Oct. 2005)

组织协同　员工协同　持续完善　分析　改进　计划　战略

执行力　领导力

图 10 – 2　实现整体战略协同

战略适配

　　战略由一系列具有重大影响力的活动组成，这些活动最终都必须通过管理系统进行资源配置和协调。一个战略可以被描述成一系列具体的目标和行动方案。战略适配是由迈克尔·波特（Michaer Porter）提出的一个概念，是指在战略执行的不同阶段，实现行动的内部统一性。[2] 当内部绩效驱动因素能和客户的需求以及财务结果保持一致并实现协同时，就实现了战略适配。正如我们在以前的著作中大量阐述的战略地图，它提供了一种机制，能清晰地识别并衡量流程、人员和技术，以及客户价值主张、客户和股东目标的内部协同。[3]

组织协同

　　本书的主题——组织协同——探讨了组织的不同组成部分如何通过协调它们的活动来实现整合和协同。战略地图和平衡计分卡为战略执行提供一种机制，来描述每个层面的战略并实现不同层面之间的沟通。它们也衡量了组织单元之间为了完成公司目标而需要进行的跨组织团队合作的程度。

人力资本协同

　　战略是在高层形成的，但必须在基层执行——通过操作工、呼叫中心员工、送货卡车司机、销售人员和工程师等基层员工执行。如果员工不理解战略或者没有动力去实施，公司的战略势必要失败。当员工的目标、培训和激励与业务战略协同时，就实现了人力资本协同。

计划和控制系统协同

组织的计划、运营和控制流程能够实现资源配置、驱动员工行为、监控绩效，并在需要时对战略进行调整。即使公司开发出一个好的战略，并且组织业务单元和员工进行协同，未协同的管理系统也会抑制战略的有效执行。当公司的计划、运营和控制过程与战略进行了连接，计划和控制系统就实现了协同。

我们先前的著作《战略地图》和本书深刻阐述了前两种协同方式：战略适配和组织协同。为了提供一个完整的协同蓝图，我们对余下的两种协同方式进行简要的阐述，作为本书的结束：人力资本协同和管理系统协同。

人力资本协同

除非员工致力于帮助公司和业务单元实现战略目标，否则协同计划无法产生任何效果。人力资本协同需要获得所有员工的承诺，以成功地执行战略。

心理学家发现了激励人们的两股力量——内在激励和外在激励。内在激励（intrinsic motivation）发生在人们从事自发性活动时。他们乐于从事这些活动，这些活动能给他们带来满足感，并产生他们重视的成果。外在激励（extrinsic motivation）源自外部奖赏带来的"胡萝卜"，也就是报酬，或者避免负面后果的"大棒"，也就是惩罚。积极的奖赏包括赞美、晋升和财务激励。负面后果的威胁同样可以产生激励，员工会努力避免受到管理者的批评、未能达到公开目标所造成的名誉损失或者丢掉职位或工作。

内部激励通常对于富有创业精神和创造性解决问题能力的员工来

说更容易实现；相比那些只受外部奖赏和后果激励的员工，受内在激励的员工会考虑更广泛的可能性、探索更多的选择、与同事分享更多的知识，并更加关注环境的复杂性、不一致性和长期结果。外在激励让员工更加关注获得奖赏或避免惩罚的行为。受外在激励的员工往往不会怀疑评价他们绩效的指标。他们假设高层管理者使用的是正确的指标，他们的工作就是推动指标，往期望的方向努力，并实现管理者为指标设定的目标值。

虽然心理学家一般提倡内在激励的好处大于外在激励，但是很多公司发现，这两种激励力量是互补的，而非对立的。事实上，绩效卓越的公司会使用两种力量来实现员工和组织的协同。

沟通和教育形成内在激励

本书开篇我们运用了一个隐喻，即赛艇运动员在波士顿和剑桥之间的查尔斯河中比赛时试图实现良好的配合。这些人为了赢得竞争付出了巨大的努力，每个冬季的清晨，他们早早起床进行训练，每天花数小时从事这项活动。他们的付出得到了多少回报？答案是，什么都没有。运动员做出牺牲并努力训练，因为他们享受和队友一起为比赛做准备的过程以及赢得比赛后的快乐。可以想象，如果一家公司能够让员工得到类似的激励——无论个人还是团队都努力工作，帮助公司在全球竞争中成为最优秀的公司，那么公司必将释放出新的活力。

领导者通过满足员工的期望，让他们为对世界有积极贡献的一家成功组织工作，进而对员工产生内在激励。员工希望对自己服务并耗费许多时光的组织感到骄傲。员工需要理解公司的成功，不仅让股东受益，还要让客户、供应商和公司所在的社区受益。员工需要感觉到他们的组织正在有效率且有效果地运转。没有人喜欢为一个失败、低绩效的公司工作，他们需要确保组织在追求自身使命时不会浪费资源。公司运作不佳、官僚体制导致的决策障碍、部门主义导致的思想狭隘和各种争斗，都会使员工士气低落。

对愿景、使命和战略进行沟通是使员工产生内在激励的第一步。高管可以利用战略地图和平衡计分卡来沟通战略——包括组织希望实现哪些目标和组织希望如何实现这些战略成果等。平衡计分卡中财务维度和客户维度的目标和衡量指标描述了公司的资金提供者（股东和客户，对非营利和公共服务组织来说是捐赠人和委托人）希望获得的经营成果。内部业务流程维度和学习与成长维度的目标和衡量指标描述了员工、供应商和技术如何在围绕关键流程为客户和股东创造独特价值的同时满足社会期望。将所有的目标和衡量指标进行综合，反映了组织创造价值的过程。

这种新的战略表现方式需要传递给组织中所有的人，员工需要清楚组织正在做什么，组织计划如何创造长期价值，以及个人如何为组织目标做出贡献。此时，个人不再局限于狭隘的限制性工作描述，这种工作描述是一个世纪前科学管理运动遗留下来的。现在人们可以每天探讨如何以不同的方式更好地工作，推进组织成功，同时实现个人目标。

与组织目标协同的新信息、新观点和新行动来源于组织所有前台和后台部门。员工了解了组织希望完成什么，以及他们如何做出贡献后，会产生强大的动力。组织的单元——业务单元、部门、支持单元和共享服务单元——则要理解自身在整体战略中的位置，以及它们如何通过自己和与其他单元的合作创造价值。

领导者的沟通非常关键。若高管无法带头，员工就失去了方向。在与我们进行探讨时，管理者说他们无法充分沟通战略，而有效的沟通对平衡计分卡的成功执行来说至关重要。一位 CEO 告诉我们，如果他要写一本书来描述他对一家大型保险公司成功变革的经历，这本书一定会包括一章平衡计分卡的内容，因为平衡计分卡在变革中起到了无法估量的作用。而且他会用 5 章的内容谈及沟通，因为他的大部分时间都用来与业务单元领导、前台和后台的员工、类似保险代理人和经纪人的关键供应商进行沟通和交流。

管理者也告诉我们，他们必须用 7 种不同的方式进行 7 次沟通。通常他们采用多种沟通渠道来传达信息：演讲、新闻报道、手册、公告、互联网会议、公司内网、月度会议、培训项目和在线教育课程。

运用外在激励强化和奖励

外在激励能够加强战略性信息。最成功的平衡计分卡的实施发生在能够有技巧地将内在激励与外在激励结合在一起的组织。如果组织因为员工的努力获得了成功，那么组织应该与员工一起分享一部分增加的价值。

然而当公司只依赖外在激励时，相当多平衡计分卡的实施都失败了。因为它们只是改变了薪酬体系，加入了非财务衡量指标——客户、流程和人员——如传统财务衡量指标一样。新的薪酬体系也只是一份衡量指标的清单，并没有真正反映新的战略。高管从未就指标设置的合理性进行沟通，也未将衡量指标引入统一的战略框架中，没有采用像战略地图这种形式，将平衡计分卡的 4 个维度的战略目标和指标连接起来。

公司主要使用两个基本工具来创造外在激励。首先，将员工的个人目标和战略目标进行协同；有些公司甚至建立了个人平衡计分卡。当然，为个人设立目标并不是什么新鲜事。目标管理（MBO）的概念已经存在数十年了，但是目标管理与在平衡计分卡的领导下建立员工目标有很大不同。传统目标管理体系中的目标基于单个组织单元的框架中建立，强化狭隘的、功能性的思维模式。相反，当员工通过沟通、教育和培训，开始理解所在业务单元和公司的战略时，他们可以开发出跨功能的、长期的和战略性的个人目标。每年员工都会在主管和人力资源专家的帮助下，设立其个人战略性目标。一些组织鼓励员工开发个人平衡计分卡，并设立目标值，以降低成本、提高收入、提升内外客户的绩效或改善一两个创造客户与财务价值的流程，以及强化推动流程改善的个人能力。

当公司将奖金与平衡计分卡衡量指标连接起来，外在激励的第二种来源就出现了。为了按照战略的要求和平衡计分卡的定义来调整和协同组织的行为，组织就必须通过奖金来强化变革。当平衡计分卡衡量指标与奖金挂钩时，管理者可以发现员工对战略细节的关注明显增加。

不同组织的激励计划有很大的不同。然而，这些计划通常需要包括个人、业务单元和公司层面的内容。只按业务单元和公司绩效来计算奖金，固然可以体现团队合作和知识共享的重要性，但同时也可能会出现个人推卸责任和"搭便车"的问题。只奖励个人绩效可以在很大程度上激励员工提高他们的个人绩效，但同时会抑制团队合作、知识共享，也会抑制员工在直接责任和控制范围外对提高绩效提出改进意见。因此，典型的激励计划包括以下几种奖励方式：（1）基于每个员工个人目标的个人实现结果的个人奖励；（2）基于员工所在业务单元绩效的奖励；（3）基于利润中心或公司绩效的奖励。

我们经常会被问到，如何为平衡计分卡的指标设置权重。这类问题的提出可能意味着这些组织并没有真正理解平衡计分卡管理系统。它们仅通过调整薪酬计划狭隘地将平衡计分卡用于外在激励，却忽视了平衡计分卡更重要的部分，即通过战略的制定和沟通来创造员工的内在激励。不管怎么说，当把平衡计分卡和薪酬挂钩时（也只有在这个时候），就需要设置权重来让多维的平衡计分卡简化成现金这个单一维度。

组织会基于业务的性质和短期内的工作重点来选择权重。当公司需要在短时间内提高员工能力、改进流程，并且提升财务绩效时，财务衡量指标的权重会相应增加。如果想通过创新、人力资本开发和建立客户库来创造长期价值，那么组织会增加内部业务流程维度和学习与成长维度的指标的权重。如果公司存在质量问题，那么其流程改进指标应该有更高的权重；如果公司存在客户忠诚度问题，那么它会相应增加客户满意度和客户保留率方面的权重。如果公司的战略需要迅速配置新的信息技术，或者对员工进行大规模的培训，那么这些指标可能在当年的权重需要提高，以突出对下一年绩效目标实现的重要性。如果公司迫切需要降低成本，那么与流程改进和生产力有关的权重会被提高。因此尽管指标每年可能维持相当程度的一致性，但是基于短期工作重点，每年奖金计划中指标采取的权重有所不同。

然而我们知道，如果财务绩效很差，即使客户、内部业务流程和员工维度表现卓越，可能也不适合发奖金。像经济或行业下滑这种外部因素；利率、汇率和能源价格等宏观环境变量发生意想不到的变化；或者行业竞争激烈，都可能会导致财务绩效的短期变动。不管原因为何，奖金需以现金发放，在公司财务状况窘迫时不发奖金可能更合适。

出于对以上因素的考虑，公司可以在奖金发放之前设定一个最低的财务底线。底线可能通过销售利润率、最低资本回报率或者经济增加值等方式进行计算。公司绩效一旦超过财务底线，超额部分就可以划入奖金池中，而实际的奖金依据平衡计分卡衡量指标的绩效发放，其中三个非财务维度的指标占主要权重。

最佳实践案例：巴西联合银行

巴西联合银行（Unibanco）的总资产超过 230 亿美元，是巴西第五大银行及第三大私人银行。巴西联合银行在 2002 年启动平衡计分卡项目，建立了公司平衡计分卡和 4 个主要业务单元——保险和退休金、零售、批发和资产（财富）管理的平衡计分卡。

2001 年，该银行发起了一场沟通活动，向 27 000 名员工介绍新战略和管理战略的方法。巴西联合银行邀请巴西著名的从事帆船环球航行的 Schurmann 家族，向不同银行网点的 2 000 名管理者发表了题为

"我们同舟共济"的演讲，这个演讲强调了每个成员都必须知道航行的目的地，以便了解成功抵达所需要做出的贡献。

关于管理小组的广告和文章及相关指标则被公布在银行内网和内部网络电视上，同时出现在每月的内部杂志和发给每位管理者的私人邮件中。这项"成功航行"运动让平衡计分卡的概念深入每位员工的心中，也让他们知道他们每天的行动能够影响战略的成功。

2002 年，巴西联合银行调整了当下的人事管理工具，并在对每位员工和他们的管理者之间的管理合同进行调整后，建立了外在激励制度。修订后的管理合同（见图 10-3）描述了业务单元和银行的战略主题。接下来员工和他们的上级一起建立了员工的个人管理合同（见图 10-4），这份合同现在与业务单元和银行的战略主题进行了协同。管理合同包含4 个平衡计分卡维度中的员工目标，每个目标都来源于一个或多个业务单元和公司的战略主题。

例如，市场部的员工帮助进行新客户开发相关的工作，将会采用新客户生命周期价值相关的财务目标。如果一个员工的产出被另一个银行单元使用，那么为其他银行单元提供的价值就应当成为其客户维度的目标。对于管理合同中的学习与成长维度目标，人力资源部门需要帮助员工确定他们需要哪些方面的能力（比如知识、技能和行为），来达成他们管理合同中其他三个维度的目标。

当管理合同已经深入每位员工的认知和奖金计划时，巴西联合银行开始采取第二种外在激励制度。巴西联合银行以前的薪酬体系是，根据每个单元的财务绩效，将全部奖金池的金额分配到各个业务单元。巴西联合银行通过增加两个变动薪酬因素，对该体系进行了调整（见图 10-5）。该体系根据本单元的平衡计分卡中领先（非财务）指标的完成情况，按一定的比例增加或减少奖金池；同时按照公司整体的绩效，按一定比例增加或减少奖金池。通过增加公司绩效作为影响奖金的因素，员工更关注银行的整体绩效，而不仅仅是他们所在部门的绩效。

姓名：
区域：
职能：
评分者：

CIF：
周期：

概念：

总和（1+2）：

巴西联合银行战略主题

贵单位战略主题

贵部门目标

- 寻找规模扩张机会
- 持续实现效率最大化
- 进行卓越的人力资本管理
- 有效控制信用和应收款周期

图 10－3　巴西联合银行修订后的管理合同示例

工作计划					
	本年度目标	%	个人评价	经理评价	最终评价
业务					
客户					
内部业务流程					
员工和提升					

总计

图10-4　巴西联合银行员工个人管理合同示例

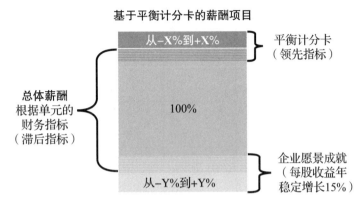

基于平衡计分卡的薪酬项目

图 10-5 巴西联合银行调整后的员工薪酬体系

接着在 2004 年，巴西联合银行发起了一项新的沟通运动"2-10-20"，重新强化了内在激励。它设定了在 2006 年即银行 80 周年时要达成的以下目标：实现收入 20 亿雷亚尔，净资产 100 亿雷亚尔，净资产回报率达到 20%。这项沟通运动在每个地方宣传"2-10-20"的口号，包括在电梯展示。

它鼓励员工去告诉别人，他们的行动是如何带来成功的。每月出版的公司内部杂志都会选取最佳事迹，对在关键绩效指标上取得卓越成绩的个人和团队进行祝贺。每年巴西联合银行还会颁发一项总裁奖，颁给在某一战略主题中获得突破性成果的行动方案。

1999—2004 年，巴西联合银行员工对公司使命和愿景的理解从 72% 提升到 83%。每股收益从 1999 年的 5.57 增长到 2004 年的 9.45，并有望在未来实现持续的大幅增长（实现"2-10-20"的目标）。

开发员工能力

如果组织要实现员工和战略的协同，还需要最后一个步骤。员工必须提升技能、知识和行为——我们称之为员工能力——这些能力使他们在关键流程中为客户和股东创造价值的能力也获得明显提升。

我们已在其他著作中描述了如何识别战略职位族，这些战略职位族对于战略执行的关键流程具有最重要的影响。[6]公司必须投入大量资源，来强化战略职位族中员工的能力。除了战略职位族以外，员工也有个人想要实现的目标。所有的员工都要有个人发展计划，这将帮助他们获得必要的技能、知识和行为，从而帮助其实现个人目标。事实上，整个战略执行链是从培养所有员工，使他们具备实现个人目标的能力开始的。这些个人目标关系到流程改进、客户忠诚度，最终和出色的财务绩效紧密相关。

最佳实践案例：科凯国际公司

总部位于克利夫兰市的科凯国际公司，是美国最大的银行性财务服务公司之一，拥有超过 900 亿美元资产和 19 000 名员工。该公司为全美国的个人和公司提供投资管理业务、零售和商业银行业务、消费理财业务，同时提供投资银行的产品和服务，其中某些业务还提供全球性服务。

科凯国际公司的平衡计分卡遵循传统的分解流程（见图 10 - 6）。2002 年，在新任命的 CEO 亨利·迈耶斯（Henry Meyers）的领导下，公司开发了公司战略地图和平衡计分卡，包含 4 个维度的战略主题："拥有为科凯国际自豪和认同科凯国际价值观的员工，通过卓越的执行使科凯国际的整体能力得到最大发挥，从而提升客户关系，成为客户可信的顾问，最终提高股东价值。"[7]

由战略计划部副总裁米歇尔·塞兰尼恩（Michele Seyranian）领导的平衡计分卡团队，将科凯国际公司的高层公司战略主题和目标以及平衡计分卡的内容，分解到当时的三大主要事业部：科凯零售银行（KCB）、科凯投资银行（KCIB）、科凯资本合伙人（KCP）（经纪业务、投资银行业和资产管理业务）。接下来将第二层的平衡计分卡分解到第三层（15 条业务线）和第四层（5 个公司支持部门：人力资源、信息技

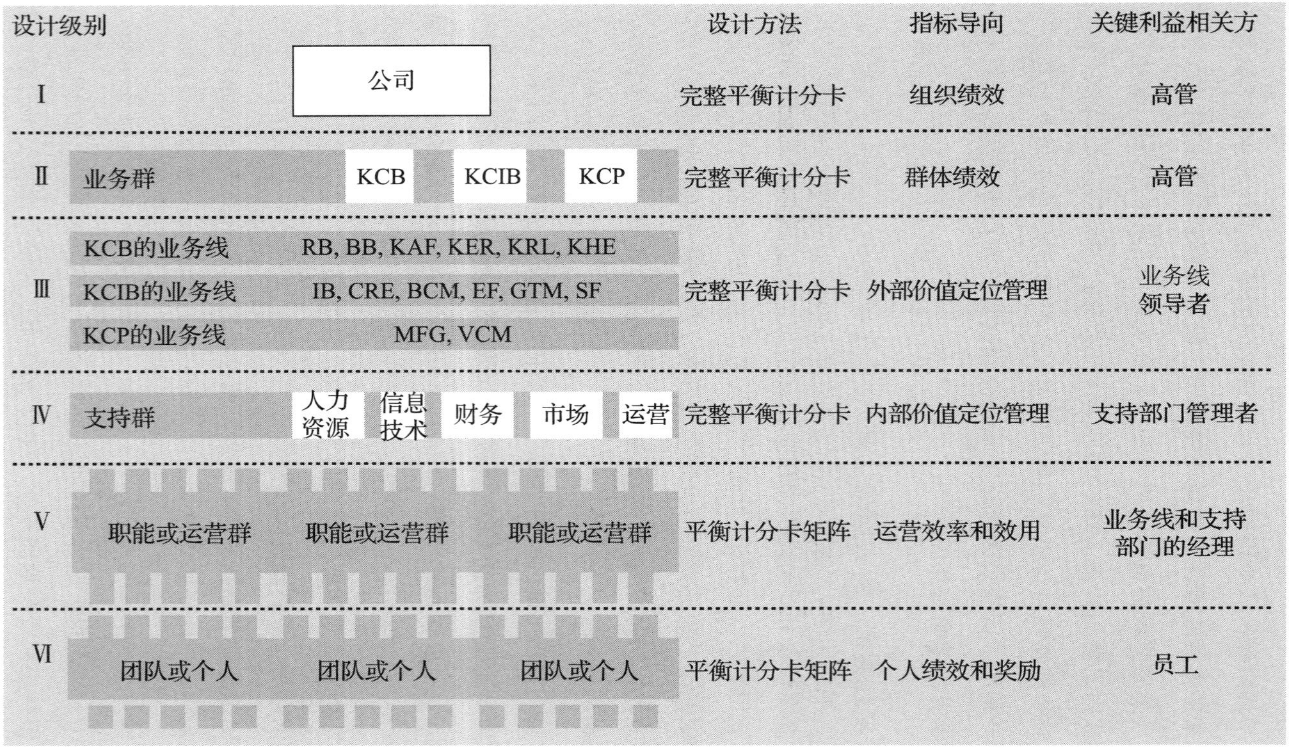
设计级别
设计方法
指标导向
关键利益相关方
Ⅰ
公司
完整平衡计分卡
组织绩效
高管
Ⅱ
业务群
KCB
KCIB
KCP
完整平衡计分卡
群体绩效
高管
Ⅲ
KCB的业务线
RB, BB, KAF, KER, KRL, KHE
KCIB的业务线
IB, CRE, BCM, EF, GTM, SF
KCP的业务线
MFG, VCM
完整平衡计分卡
外部价值定位管理
业务线领导者
Ⅳ
支持群
人力资源
信息技术
财务
市场
运营
完整平衡计分卡
内部价值定位管理
支持部门管理者
Ⅴ
职能或运营群
职能或运营群
职能或运营群
平衡计分卡矩阵
运营效率和效用
业务线和支持部门的经理
Ⅵ
团队或个人
团队或个人
团队或个人
平衡计分卡矩阵
个人绩效和奖励
员工

图10－6　科凯国际公司将公司和业务单元的目标分解到员工

术、财务、市场和运营)。然后将战略目标进一步分解到第五层——每条业务线的职能或运营团队。将第一层的公司平衡计分卡分解到第五层的职能和运营团队平衡计分卡的整个项目,在 2002 年底完成。

最后的分解阶段是将平衡计分卡分解到员工层面,也就是第六层,实现个人绩效目标和奖励与科凯国际公司的战略主题和目标的协同。在 KCIB 的协同中出现了一个特别的挑战,需要将传统公司银行业务和最近并购的投资银行业务进行整合。公司银行业务人员与投资银行业务人员的文化存在很大不同,来自两个团队的员工需要一起学习和工作,以便能够实现对客户的无缝销售。

KCIB 的总裁汤姆·布鲁恩(Tom Bunn)与人力资源部主管苏珊·布罗克特(Susan Brockett)合作领导了一个项目团队,以建立 KCIB 战略方面的聚焦、协同和责任。变革工作中的关键部分是,界定和定义在新组建的 KCIB 组织中,哪些岗位会对公司最终的结果产生重大影响。团队首先列出了一份详细清单,包括每个关键岗位需要的技能和能力,以及每个岗位需要在哪些方面学习和提升,包括基本销售、客户管理、职能履行、产品和技术技能。针对每个岗位,团队定义了员工在新型业务模式下做出立即反应所必需的技术技能。该新型业务模式需要将公司银行和投资银行功能加以结合(见图 10 - 7)。

例如,一位行业领导者与资深银行人员需要在潜在客户识别、竞争性评估、演示技能和制度的发展方面成为专家,即在这些方面能指导别人。相反,初级银行人员需要具备以上领域操作层面的技能,同时也需要在谈判方面具有专家技能,以便能够完成已被资深银行人员和行业领导者确认的交易。

项目组确定了能够使所有员工具备其岗位所要求技能的培训课程,并追踪在提供的不同培训课程中员工的参与情况和绩效表现。结果,科凯国际公司很快就发现将全面能力发展项目和关键战略目标进行连接的效果。不像之前的培训课程,现在科凯国际公司的培训课程的参与

技能或能力——销售	行业领导者 知识水平			资深银行人员 知识水平			初级银行人员 知识水平			助理 知识水平		
	E	W	L	E	W	L	E	W	L	E	W	L
谈判（后端流程）		×				×	×					×
潜在客户识别和初选	×			×				×				
潜在客户识别和初无（研究）								×			×	
定位（流程和市场知识），包括价格制定和推广		×			×			×				×
开发潜在机构客户（外部）	×			×				×				×
竞争（了解还有哪些人参与竞争）	×			×				×				×
展示（概念和制作）	×			×				×				

等级　E　能指导别人
　　　W　完全胜任——能独立作业
　　　L　能力有限——可能需要支援

图 10－7　决定科凯国际公司知识水平的业务模式示例

度每次都是 100％。员工对课程的评价是这样的："我刚完成的课程可
以立即运用到我现在正在做的工作中……有关某某技能的下次课程什
么时候开始？……总体来说，培训和我的工作是紧密结合的。"

员工发展部高级副总裁莱萨·埃文斯（Lesa Evans）领导了员工全
面能力发展项目。各业务线的领导者积极参与需求评定、项目设计和
课程与员工个人发展计划的协同。由于这些努力的成果，莱萨被提名
并获得了董事长所颁发的杰出绩效贡献奖。颁奖时，150 位科凯国际公
司的高管全体起立，热烈鼓掌欢呼。

自 2002 年 KCIB 成立以来，银行就致力于提高银行从业者的技能，
从而建立与客户的一站式联系，KCIB 的资本回报率提高了 28.8％
（2005 年为 16.1％，较 2002 年的 12.5％有所增长）。随着收入的增加
和利润的提高，新的业务模式正在产生收益。2004 年，KCIB 年收入达
到 4.86 亿美元，比 2003 年的 3.58 亿美元提高了近 36％。

协同计划、运营和控制系统

协同的最后一部分是涉及计划、运营和控制的管理系统。[8] 这些管
理系统帮助管理者理清发展方向、分配资源、指导行为、监控结果，
并随时调整发展方向。如图 10-8 所示，计划、运营和控制活动形成了
以组织战略为核心的闭环式、目标导向的流程。为此，我们对成功的
组织所采用的方法进行研究，并归纳出几种最好的管理实践案例。

计划流程

战略地图使组织能够识别战略的逻辑。它对股东、客户、人员和
流程的战略性目标进行定义，并形成一系列的因果关系。除了定义和
描述战略以外，高管还必须计划执行战略所需要的资源供给。我们发
现了三种在计划方面最佳的管理实践：行动方案计划、统一的人力资

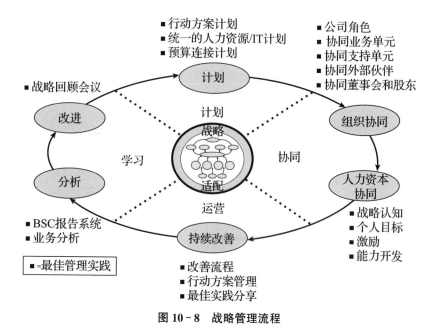

图 10 - 8 战略管理流程

源和 IT 计划，以及预算连接计划。

行动方案计划

行动方案计划的制定有两个步骤。第一步，筛选。对当前所有的行动方案进行回顾和评估，只保留那些对具体战略绩效有直接支持作用的行动方案。这一步确定了组织想要做什么。第二步，管理者定期为行动方案制定统一的资源和执行计划，弥补所有识别出的绩效差距。这一步是对第一步实际操作的说明，回答了这样一个问题："我们的资源能够负担起多少个筛选出的合适的行动方案？"

最佳实践案例：布里斯班市

澳大利亚的布里斯班市在进行行动方案的筛选时，采用了一套严格的方法。寻找与战略协同最紧密的项目，对行动方案进行严格的分析，并了解它们与战略结果的关系。

每年在计划期间，跨职能团队（每个团队都具备多种能力）要对400 多个行动方案进行评估，评估它们是否符合城市的战略。这样的分析只适用于那些成本超过了一定限制，并且单个市政部门在其预算范围内无法承受的项目。项目组使用一种分析方法，按照与城市战略的相关性对每个项目进行打分，然后用这些分数对众多行动方案进行优先排序。当然很多行动方案最终被剔除了。

项目组在评估过程中使用了针对性的标准。例如，一个预算为1 000万美元的项目拟在当地的小河中设置滤水池，项目组成员会关注3个关键标准，包括提高水质以及减少有害植物群和动物群。接着，他们根据标准本身的相对重要性和项目对目标达成（健康的河流和海湾）的影响，对标准进行评估并计算分数。成员可以利用这些数字计算出项目达成预期结果的适合程度。

高层管理者通过使用平衡计分卡，将所有得到预算支持的行动方案和活动都与组织的战略进行了协同，建立了高层愿景和日常运营活动之间的重要连接。

统一的人力资源/IT 计划

像人力资本和信息资本这样的无形资产，只有在战略环境下才会体现出价值。因此，人力资源和 IT 计划应该与组织战略计划进行协同。以下三个步骤实现了人力资源和 IT 计划与组织战略的协同：

（1）识别出组织的战略地图中战略性内部业务流程所需要的无形资产。

（2）评估这些资产的战略准备度（为了支持组织战略的资产部署情况）。

（3）就目前战略准备度和战略有效执行需要的水平之间存在的差距，制定衡量指标和目标，对差距进行跟踪。

最佳实践案例：布里斯班市（IT 计划协同）

布里斯班市政府想要数以千计的所有员工都了解战略信息。为此，它建立了一个个性化的软件和数据库，来显示所有的平衡计分卡、绩效信息，以及目标与指标的状况。

有了这样的详细报告信息，市政府就能将 IT 投资和城市战略目标紧密协同。IT 投资与战略紧密挂钩，那些与战略不符的项目需要重新评估。通过判断项目与战略的关联性，布里斯班市政府将它的计划方法从被动反应变成了积极反应。其目的是限制 IT 项目的数量，严格限定为战略性项目。一旦项目通过了战略性评审，市政府就需要确定 IT 能力与战略要求之间的差距，并且决定如何更好地利用技术达成战略目标。

预算连接计划

传统预算编制的批评者认为，传统预算编制已经无药可救，必须废除。必须承认的是，大多数组织的预算过程是缓慢的、麻烦的、昂贵的，在快速变革的时代，它阻碍了公司的有效管理。但是当组织引入平衡计分卡，将预算流程转化成有价值的战略资源配置方式的机会出现了。平衡计分卡使得这种根深蒂固的流程转变为一个同时对战略的结果和运营绩效做出贡献的流程。

最佳实践案例：富尔顿郡教育系统

位于亚特兰人市的富尔顿郡教育系统利用平衡计分卡来编制年度预算、计划和战略流程。由于年度工作重点被清晰地表述在平衡计分卡中，富尔顿学校管理者能够将资金配置到最具有战略性的项目中。富尔顿学校总部根据平衡计分卡中列示的年度工作重心，重新修订了其战略计划并制定预算。

在学校高层管理者参加的计划和预算回顾会议上，部门领导者要对未来一年的计划做出解释，并证明他们请求预算的合理性。学校校长轮流与他们的地区主管进行会谈，对非日常性资源的使用提出建议，以实现与战略计划的协同。公众受邀来查阅预算文件，并在一年两次的公开听证会上对预算决策提出意见。

平衡计分卡帮助富尔顿郡教育系统增加了对纳税人的责任。使用平衡计分卡来检验新项目，还可以帮助提升教育系统在社会中的信誉度。一旦新的教育项目需要增加税收时，社会的支持是必要的。平衡计分卡数据能够清晰地反映哪些项目支持了整体战略使命——提升整体学校绩效，而哪些项目没有。因此，平衡计分卡能够帮助学校董事会决定项目的保留或否决。

运营管理流程

制定了计划，配置了资源，并在组织内围绕计划进行了沟通和协同之后，我们的最佳实践公司通常会采取不同的运营流程来执行战略。这些流程倾向于分为三类：（1）持续改善项目，如全面质量管理；（2）实施一次性变革的管理项目；（3）分享最佳实践项目。每类流程都通过把项目内容与战略进行协同，来为公司创造价值。

改善流程

尽管质量管理已经有超过一个世纪的历史，但在过去的 25 年中，质量管理还是实现了复兴，这归功于许多日本公司的成功。如今的质量管理运动包含诸多项目，比如，全面质量管理（TQM）、美国鲍德里奇国家质量体系、欧洲质量管理基金会，以及最近的六西格玛质量体系。20 世纪 90 年代，迈克尔·哈默（Michael Hammer）和詹姆斯·钱普尼（James Champy）大力提倡的流程再造是持续改善流程的一种强有力的方法。[9] 他们所提倡的作业管理法起源于组织的成本模式，刺激流程改善和管理的洞察力。客户管理——表现为客户价值管理客户关系管理和客户生命周期管理——使管理者和员工专注于改善运营，以创造更优绩效。

流程改善的不同方法帮助许多组织在制造和服务交付流程的质量、成本和周期等方面取得巨大成果。采用平衡计分卡执行战略的很多类似组织不可避免地需要整合一项或多项管理制度。但是，一些组织对项目的相关角色感到迷惑，也不了解如何进行整合，尤其是在某些项目刚开始实施时。

平衡计分卡可以有效地将一种或多种管理方法进行整合，其创造的优势超过任何一种方法单独所能起到的作用。因为平衡计分卡将每种方法提升到组织层面，赋予每种方法遍及全组织的合理性，将每种方法融入整体的管理体系中。平衡计分卡的因果关系能够帮助公司识别对战略成功影响巨大的流程改善项目和行动方案。正如一位质量管理专家在我们举办的一次会议中谈到："六西格玛教人们如何钓鱼，而平衡计分卡教人们去哪里钓鱼。"

最佳实践案例：西门子信息通信部

西门子信息通信部（ICM）是西门子股份公司的移动通信单元，其成功实现了平衡计分卡自上而下的战略聚焦与六西格玛自下而上方法的结合。ICM结合两种方法，基于以下两个理由：一是使战略传达到组织中的每个人；二是为他们提供缩小绩效差距的方法。

ICM使用平衡计分卡来识别在关键的跨职能流程中存在的战略差距：从产品概念到市场的流程，从发现问题到解决方案的流程，从订单到现金的流程。然后在项目层面使用六西格玛方法来消除流程中的失误、时间浪费和无附加价值的成本。

ICM认为，尽管六西格玛方法能让小团队解决具体问题，但它本身并不是战略性工具。整合这两种方法之后，ICM看到了管理者行为的变化；如今会议变得具有高度互动性，且讨论会把焦点放在如何用项目来达成战略性绩效目标。公司高层会就他们对公司战略的贡献召开讨论会。

行动方案管理

行动方案管理包括：监控所有战略性行动方案的进展，以及在战略改变的情况下评估计划的适当性，并确保方案按时完成。有效的行动方案管理从清晰的责任分配开始。行动方案执行团队中的一位成员通常被认为是行动方案的牵头人。由于牵头人有权进行变革，这意味着任何阻挠进展的问题都能够有效处理。通常组织会任命一位项目负责人来为行动方案的执行负责。

这些项目可能是简单独立的项目，比如培训项目；或者复杂持续的项目，如六西格玛项目。项目负责人需要具有全面的技能，包括项目管理、咨询、人际关系管理和变革管理。

最佳实践案例：Handleman 公司

当公司最初引进平衡计分卡项目时，Handleman 公司高层管理者就发现了平衡计分卡作为一种战略适配和管理工具，能够对公司众多不同实体进行管理的潜力。公司专门设立了绩效管理中心（CPM），负责提高战略执行的核心能力。为了达到最佳效果，这一新部门被赋予了超出其他部门的职责，并且得到了最高层管理者的支持，Handleman 公司利用行动方案管理来管理行动方案的组合，以确保能够覆盖公司整体战略。

CPM 将行动方案管理分为四个步骤，供公司高管团队委员会使用。

（1）筛选：委员会成员筛选出值得正式评审的行动方案。

（2）呈交：当行动方案经过初步审定后，绩效管理中心将其呈交给委员会做最终审批。

（3）追踪进展：CPM 依据规定的步骤，对行动方案的进展进行追踪。

（4）追踪收益：CPM 依据规定的步骤，评估行动方案是否实现预期收益。

对行动方案的进展和收益的追踪，是确定行动方案重要性与对其进行管理的核心流程。CPM 主持平衡计分卡回顾会议，对经过审批和正在执行的行动方案进行追踪和讨论。一旦行动方案执行完成，行动方案的负责人将提交一份阶段性学习分析报告，明确行动方案是否取得了预期的收益，并为将来的工作提供战略性借鉴。

最佳实践分享

战略治理流程应该提供反馈，以验证战略的有效性，以及最终战略是否达成组织的最终目标和愿景。当平衡计分卡绩效信息在公司内部得到广泛分享时，员工能够深入了解对绩效产生贡献的因素。当组织允许员工获得绩效信息时，员工能够直接感受到他们的战略是否可行，而且知道哪些单元、部门和团队在实现战略目标上做得更好。

尽管到目前为止，最佳实践的研究领域已经比较成熟，但是对于如何将最佳实践与战略结果连接起来，还缺乏充分了解。分享最佳实践的传统方法一般是独立于战略的。现在很多组织使用平衡计分卡的报告功能，基于达成战略目标的能力，识别高绩效的团队、部门和单元。然后组织便能将如何达成高绩效的内容记录下来，并在组织内部广泛宣传。通过这种方式，组织就能教育并培训其他部门和员工如何提高绩效。

最佳实践案例：冠城国际

冠城国际（Crown Castle International，CCI）的知识管理系统（CCI-Link）是一个综合数据库和公司最佳实践的图书馆。这个基于平衡计分卡分析的知识管理工具是跨国公司在内部集中管理并共享绩效信息和最佳实践的核心。

CCI使用平衡计分卡为40个区域分支机构的战略绩效衡量指标设定标杆。设定标杆能够帮助高管发现公司内部最佳的流程和实践，而且能够帮助他们培训公司其他领域的员工，并促使他们和其他地区一样达到更高的绩效水平。聚焦内部的最佳实践使得CCI能够总结经验，并帮助组织将战略、平衡计分卡、流程改善和培训活动进行整合。

CCI的知识管理实践对组织协同和运营效率做出了很大贡献，特别是在裁员时期。CCI-Link的核心框架在不同地区是相同的。每个区域都拥有通用的传统职能部门，如财务、资产和人力资本，但工作内容是非常本土化的。详细的分析能够帮助管理者区分不同地区之间的差异，从而了解绩效差异的真正原因。

学习与控制流程

控制流程可以说是闭环也是绩效管理流程中最重要的一部分，它包括发现目标偏差的能力，发掘偏差原因的能力，以及采取必要纠正措施的能力。当谈及组织战略时，该流程更关注学习而非控制。

战略是有关公司如何达成预期目标的一系列假设。这些假设需要在持续性的检验后，才能作为月度回顾、分析、调整过程的一部分。在我们的最佳实践案例中有两种流程：平衡计分卡报告系统和战略回顾会议。

平衡计分卡报告系统

大多数早期的平衡计分卡报告系统是基于普通的 Excel 表格形式。现在由于有超过 20 种不同的平衡计分卡软件可以选择，平衡计分卡的使用者逐渐开始考虑找到一套适合自己的软件。那些正在使用表格形式的公司也计划转换到使用专业化的平衡计分卡报告工具。

自动化的优势在哪里呢？与人工系统相比，自动化系统能够更省时省力地对不同平衡计分卡进行数据修改和数据整合，并将数据汇总到上一级平衡计分卡中。因此，分析和决策变得更加清晰直接。这对于拥有很多平衡计分卡的组织来说至关重要。

最佳实践案例：挪威皇家空军

挪威皇家空军使用一种称为 Cockpit 的自动化系统，来报告所有组织单元的平衡计分卡。除了能显示衡量指标和行动方案的数据外，Cockpit 还具有执行评估（解释）的功能。

这套系统基于一个 ERP 系统，并且所有人员都可以使用。虽然更新的信息每月都会通过书面进行总结，但是也可以通过 Cockpit 进行报告。战略会议的议程根据 Cockpit 收集和报告的具体问题制定，同时 Cockpit 还支持管理层会议。

战略回顾会议

正如平衡计分卡是战略管理系统的核心一样，战略本身也是新型战略管理会议的核心。如同现在平衡计分卡的高级使用者所充分理解的，将平衡计分卡纳入议程已经远远不够，事实上平衡计分卡本身就是议程。

这些会议应该从基于战略地图和相关平衡计分卡的战略绩效的整体回顾开始。即使每个衡量指标的数据并不完整（早期的时候），管理团队也应该对战略绩效的整体情况进行评估，每个战略目标的负责人应该对自己所负责的战略目标和战略主题牵头进行讨论。

有一点很重要，高层领导者应该建立一种支持性文化，鼓励诚实地披露信息，而不对负面结果进行惩罚。这样做能够培养团队合作，并且鼓励管理者在问题变得更严重前将其揭露出来。低于目标值的结果应当视为改进的机会，同时也应对战略的有效性提出质疑，理解战略是否起作用和如何起作用。资源有可能需要向绩效不佳的领域倾斜，或者高层领导者需要对那些目标值确实过高的指标做出调整。

在一个组织中，战略绩效最好的部门报告结果亮红灯（低于目标值），事实上这些部门的绩效高于其他部门，只是其他部门没有设定挑战性目标值。这种情况通常出现在奖励真实绩效并追求挑战性目标的组织中。

最佳实践案例：韩国电信

自 2000 年初以来，韩国电信（KT）使用平衡计分卡来制定季度高管会议的议程。从前的议程只是报告财务方面的结果，而现在已经变成对战略的讨论，并涉及 4 个平衡计分卡维度的衡量指标。韩国电信 24 个分支机构的领导者聚集在一起，对过去一个季度的绩效及整体的绩效和战略进行讨论。在第四季度的会议上，高管将对全年整体的战略绩效进行评估，并规划下一年的战略。

除了确保绩效评估数据的及时传达和透明度以外，平衡计分卡也深刻地影响了高管追踪管理绩效和管理战略执行的方式。平衡计分卡可以成为讨论和分析的组织框架。例如，在一次战略回顾会议上，分支机构的领导前瞻性地识别出一种新型传送技术可能创造的爆发性潜在需求，这是平衡计分卡绩效监控的结果。正是因为平衡计分卡，管理层才得以快速调整网络容量，满足新的需求，使公司占据了更多的市场份额。

小　结

进入了平衡计分卡名人堂的公司证实了战略能够成功执行。我们对它们的管理实践进行总结归纳，发现成功执行战略需要 4 个要素之间的成功协同：战略、组织、员工和管理系统。而高管的领导力是组织成功的基础。每个协同的组成部分都必不可少，但并不是充分条件。然而，将它们都整合到一起就成了开发成功的管理流程的秘诀（见图 10-9）。

本书第 1～9 章描述了组织协同的流程。本章从较高的视角描述了将员工和系统与战略进行协同的流程。我们相信，结合本书在战略地图、平衡计分卡、战略中心型组织以及战略管理办公室方面的介绍，这些内容将成为新战略管理科学的基础。

战略的成功执行靠的并不是运气，而是持续关注的结果，通过结合领导力和管理流程对战略进行描述和衡量，实现内外部组织单元与战略的协同，通过内在、外在激励和有针对性的能力发展项目，实现员工和战略的协同，最后将已有的管理流程、报告和回顾会议与战略的执行、监控和协调协同起来。

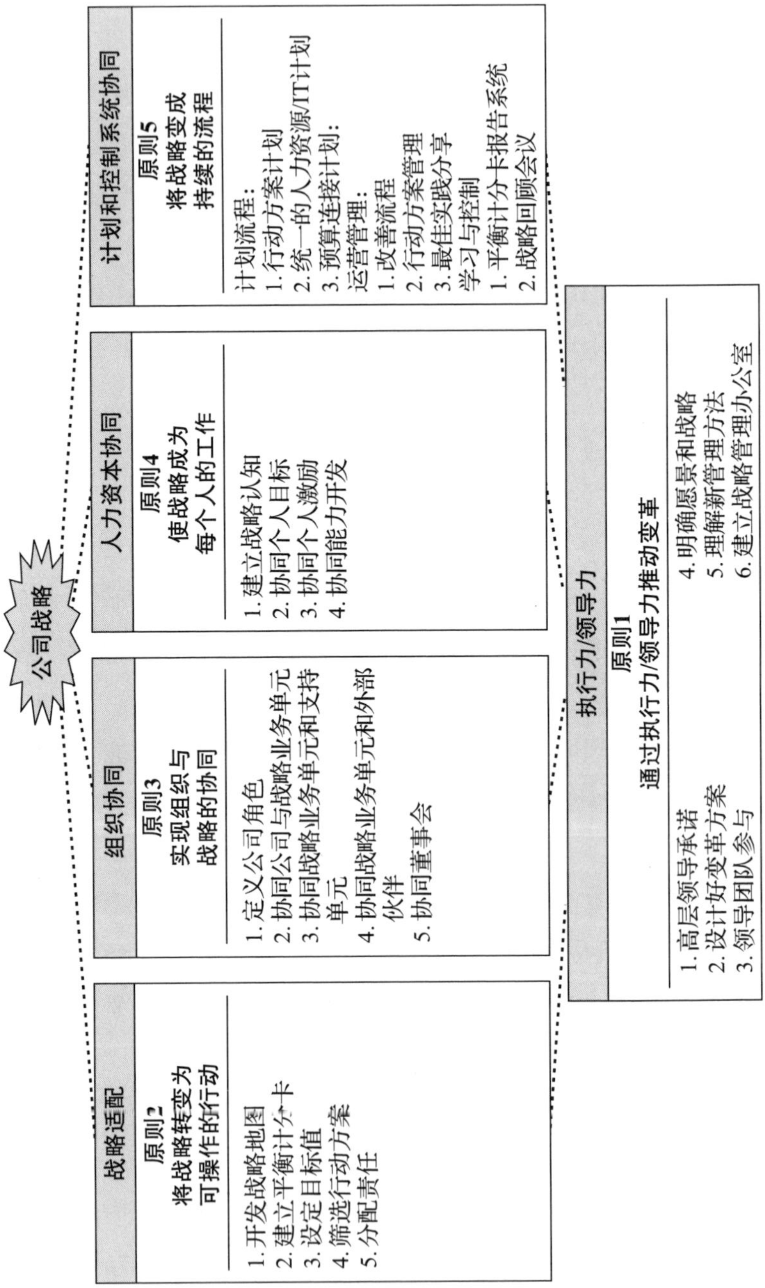

公司战略

战略适配

原则2
将战略转变为
可操作的行动

1. 开发战略地图
2. 建立平衡计分卡
3. 设定目标值
4. 筛选行动方案
5. 分配责任

组织协同

原则3
实现组织与
战略的协同

1. 定义公司角色
2. 协同公司与战略业务单元
3. 协同战略业务单元支持单元
4. 协同战略业务单元和外部伙伴
5. 协同董事会

人力资本协同

原则4
使战略成为
每个人的工作

1. 建立战略认知
2. 协同个人目标
3. 协同个人激励
4. 协同能力开发

计划和控制系统协同

原则5
将战略变成
持续的流程

计划流程:
1. 行动方案计划
2. 统一的人力资源/IT计划
3. 预算连接计划:
运营管理:
1. 改善流程
2. 行动方案管理
3. 最佳实践分享
学习与控制
1. 平衡计分卡报告系统
2. 战略回顾会议

执行力/领导力

原则1
通过执行力/领导力推动变革

1. 高层领导承诺
2. 设计好变革方案
3. 领导团队参与
4. 明确愿景和战略
5. 理解新管理方法
6. 建立战略管理办公室

图10-9　管理协同的最佳实践

注　释

1. W. Edwards Deming, *Quality, Productivity, and Competitive Position* (Cambridge, MA: Center for Advanced Engineering Study, MIT, 1982), 101–104.

2. M. E. Porter, "What Is Strategy?" *Harvard Business Review* (November–December 1996).

3. R. S. Kaplan and D. P. Norton, *Strategy Maps: Converting Intangible Assets into Tangible Outcomes* (Boston: Harvard Business School Press, 2004).

4. R. S. Kaplan and D. P. Norton, *The Strategy-Focused Organization: How Balanced Scorecard Companies Thrive in the New Business Environment* (Boston: Harvard Business School Press, 2000).

5. R. S. Kaplan and D. P. Norton, "The Office of Strategy Management," *Harvard Business Review* (October 2005).

6. R. S. Kaplan and D. P. Norton, "Measuring the Strategic Readiness of Intangible Assets," *Harvard Business Review* (February 2004): 52–63; see Chapter 8, "Human Capital Readiness" in Kaplan and Norton, *Strategy Maps,* 225–243.

7. Correspondence with the Balanced Scorecard Collaborative.

8. The content of this section is drawn from "Govern to Make Strategy a Continual Process," *Balanced Scorecard Report* (January–February 2005).

9. M. Hammer and J. Champy, *Re-engineering the Corporation: A Manifesto for Business Revolution* (New York: Harper Business, 1993).

图书在版编目（CIP）数据

组织协同：运用平衡计分卡创造企业合力／（美）
罗伯特·卡普兰，（美）大卫·诺顿著；刘俊勇等译.
-- 北京：中国人民大学出版社，2021.6
ISBN 978-7-300-29273-1

Ⅰ.①组… Ⅱ.①罗… ②大… ③刘… Ⅲ.①企业战
略－战略管理 Ⅳ.①F272

中国版本图书馆 CIP 数据核字（2021）第 085002 号

组织协同
——运用平衡计分卡创造企业合力

〔美〕 罗伯特·卡普兰
大卫·诺顿 著

刘俊勇 刘睿语 罗紫菁 田书隽 译

Zuzhi Xietong——Yunyong Pingheng Jifenka Chuangzao Qiye Heli

出版发行	中国人民大学出版社		
社　址	北京中关村大街 31 号	**邮政编码**	100080
电　话	010 - 62511242（总编室）	010 - 62511770（质管部）	
	010 - 82501766（邮购部）	010 - 62514148（门市部）	
	010 - 62515195（发行公司）	010 - 62515275（盗版举报）	
网　址	http://www.crup.com.cn		
经　销	新华书店		
印　刷	北京联兴盛业印刷股份有限公司		
规　格	155 mm×230 mm　16 开本	**版　次**	2021 年 6 月第 1 版
印　张	20 插页 2	**印　次**	2021 年 6 月第 1 次印刷
字　数	253 000	**定　价**	89.00 元